華人社會與文化

陳雅芳 ——— 著

五南圖書出版公司 印行

推薦序一

　　學習語言正是學習一種文化。從事華語文教學自然得要了解華人文化，也正是身為一個傳揚文化使者的語文教師應有的基本功。

　　文化是人類生活的一切總稱，語言與文化也交互作用著。從文化的類別來看，學者們分為物質文化、精神文化、制度文化，以及國情文化。生活上的有形物質、器物、工藝等是物質文化的表現，在文化課裡，華語文教學開設相關華人器械與技藝討論的課程，像是甕、鍋、中國結等。有關華人的思維、價值與認知等等，在課程中開設專題來討論，也有的就經典篇章成為思想類的文化教學，如：尊師重道、里仁為美、忍讓謙沖……等。制度遷延與發展，形成華人社會中有形無形遵守的原則規矩，形塑華人崇奉與典範的心理，例如：考試舉才、建築風水……等。而國情文化則觀察現有國家情勢特性，個別展現的政經財軍……等的個別特色，像是華人全球分布、兩岸交流等等。這些都應該是華語文教學課堂中，縱橫在不同程度與不同專業的教學裡，可以說，文化教學涉及的層面是既廣且深，也難怪在華語教師能力認證考科中，「華人社會與文化」一直是難以掌握的一門。

　　陳雅芳老師是晚學在博士班的學妹，從她在外語學習到華語文教學的淬煉中，個人感受到她的用心與努力，也可以看出她獨有之處，跨領域的學習與歷練，對於語言研究分析以及教學活動設計，有其專業且獨創的產出。個人意外的是她也能對「語言與社會、文化」的領域出版專書，經其博覽後著書深入淺出，導引讀者進入華人社會文化之堂奧，實為不易。晚學對其跨學科研究得有豐碩成果，亦感佩服之至。

　　承雅芳老師美意，為其專書序，個人不才，略述幾言，想此書必能嘉惠眾學子，得其提綱挈領之效，並能於教學實踐中能掌握語文教學之精

要，個人極力推薦此書。

臺東大學華文系

舒兆民

2019.08.

推薦序二

　　我是臺灣阿美族的原住民，也是一名華語教師。曾經，有人這麼問我：「你是原住民，怎麼在教漢人說的中文（華語）？」我笑了一下說：「因為你們（指漢人）逼我們講華語啊！」這當然只是一句玩笑話，不過這件事也讓我發現，原來不少人對華語教學者是否為母語者的身分和文化認同感有那麼大的期待。你曾經疑惑過臺灣籍的英語或日語教師為什麼要教這種語言嗎？

　　一般來說，語言反映了文化的思維模式，所以，兩者是息息相關的，很難抽離，華語也是如此。教育部「對外華語教學能力認證」中有一考科「華人社會與文化」向來是通過率較低的科目之一。深究其因，脫離不了「中華文化博大精深」的概念，因為「華人社會」和「華人文化」的範圍難以聚焦在單一物質上。

　　陳雅芳教授這本《華人社會與文化》統計了「華人社會與文化」考科的歷年命題走向，從中整理出一套脈絡作為本書的架構，它不僅僅只是一本試題分析本而已，而是兼具試題分析和閱讀教材價值的書籍。我個人認為，它有兩個別於以往同類教材的價值：其一，這本書所提的「華人文化」是較為寬泛的概念，強調臺灣的文化背景與內涵。如同前面提及語言和文化思維密不可分，兩岸所使用的華語也在這樣的前提下，發展出稍微不同的脈絡，這點可以從近年的「華人社會與文化」考科題目中發現。其實，我個人對於臺灣原住民算不算是「華人」有些質疑，不過不可否認的是，近年的命題已經肯定了臺灣在地樣貌的重要性，是此，鼓勵臺灣的華語教學者對其所處的文化有更深入的理解。其二，這本書是相當貼近生活的，舉凡飲食、節慶、娛樂和信仰……都是體現在生活周遭的思維產物。而較為傳統的中華文化——如學術思想、典章制度或是文學發展——則以更簡單淺白的方式附註於段落或是題目解析之中，對於不是鑽研文學或歷史研究的華語教學者來說，是容易上手的書籍。

綜合來說，我衷心推薦這本《華人社會與文化》，期待它能嘉惠更多讀者學子。它不會（也不需）取代任何一本同名書籍，而是與其相輔相成。

國立空中大學數位華語文中心

歐喜強

2019.08.

自序

　　從事華語文教學多年以來，認為一名好的華語老師、華語教材編寫者等除了華語語言本體理論基礎外，同時也必須具備中華文化的知識。語言與文化是一體兩面的，語言是文化的載體，而文化又影響著語言，了解一個民族的文化才能正確無誤地使用該語言。華語教師在傳授華語語言本體以外，如何讓外籍學生認識、了解和欣賞中華文化，都是華語老師所須關注的課題。隨著華語熱的興起，各地對於華語教師的需求也日漸增加，臺灣教育部國際及兩岸教育司為提升對外華語教學者的專業教學能力，自2007年開始舉辦「教育部對外華語教學能力認證考試」。考試內容包括國文、華語文教學、漢語語言學及華人社會與文化四科筆試，再加上口語與表達一科口試。各科通過且具備一定的外語能力始可取得證書，以證明應試者在華語教學方面具備一定的專業度。在「華人社會與文化」一科中，其考試的目的根據「教育部對外華語教學能力認證考試」中的說明，是為了「評量以華語文為第二語言教學者應具備的華人社會與文化知識，內容包括：跨文化溝通、社會文化與語言表達的關係、華人社會文化之外在表現與內在意涵等。」而中華文化浩瀚無窮，因此在「華人社會與文化」一科中的考題範圍也逐年增廣。目前已有許多華語學界的專家學者出版相關書籍，拜讀了各位專家學者的大作之後也深受啟發，使自己對該考科有更進一步的了解，因而決定出版本書。而本書的出版，目的在於以另一種撰寫方式來幫助讀者能從另一面向了解華人社會與文化，或能提高通過「華人社會與文化」該科考試的通過率，因此本書先從歷屆考古題中進行分類及分析統計後來制定本書的大綱再進行內容撰寫。本書並非學術專書，為求閱讀通暢，有部分來源置於參考書目而未引據於全文之中。此外，礙於時間及人力的限制，本書無法包涵所有的中華文化部分，且不可避免地有遺漏或錯誤之處，還請方家指正。

　　本書的特色有三個，第一個特色是以統計歷屆考古題的類型後來安

排章節，並加強重視臺灣文化部分。本書共分十章，依序為第一章「臺灣歷史」，討論原住民文化、臺灣史前文化及外族統治時期；第二章為「臺灣藝術」，討論臺灣音樂、臺灣戲曲、臺灣藝陣及臺灣藝術獎項；第三章為「臺灣民間信仰」，內容包括信仰的功能、臺灣民間信仰中的神祇及宗教節慶活動；第四章為「宗教文化」，分別討論佛教與道教的發展及影響；第五章為「中華傳統習俗與禁忌」，討論出生禮俗、婚禮禮俗及喪禮禮俗；第六章為「飲食文化」，包括臺灣小吃、茶文化及酒文化；第七章為「歲俗與節慶」，討論二十四節氣、天干地支及重要節慶與飲食；第八章為「中國藝術」，討論中國歷代書法及繪畫；第九章為「中國戲曲」，首先討論文學與戲曲的關係，再討論中國傳統戲曲；第十章為「中國醫藥」，包括中醫及中藥兩部分。第二個特色為在每章之後編寫與該章相關的一至四個「文化小知識」，補充正文中所未提到但又深具文化意涵的知識。第三個特色則是在每章的最後加上與該章相關的歷屆考古題詳解，除了針對考古題解答以外，更補充其他文化知識點，以幫助讀者增加相關知識。

　　本書自2018年開始著手編寫，歷經約十個月完成。在撰寫的過程中也增進了自己在中華文化方面的知識。該書能順利完成，首先要感謝師長們、同事們、學長姐們、家人們及學生們的支持。謝謝家人的支持，更特別感謝銘傳大學華語文教學學系學生（按姓氏筆畫排序）尤定中、王薇婷、葉惠文、曾豐銘、曾逸芯、曾子凌、詹宗銘、陳郁琳、陳苡穎、孫誼瑄、蘇琬婷等同學在本書撰寫的過程中不斷地幫忙查找資料及校稿。因為有你們，才使本書得以出版，真心感謝你們一路的陪伴、幫忙與支持。筆者期盼，本書能幫助讀者對華人社會與文化有更深一層的了解，並為臺灣的華語教學界貢獻一份小小的心力。而本書的未盡之處，但盼未來能更加完善。

銘傳大學華語文教學學系

陳雅芳

2019年暑.

CONTENTS
目　錄

第一章
臺灣歷史

第一節　原住民

關於臺灣歷史的記載，經考古學家發掘後證實約在三萬至五萬年前，在臺灣就已經有人類活動的遺跡。在中國漢人大量移民臺灣以前，臺灣島上居住的是原住民，屬於南島民族（或稱南島語族），定居臺灣時間至少約七千年左右。數十種南島民族分散在臺灣各地，發展出屬於自己特有的文化。

臺灣法定原住民族共計十六族，至2018年年底內政部統計處統計結果，原住民人口總數約有56.6萬人，其中阿美族人口數最多，佔37.7%，其次為排灣族及泰雅族，三大族佔總原住民人口數約為七成。在原住民人口分佈方面，以花蓮縣最多，約為28.4%，臺東縣次之。臺灣政府認定的原住民十六族為阿美族、泰雅族、排灣族、布農族、卑南族、魯凱族、鄒族、賽夏族、雅美族（達悟族）[1]、邵族、噶瑪蘭族、太魯閣族、撒奇萊雅族、賽德克族、拉阿魯哇族、卡那卡那富族，其中尚有巴布薩族、凱達格蘭族、巴賽族、雷朗族、洪雅族、龜崙族、馬卡道族、巴布拉族、巴宰族、噶哈巫族、猴猴族、道卡斯族、斯羅卡族等未被識別及認定。而地方政府認定的原住民族群有三族，包括西拉雅族（臺南）、大滿族（花蓮）及大武壠族（花蓮）。臺灣的原住民屬於南島語族[2]，使用的語言屬於南島語系，在社會文化方面則屬於馬來－玻里尼西亞系統。其中泰雅族、賽夏族、太魯閣族、賽德克族都保留了「紋面」與「鑿齒」（拔齒）的習俗，是原住民族中最具特色的文化之一。

---

[1]　此九族原為官方劃定的原住民族。

[2]　南島語族的分布範圍從臺灣以南、東至太平洋復活島、南至紐西蘭、西至印度洋馬達加斯加島。使用南島語言的人口數約為三億九千萬人。

原住民各族有其不同的原始宗教信仰，由此發展出的祭祀活動也有所不同。各原住民族的代表性祭祀活動如下：

一、阿美族－豐年祭及捕魚祭

捕魚祭在每年六到八月間舉行，目的在於祭祀海神並祈求漁獲豐收。豐年祭為每年七月至九月舉行，目的是為了歡慶小米豐收及祭祀祖靈，亦有「男人祭儀」的文化色彩，即阿美族社會有嚴密的年齡階級組織，男子藉由豐年祭的參與來提高自己的階級，負起文化傳承的責任。

二、泰雅族－祖靈祭（感恩節）

泰雅族主要的宗教信仰為「祖靈」，認為祖靈可以保佑家族成員的平安，並保佑一年的農作物能豐收，因此傳統在每年的七月小米收割後舉行祖靈祭，儀式舉行時全社男子皆須參加，以此祈求平安及庇佑。

三、排灣族－五年祭

五年祭，顧名思義為五年舉行一次，儀式約為十五天，儀式內容包括召請祖靈、宴請祖靈、送祖靈等，其中的重頭戲是「刺球」活動，由部落頭目將樹皮製的刺球拋向空中，勇士們持竹竿刺球，刺中者可為宗族帶來好運。

四、布農族－打耳祭（射耳祭）

打耳祭在四月或五月舉行，僅限於男子參加，是布農族幼童成長中重要的祭典儀式之一，也是訓練其狩獵的作戰能力的一種考核方式。打耳祭是以射中鹿耳象徵來年運勢順利及狩獵豐碩，具有宗教祭儀、社會、教育及經濟等功能。

五、卑南族－猴祭及大獵祭

猴祭在每年十二月底舉行，是卑南族少年的成年禮，以刺猴方式來培養少年的膽識與勇氣。現在部分以草猴來代替真猴。大獵祭時間晚於猴祭，成年男性須上山打獵，婦女則搭設迎獵門等待男子歸來。

六、魯凱族－小米收穫祭（小米祭）

對魯凱族人而言，小米是生產的農作物中最主要的部份，因此收穫祭是魯凱族人為了感謝祖靈庇祐使其小米豐收而舉行的祭典，時間於每年七月到八月左右舉行。

七、鄒族－戰祭

每年二月至四月舉行，目的是紀念過去的戰爭、祈禱未來戰爭的勝利及消災解厄等，也是祭拜天神及戰神的儀式。戰祭即是過去「出草」回來後的「馘首祭」。

八、賽夏族－矮靈祭

矮靈祭兩年舉行一次，時間為農曆十月，目的在於祈求矮靈不要再因憤怒而降禍。而每十年賽夏族還會舉行一次「十年大祭」。

九、達悟族－飛魚祭及大船下水典禮（大船落成禮）

飛魚祭於二月至三月時舉行，希望藉由慶典招來飛魚使漁獲豐收。飛魚祭分三階段：招魚祭、收藏祭及終食祭。而大船下水典禮是新漁船下水前所舉行的下水禮，是蘭嶼全島的盛事。

十、邵族－祖靈祭

每年農曆八月舉行，是邵族的新年，也是最隆重的祭儀，目的在於慶祝農作物豐收，感謝祖靈保佑，希望藉由祭儀能始漁獲更為豐收，祭典時間可能長達一個月。

十一、噶瑪蘭族－海祭及豐年祭

海祭舉行時間各地不同，目的是祭祀海中之靈及祖靈。豐年祭則屬於農業祭典，時間為七月至八月，目的在於感謝上天及祖靈保佑農作豐收，原為「出草」勝利後的慶祝儀式。

十二、太魯閣族－祖靈祭

在太魯閣族的傳統觀念裡認為祖靈的力量可以帶來福禍，因此必須祭拜祖靈以求慰藉，並帶來平安。祖靈祭在每年七月小米收割後舉行，目的在於祭祀祖靈。

十三、撒奇萊雅族－火神祭

火神祭是為了紀念清光緒四年（1878年）的「加禮宛事件」，除了紀念歷史以外，也有凝聚民族認同及對祖先的追思之意。

十四、賽德克族－播種祭及收穫祭

播種祭在二月至三月舉行，收穫祭在九月至十月舉行，兩個祭典是賽德克族全體族人都要參與的重大祭祀活動。

十五、拉阿魯哇族－聖貝祭

聖貝祭是兩年到三年舉行一次，祭祀貝神（貝殼），目的在於昭告祖靈、祈求全族平安。

十六、卡那卡那富族－米貢祭

米貢祭是在八月或十月時舉行，祭祀對象為地神，目的在於慶祝小米豐收。

第二節　臺灣史前文化

臺灣的史前文化區可分為五個時期，包括舊石器時代晚期、新石器時代早期、新石器時代中期、新石器時代晚期、金屬器與金石並用時期，每個時期都有其代表性的文化，以下分別討論。

一、舊石器時代晚期

距今五萬年前至一萬年前，該時期人類主要以採集、漁業及狩獵為生，使用的工具為石器，代表文化包括長濱文化及網形文化。長濱文化位

於臺東縣長濱鄉的八仙洞洞穴群，出土文物以石器為主，是臺灣現今最古老的史前文化。臺灣西北部則以苗栗大湖鄉新開村的網形伯公壟遺址為代表，出土文物亦為石器，以陸上採集及狩獵為主要生活方式。

二、新石器時代早期

距今6500-4500年前，該時期人類以農耕為生，出現石器磨製技術，開始使用陶器、編織工藝及栽培作物，代表文化為大坌坑文化。臺灣新石器時代文化遺址遍佈臺灣各地及周邊島嶼，依照文化特徵又分早期、中期及晚期。早期以「大坌坑文化」為代表，其遺址位於新北市八里埤頭村的觀音山麓，以繩紋陶文化為主，「粗繩紋陶文化」是大坌坑文化的主要特徵，大坌坑人製作陶器時是徒手完成，陶器形狀多為缽及罐兩種。在各地的遺址中可以發現大坌坑文化通常在最底層。以臺北八里的大坌坑遺址為例，最上層是十三行文化、其次是圓山文化，最底層才是大坌坑文化。

三、新石器時代中期

距今4500-3400年前，代表文化為訊塘埔文化（新北市八里區）、牛罵頭文化（臺中市清水區）及牛稠子文化（臺南市仁德區），東部有富山遺址群（臺東縣東河鄉），新石器時代中期的遺址多分佈在海岸低地或是溪流臺地。這時期的文物以陶器為主，訊塘埔文化的陶器多為褐色的繩紋陶，牛罵頭文化的陶器多為紅褐色，少數為橙褐色及黑色，牛稠子文化的陶器以紅陶為主，有些陶片留有植種稻穀及豆料的痕跡。

四、新石器時代晚期

距今3600-1800年前，以芝山岩文化、圓山文化、大湖文化、卑南文化、麒麟文化等為代表。芝山岩文化出土的陶器以黑彩為主，少數為橙紅色，器形包含罐和盆，並有大量的貝塚被挖掘出來。芝山岩文化人的生活型態是屬於小型聚落，以狩獵、漁撈、農作種植為主。而圓山文化則是臺灣第一個大規模進行考古發掘的遺址，在日治時期以發現貝塚及墓葬而聞名，聚落具有一定的規模。圓山文化分佈於淡水河兩岸及新店溪下游處，

以漁獵及農耕爲主，農業活動較爲活躍，出土的器物包括石器、玉器、陶器等，而從發掘的文物可以推測當時已具有嚴謹的社會組織及信仰。圓山遺址位於臺北市圓山西邊，因發現大量的貝塚而亦被稱爲「圓山貝塚」。

在臺東縣所發現的卑南遺址是迄今在臺灣所發現的最大史前聚落和墓葬區，聚落分部的格局嚴謹，社會結構組織較爲完善。卑南遺址出土的器物包括玉器、陶器及大量的石器，而出土的石板棺是用板岩所做成，且多埋在自家屋地底處，陪葬品相當豐富且精美。陪葬品中有許多玉器，經考察是使用產於花蓮中央山脈東側的閃玉和蛇紋岩等玉石所製成。著名的「臺灣玉」（又稱「豐田玉」）是產於今花蓮萬榮鄉西林村的平林遺址。澳洲考古學家發現東南亞幾個國家中所出土的玉器中，有約八成是臺灣玉，製作方式也與臺灣發掘的玉器相似。除此之外，卑南文化中還有拔牙的習俗。卑南遺址出土的四項玉器：人獸形玉飾、管形玉飾、喇叭型玉手環及鈴形玉串飾後被列爲國寶級的出土文物。而麒麟文化的時代與卑南文化同時，遺址分佈在臺灣東海岸山脈東邊，其文化特徵是雕造大型的石造物，包括岩棺、石像、石柱、石輪等，因此也被稱爲「巨石文化」。

五、金屬器與金石並用時期

距今約1800年前，以十三行文化、崁頂文化、龜山文化等爲代表。該時期因製鐵技術傳入，因此進入金屬器時代，以十三行文化遺址所發現的煉鐵作坊遺跡最爲有名，位於新北市八里區。十三行文化被認爲是居住在臺北盆地的凱達格蘭平埔族的前身，該文化的生活型態已與近代的原住民相同。在臺灣總統府前道路原名「介壽路」，因該地爲凱達格蘭族的傳統領域，政府爲了體現對原住民文化的重視，因此在1996年時期改名爲現在的「凱達格蘭大道」。

十三行文化人以務農爲主，漁撈及狩獵爲輔，出土的陶器質地較硬，顯示當時的人們已知煉鐵技術。除了煉鐵技術外，十三行文化還發掘出唐宋古錢「開元通寶」及瓷器，由此可知當時的十三行文化人已具備商業行爲，並與中國東南沿海有貿易的往來。目前在八里建有「十三行博物

館」，於民國八十七年興建，民國九十二年開館，館內展出十三行遺址發掘的文物及十三行文化的歷史變遷，是北臺灣以考古為主題的博物館。

　　另外，據2019年5月報導，基隆市文化局委託中研院及清大人類學研究所率領的考古團隊，在2019年5月10日於基隆河一路停車場一處發現史前貝塚及與十三行遺址出土相同的粗繩紋陶遺物。除此之外，還發現有距今1000年至3、400年前鐵器時代的獸骨磨尖石器，證明部分文物的時間雖與十三行遺址為晚，但兩者仍具關聯性。而所挖掘出來的軟陶片更是典型的石器時代陶器，代表了這片遺址具有不同的文化層，從新石器時代到日治時代的文物皆有。該處所挖掘出來的文物時代橫跨新石器時代、鐵器時代、明朝及清朝，證明在基隆和平島一帶在史前約3000年前已有人類的活動，此一發現也為人類考古學帶來新發現。

第三節　外族統治時期

　　十五世紀中開始，歐洲人展開海上探險，也讓臺灣逐漸被世界所知。根據不同時期外族的統治，可分為以下幾個時期：

一、航海時代

　　葡萄牙人在1557年取得澳門作為東亞貿易的中心後，給臺灣「Formosa」（福爾摩沙）的美名，但在歷史上葡萄牙人與臺灣並無直接關係。後荷蘭人統治臺灣延用該名稱，西班牙人則以「Hermosa」稱呼臺灣。十六及十七世紀臺灣逐漸轉為以貿易發展為主，因此地位也漸受重視，原因有三，一是明末時期中國漁民到臺灣海域捕魚並從事貿易活動；二是日本需要臺灣的鹿皮作為甲冑內裡；三是荷蘭、西班牙、鄭成功先後進駐臺灣，將臺灣作為貿易轉口站。自明末開始有千餘名來自閩、粵等地的漢人移居來臺生活，並與原住民有所接觸，從事墾殖、捕魚及貿易活動。

二、荷西殖民時期

　　十六、十七世紀荷蘭及西班牙在東方各國爭奪殖民地，荷蘭在1624年開始占領臺灣南部，西班牙則於1626年開始逐漸進駐雞籠（基隆）、滬尾（淡水）及蛤仔難（宜蘭）等地。荷蘭人在占領臺灣之初於大員（今臺南安平）興建奧倫治城（Fort Orange），後改名為熱蘭遮城（Fort Zeelandia），也就是現今的「安平古堡」。同時間於1626年在北部的雞籠（基隆）則由西班牙人占領，形成南北對峙的形勢。荷蘭人占領臺灣時期除了行政控制及商業貿易以外，也傳入了基督新教。基督新教的傳入影響了原住民的生活，包括荷蘭傳教士以新港社（今臺南新市）為基地，向原住民傳教，並興辦教會學校、以羅馬拼音書寫新港社語（又稱新港文），教授聖經等內容，使入學人數大幅增加，也讓原住民開始學會用羅馬拼音拼寫自己的語言。另外，荷蘭統治臺灣時期也讓大量的漢人移居臺灣開墾土地，當時荷蘭為了強化對漢人的統治而限定漢人只能在特定的區域居住。荷蘭人對漢人的種種限制，致使漢人對殖民當局累積諸多不滿，在1652年所爆發的「郭懷一事件」則是荷蘭統治臺灣時期規模最大的漢人抗荷事件，為防止日後再有類似的事件發生，荷蘭人在平定民亂後，於臺南赤崁地區興建普羅民遮城（Fort Provintia），也就是今天的「赤嵌樓」。

　　相較於荷蘭人統治南臺灣，西班牙人在1626年占領雞籠社寮島（今基隆和平島），逐步占領北臺灣地區，並在淡水一帶建造聖多明哥城（San Domingo）[3]，並且將勢力擴展至臺北盆地及葛瑪蘭（宜蘭）。西班牙之所以積極想占領北臺灣，目的在於阻止荷蘭人的商業通道，並想以北臺灣為軍事據點與荷蘭人對抗，另一目的則是想藉此向中國及日本傳播天主教，以擴大其勢力範圍。西班牙人在占領北臺灣時期也派遣傳教士深入部落向原住民傳播天主教，以及研究原住民的語言。西班牙統治臺灣時間

---

[3] 聖多明哥城後來遭到摧毀，於1644年由荷蘭人在原址重建，命名為「安東尼堡」。因當時漢人稱呼荷蘭人為「紅毛」，因此也將該城稱為「紅毛城」，即今日位於淡水地區的知名古蹟及景點—「紅毛城」。

不長，但北臺灣的三貂角（San Diego）、富貴角（Hoek）及野柳（Punto Diablo，又有「魔鬼的岬角」之稱）都與西班牙人有關。時至1642年，西班牙因削減駐臺軍力而無力與荷蘭抗衡，因此正式退出臺灣。而荷蘭人也在1662年向鄭成功議和並投降，離開臺灣。

三、鄭氏統治時期

　　鄭芝龍因從事海上貿易而致富，成為雄霸一方的勢力。其子鄭森繼承父業，為南明政權的將領，因此隆武帝賜予國姓「朱」，賜名「成功」，世稱國姓爺、鄭國姓、朱成功、鄭賜姓等。後永曆帝敕封為延平王而被稱為鄭延平，後世則尊稱為延平郡王、開台尊王、開山王、開台聖王。雖然鄭森被賜姓朱且改名成功，但後人慣用「鄭成功」稱呼，是因為清朝時期朝廷將其由「朱成功」改為「鄭成功」，因此沿用至今。到了1653年桂王又冊封鄭成功為延平郡王。鄭成功作戰時因北伐失敗而決定攻取臺灣，於1661年率領船艦逼近鹿耳門（臺南安南），並順利登陸，與荷蘭軍隊對峙，引發了海陸戰爭。到了1662年，鄭成功攻下熱蘭遮城，於此荷蘭人正式退出臺灣，臺灣也自此進入鄭氏政權的統治時期。鄭成功死後由其子鄭經接手統領臺灣，到了鄭經時代，臺灣已建立了完整的國家政府體制。

　　鄭氏家族占領臺灣時期對臺灣的影響除了農業及商業貿易發展以外，對臺灣社會也有諸多影響。鄭成功占領臺灣後，將玄天上帝的信仰引進臺灣，大大地影響了荷蘭統治時期的基督教。另外「撫番」也是其要政之一，鄭氏採取恩威並濟的方式讓原住民降服，包括設立番社學、教導耕種技術、以兵鎮壓叛亂等。在文化教育方面，陳永華於1666年在首都（臺南）建立全臺第一座孔廟，設置太學，是全臺的第一所官學，稱為「全臺首學」。直到1683年，鄭氏王朝宣告結束。

四、清朝統治時期

　　1683年鄭氏降清，1684年清朝康熙皇帝時期聽從施琅的建議，正式

將臺灣納入版圖，設立一府三縣[4]。1723年（雍正元年）受到「朱一貴事件」影響，改設一府四縣二廳[5]。1812年（嘉慶十七年）因「林爽文事件」再改為一府四縣三廳[6]，1875年（光緒元年）受「牡丹社事件」影響再增設一廳，共二府八縣四廳[7]，並派沈葆楨來臺善後。到了1885年劉銘傳擔任臺灣省第一任巡撫，因有感於管轄範圍太廣而再次調整為三府十一縣三廳一直隸州[8]，本欲以臺灣府橋孜圖（臺中市）為省會，並動工建設省城。後接任巡撫的邵友濂則因經濟重心北移，故下令正在建設中的省城停工，後將省會移至臺北。

　　沈葆楨、丁日昌及劉銘傳來臺後對臺灣的貢獻及影響極大。其中沈葆楨在1875年牡丹社事件來臺後計劃鋪設電報線[9]、加強海防、修築砲臺（即億載金城）、開採基隆煤礦、增加稅收、開山撫番、廢除渡臺禁令、褒揚鄭成功並興建延平郡王祠等，因推行了許多新政而有「臺灣新政設計師」之稱。

　　而因臺灣物產豐富，中國沿海一帶居民積極移居臺灣，1732年清廷首次允許在臺漢人攜眷來臺。當時因地理位置關係以福建閩南人最多、粵東客家人次之，且呈現同祖籍的群居現象，如漳州人群居內陸平原地帶，泉州人群居西南沿海一帶，粵東客家人則居住在丘陵地區及花東地區。而清朝統治臺灣以後，要求原住民「薙髮留辮」、「改用漢姓」，如竹塹（新竹）地區的原住民被要求接受官方的賜姓，改用「衛、潘、錢、廖、黎、三、金」七個漢姓，成立七姓祖先的祭拜場所，稱為「采田福地」[10]

4　臺灣府，鳳山縣、臺灣縣、諸羅縣。

5　臺灣府，鳳山縣、臺灣縣、諸羅縣、彰化縣，淡水廳、澎湖廳。

6　臺灣府，鳳山縣、臺灣縣、嘉義縣、彰化縣，葛瑪蘭廳、淡水廳、澎湖廳。

7　二府為臺灣府及臺北府，臺北府下為新竹縣、淡水縣、宜蘭縣、基隆廳；臺灣府下為臺灣縣、恆春縣、鳳山縣、嘉義縣、彰化縣、卑南廳、澎湖廳、埔里社廳。

8　三府為臺北府、臺灣府、臺南府。臺北府下為新竹縣、淡水縣、宜蘭縣、基隆廳；臺灣府下為雲林縣、彰化縣、臺灣縣、苗栗縣、埔里社廳；臺南府下為安平縣、恆春縣、鳳山縣、嘉義縣、澎湖廳。直隸州為臺東直隸州。

9　但在沈葆楨任內並未完成，而是到了丁日昌及劉銘傳任內才正式完成。

10　「採田」就是「番」，指的是原住民，「福地」則是土地公。祭拜七姓祖先的活動至今已有兩百多年，是臺灣少數的原住民祠堂。

（1758年）。

　　丁日昌則於1877年（光緒三年）來臺，來臺後大力推動洋務、獎勵
農民種植經濟作物、提倡開礦、嚴辦貪官汙吏、改善財政、興建安平到打
狗（今高雄）間的鐵路及安平至臺灣府（今臺南市中西區一帶）及臺灣府
至旗後（今高雄旗津）的兩條電報線等。在撫番政策方面則劃定漢人及原
住民之間的居住界線，嚴禁漢人侵佔原住民居住地，並教導原住民工作，
以解決原住民的生計問題。

　　而劉銘傳在1885年被任命爲臺灣首任巡撫，在臺期間有許多新政，
包括改革土地財政使財稅收入增加、推動電報新政策、興建臺灣和澎湖及
廈門之間的海底電報線、臺北至臺南的電報線。1887年興築臺北到基隆
之間的鐵路，設立六個火車站等。在教育方面，劉銘傳在1885年先設立
的西學堂，到了1888年因爲推動電報新政策而急需電報人才，因此在大
稻埕設立了電報學堂，該學堂可算是首座工業學校。在撫番方面，劉銘傳
在臺北設立「番學堂」，對原住民教行教育，另外也設立「撫墾局」，專
門處理原住民相關事務等。郵政方面的貢獻則是建立現代的郵政制度，並
在臺北設立郵政總局。而都市建設方面則有路面鋪設計劃及裝設電燈等。

五、十九世紀後期

　　臺灣因具備戰爭、航運及貿易等重要地位條件，於十九世紀中開始，
受到西方列強的侵襲，各國極欲占領臺灣。1858年第一次英法聯軍結束
後，清朝與俄、美、英、法等國簽訂天津條約，其中對英法俄三國的條約
內容要求清朝開放安平、雞籠（基隆）、淡水及打狗（高雄）四個通商口
岸，但與俄國簽訂的條約中僅開放臺南安平，臺灣對外的貿易貨品由米和
糖轉爲茶及樟腦等經濟作物。1860年第二次英法聯軍戰敗後，清朝再度
與俄、英、法簽訂北京條約，三國要求清朝開放天津及大連作爲商埠。

六、日治時期

　　1895年甲午戰爭後中日雙方簽訂「馬關條約」，將臺灣及澎湖割讓

給日本，首任臺灣總督樺山資紀於1895年就任，並成立臺灣總督府，臺灣至此開始了日治時期，直到1945年日本戰敗，臺灣光復後才脫離日本統治，時間長達五十年。也因為日本統治臺灣時間較長，對臺灣的經濟、商業、建築、治安、稅收、衛生，甚至是語言等都有一定的影響，並保留至今。日治時代到了1920年，日本人開始對臺灣進行政區劃分改革，設立五州（臺北、新竹、臺中、臺南及高雄）、二廳（花蓮廳、臺東廳），廳以下再設立郡、市、街等。當時每處雖有官員，但都為官派執政，無實質的決定權，因此並非真正的地方自治。

日本統治時間多次發生抗日事件，包括漢人起兵反抗，以及著名的原住民賽德克族莫那·魯道起事的「霧社事件[11]」，多數最終都被日軍鎮壓。而漢人多次的抗日運動中，以「噍吧哖事件」（余清芳主事）的規模最大。最後雖然未成功，但從該事件後漢人抗日的方式轉為體制內的抗爭，該事件也是漢人抗日從武裝到非武裝的分水嶺。

日本殖民臺灣時代雖多次引起漢人或原住民對抗日人的衝突事件，但日本統治時間對臺灣的各項基礎建設、農林產業、金融體制、商業、教育及語言都有一定的影響力。

華人社會與文化

012

(一)基礎建設

日本統治臺灣時為了獲得最大的效益，因此以「工業日本，農業臺灣」作為基礎建設的目標，將臺灣的稻米及蔗糖運銷至日本。另外幾項重要的基礎建設包括鐵路與港口的興建、嘉南大圳的建設以及電力建設等。

自1895年開始，日本開始修建鐵路，首先在十年間修築了新竹以南的鐵路。1901年淡水線完工，到了1908年興建且完成了基隆到高雄的縱貫線鐵路並通車，縱貫線中也包括臺中線。但之後由於島上產業快速發展，臺中線所經山路造成運輸瓶頸，於1919年開始修建縱貫海岸線，

---

11 該事件於2011年由臺灣導演魏德聖拍攝成電影，描述當時賽德克人與日人的抗爭活動。而臺灣曾在2001年發行莫那魯道的紀念幣（面額為20元），是臺灣首次以原住民做為主角的錢幣，可見莫那魯道在臺灣抗日史上的重要性。

1922年海岸線由竹南至彰化完工通車。另外，1917年宜蘭線〈基隆至新城〉在1924年通車，屏東線〈高雄至枋寮〉也在1941年完工通車。同年屬於山線的縱貫鐵路全線通車，促進了臺灣的交通便利性。知名閩南語童謠「丟丟銅仔」描述的鐵路，其實就是「舊草嶺隧道」。舊草嶺隧道在1924年興建完成，從現在的新北貢寮延伸到宜蘭頭城，是東南亞最長的鐵路隧道。後於1985年停用，直至2007年以自行車專用道重新啟用，是宜蘭縣的限定古蹟。

　　「嘉南大圳」是在1920年開始興建的，直到1930年時完工。嘉南大圳的興建有助於雲林、嘉義及臺南的耕地灌溉，具有防洪及排水等功能，而所灌溉之處也提高了嘉南平原的稻穀產量。而在電力建設方面，1903年先在新店溪上興建龜山水力發電廠，同年並在高雄橋頭興建第一座火力發電廠。1919年開始計劃在日月潭建立亞洲最大的水力發電廠，並於1934年完工。

(二)農林產業

　　日治時期對日人而言，稻米及糖是經濟生產的主力，也是臺灣外銷日本的重要貿易品，其中糖類除了外銷日本以外，也幫助臺灣開發了製糖市場。而稻米在1926年時改良蓬萊米成功，產量增加，成為稻作的主流。除了稻米和糖以外，臺灣豐富的森林資源也受到日人的重視，並於官方壟斷木材市場。當時四大官方經營的林場為宜蘭太平山、花蓮林田山、臺中八仙山及嘉義阿里山。在茶葉部分，日人改良臺灣現有的茶葉品種，並在臺北及新竹等地區設有茶園。

(三)金融體制與經濟發展

　　金融方面，1899年為了統一貨幣及資金調度，創立了臺灣銀行，並發行紙鈔，稱為「臺灣銀行券」，也正式廢除了銀幣的流通。到了1911年，臺灣的幣制已經改善了過去紊亂不穩的情況，幣制終趨穩定。而在專賣品制度下，臺灣的專賣品從1897年到1899年以鴉片及樟腦為主，1905

年到1922年改以菸、酒兩類的收入比重最多。水果方面則以鳳梨及香蕉爲主，鳳梨加工廠設在高雄鳳山，香蕉的產地以臺中及高雄爲主。

㈣商業

由於日本透過現代化交通讓臺日之間的連結更爲緊密。1935年日本在臺北舉行「始政四十週年紀念臺灣博覽會」，強調日本在臺統治的政績，並向世界表達臺灣是日本殖民帝國一部分的企圖心，是臺灣有史以來舉行的大型博覽會。

㈤新式教育

日本統治臺灣期間依照民族區分學制，日本人就讀的稱爲「小學校」，臺灣人就讀的稱爲「公學校」，原住民就讀的稱爲「番人公學校」，但其教育仍有差別待遇。1896年女性開始可以到國語傳習所[12]就讀，女子教育正式納入學制系統。

1915年林獻堂[13]因有感於臺灣的中等教育都受到日本人限制，因此在臺中成立私立的中學，目的在於主要招生臺灣籍學生。1928年成立臺北帝國大學（又稱帝大、臺北帝大、臺大），1945年改制爲「國立臺灣大學」。1922年日本人實施「日臺共學」，推動新式教育，使得教育更爲普及，減少文盲。

另外，由於日本實施新式教育，也將女子納入學制系統，使得臺灣女性有就讀學習的機會。例如臺灣第一位女醫師蔡阿信（1895-1989）在臺灣完成學業後再赴日本進修，回臺後於臺中成立第一間助產士的教育機構，對臺灣醫療有一定的貢獻。著名臺灣鄉土作家東方白的小說「浪淘沙」的女主角「丘雅信」就是以蔡阿信醫師爲原型所寫成的。但整體而言，臺灣女性在日治時期仍受到許多限制。

---

12 「國語傳習所」是臺灣總督府實施基礎教育的場所，更是臺灣首間西式教育學校。而「國語」指的是「日語」。

13 林獻堂在1914年於臺北城成立「同化會」，期盼提高臺灣人的地位。

㈥語言與文學

日本統治臺灣五十年，除了上述的影響外，臺灣在1958年推行「國語運動」以前，日文也影響了臺灣的閩南語跟國語，其中「漢字與日文」的混合體是臺灣殖民地的特色之一。漢人來臺後，閩南語代替了原住民語言而成為強勢語言，至今仍是臺灣最大的方言。在日治時期因受到日語的影響，保留了許多日語發音。如「醫院、打針、便當、離婚」的閩南語發音都與日語相近。此外，還有部分是日語受到如英語等的影響，再直接進入閩南語中，如「摩托車、卡車、番茄」等。

在文學方面，賴和[14]（1894-1943）在廈門行醫之時受到五四運動的新文化衝擊，於回臺後致力於推動臺灣文學的白話文運動[15]，嘗試將臺語融入白話文作品中，以貼近社會大眾。賴和所留下的新詩及小說作品數量多，被認為是臺灣最有代表性的民族詩人，因而被譽為「臺灣新文學之父」、「臺灣現代文學之父」。而在1920年代因為社會主義興起而出現了「左翼文學」，主要思想為社會寫實，並透過文學作品替社會弱勢發聲。代表的左翼文學作家如楊逵在1935年發行了《臺灣新文學雜誌》，最能反映當時臺灣左翼文學運動的特質。而呂赫若的文學作品多具有社會主義思想，透過文學表達對社會的批判和當時被殖民的無奈，許多作品更凸顯了對女性的關懷，如《山川草木》、《牛車》等，並兼具音樂及演劇才華，被稱為「臺灣第一才子」。

文化小知識1：

消失的「西門」？

臺北建城後共有五個城門，包括北門「承恩門」、南門「麗正門」、小南門「重熙門」、東門「景福門」、西門「寶城門」，其中以北門「承恩門」為主門，但西門「寶城門」最為華麗。西門之所以稱為「寶城

---

[14] 本名「賴河」，彰化人，本職是醫生。

[15] 賴和的白話文運動重在不以日文寫作，而是將臺語融入作品中，與中國的白話文運動有所不同。

門」，是因為城門附近的艋舺三邑籍的後代在城樓上雕梁畫棟代表「寶來成就」，意謂希望艋舺商業興旺的景象能長久不衰。但在日治時期日本殖民政府計畫拆除臺北城牆，遂開始拆除城牆及西門，並希望將西門外的地方規劃為日人的休閒娛樂商業區及場所。但拆除了西門之後引起了極大的民意反彈，地方仕紳及有識之士為保住其他的城門而奔走，致使臺灣總督府放棄拆除其餘四個城門的計畫，西門也因此成了臺北城唯一被拆除殆盡的城門。為了紀念西門，現在在西門圓環處（寶慶路與衡陽路交叉口處）設有「寶成門舊址」的石碑，2014年更以原來的寶城門為藍圖設置了造型藝術品「西門印象」，以重現當年西門的景象。

文化小知識2：

小南門的由來？

臺北有東、西、南、北四個城門，但為什麼唯獨南門還有個「小南門」呢？小南門的建立與「漳泉械鬥」歷史事件有關，當時福建漳州人與泉州人移民來到臺灣，常因先來後到、土地、水源等原因而發生武裝衝突。其中板橋林家原籍福建漳州，來臺後定居在現在的新北市新莊一帶，後移至板橋地區，成了漳州人聚集居住之處。而敵對的泉州人則居住在艋舺（現臺北萬華）一帶，雙方因隔著新店溪而能相安無事。但是當時若要從臺北到板橋就必須從西門出城後，經過艋舺再過河到板橋，如此漳州人回板橋時都須看泉州人的臉色。因此板橋林家為了解決這個問題而捐錢給朝廷幫忙修建臺北城，並在臺北城西南處蓋了座小南門，如此進出城時就不需要再經過泉州人的根據地了。

文化小知識3：

澎湖也有葡萄牙文名稱？

眾所皆知，葡萄牙人給了臺灣「福爾摩沙」（Formosa）的稱號，意為「美麗之島」，但除了臺灣，葡萄牙人也給澎湖取了「Pescadores」之名，在葡萄牙語中的意思是「漁夫群島」。之所以稱澎湖為漁夫群島，是因為

中國東南沿海各省的漁民為了生活而跨到澎湖縣捕魚，甚至定居於此，經過澎湖的葡萄牙人看到這一景象而將澎湖稱為「漁夫群島」。現在在澎湖馬公市區還有一間名為「百世多麗」的飯店，其名稱正是由葡萄牙文「Pescadores」音譯而來。另外根據史料記載，澎湖最早的古名還有「島夷」、「平胡」、「西瀛」、「方壺」等舊稱，宋朝時才出現「彭湖」及「平湖嶼」兩個接近現在「澎湖」的稱呼。

考古題

1. 臺灣原住民是臺灣社會文化的特色，關於原住民社會文化的描述，何者有誤？（2019年）
   (A) 2014年行政院會通過原民會提案，同意增設「拉阿魯哇族」及「卡那卡那富族」成為臺灣原住民族。
   (B) 政府於屏東縣瑪家鄉設置之原住民文化園區，主要以展示、保存臺灣原住民族文化為主的博物館。
   (C) 各部落都有其特色的祭典活動，例如阿美族的豐年祭、賽夏族的矮靈祭、卑南族的猴祭、布農族的射耳祭。
   (D) 目前政府公布的原住民共有九族，在南投魚池鄉有九族文化村，展現臺灣原住民的多元文化面向。

   答案：(D)

   解釋：目前在臺灣法定公布的原住民族共計十六族，包括阿美族、泰雅族、排灣族、布農族、卑南族、魯凱族、鄒族、賽夏族、雅美族（達悟族）、邵族、噶瑪蘭族、太魯閣族、撒奇萊雅族、賽德克族、拉阿魯哇族、卡那卡那富族。有十三族申請但尚未被識別及承認，有三族為地方政府承認。其中位於南投魚池鄉的九族文化村於1986年成立，所謂的「九族」指的是阿美族、泰雅族、排灣族、布農族、卑南族、魯凱族、鄒族、賽夏族、雅美族（達悟族）九族，而此九族是根據1948年國立臺灣大學

民族學研究官方劃分的九族。其他族被承認的時間分別爲（按時間先後順序排列）：邵族於2001年8月被承認，原被歸納爲鄒族。葛瑪蘭族於2002年12月被承認，原被歸納爲海岸阿美族。太魯閣族於2004年1月被承認，原被歸納爲泰雅族德魯固群。撒奇萊雅族於2007年1月被承認，原被歸納爲南勢阿美族。賽德克族於2008年4月被承認，原被歸納爲泰雅族。拉阿魯哇族於2014年6月被承認，原被歸納爲南鄒族，居住在高雄桃源區及那馬夏區一帶。卡那卡那富族於2014年6月被承認，原被歸納爲南鄒族，居住在高雄那馬夏區一帶。

2. 臺灣原住民藉由祭典、儀式、歌舞、競技等來表達對天地鬼神的崇敬。下列有關族群和代表祭典的敘述何者錯誤？（2018年）

(A) 排灣族—戰祭 　　　　　(B) 達悟族—飛魚祭

(C) 賽夏族—矮靈祭 　　　　(D) 布農族—打耳祭

答案：(A)

解釋：排灣族的代表祭典是「五年祭」，「戰祭」是鄒族的代表祭典。

3. 臺灣自然觀光資源豐富，共設置了9座國家公園，各有特色。請問下列臺灣國家公園敘述正確的是：（2018年）

(1) 以火山地形著稱的是「陽明山國家公園」

(2) 以立霧溪畔高聳深邃的峽谷地形而聞名國內外的是「太魯閣國家公園」

(3) 以臺灣特有魚種「櫻花鉤吻鮭」著稱的是「雪霸國家公園」

(4) 以燦爛陽光聞名，位於臺灣南端的是「墾丁國家公園」

(5) 以戰地文物地景著名的是「馬祖國家公園」

(6) 珊瑚碎屑及貝殼風化形成獨特白沙地質景觀的是「東沙環礁國家公園」

(A) (1)(2)(3)(4)(5) 　　　　(B) (1)(2)(3)(4)(6)

(C) (1)(3)(4)(5)(6) 　　　　(D) (2)(3)(4)(5)(6)

答案：(B)

解釋：以戰地文物地景著名的是「金門國家公園」。金門古名浯州，鄭成功時期曾駐軍於此，歷經古寧頭戰役及八二三炮戰，以戰地風光及海上公園著稱，目前由內政部營建署金門國家管理處管理。

4. 有關鄭成功的敘述，以下何者為非：（2017年）

(A) 原名鄭森，隆武帝賜明朝國姓朱，賜名成功，世稱國姓爺。

(B) 擊敗西班牙在臺灣大員（今臺南市）的駐軍，開啟鄭氏在臺灣的統治。

(C) 聽聞西班牙人在菲律賓殺戮與掠奪華僑，決定揮師征討，為華僑報仇。

(D) 後世多尊稱延平郡王、開臺尊王、開臺聖王、開山王、東寧王。

答案：(B)

解釋：鄭成功擊敗的駐軍是荷蘭人而非西班牙人。

5. 臺灣客家人有所謂的「六堆文化」，臺灣客家人有所謂的「六堆文化」，請問「六堆」是何義？（2017年）

(A) 地名

(B) 六種身分

(C) 六個丘陵

(D) 前、後、中、左、右、先鋒六隊自衛組織

答案：(D)

解釋：「六堆」指的是臺灣朱一貴事件發生之時，因當時朱一貴之亂已嚴重影響客家人的生活，因此各地的仕紳及客家墾民組成自衛組織，包括右堆、左堆、前堆、後堆、中堆及先鋒堆。右堆為高雄市美濃區、六龜區、山林區等地；左堆為屏東縣新埤鄉、佳冬鄉等地；前堆為屏東縣長治鄉、屏東市田寮等地；後堆為屏東縣內埔鄉等地；中堆為屏東縣竹田鄉、鹽埔鄉七份仔

等地；先鋒堆爲屏東縣萬巒鄉等地。康熙年間朱一貴事變發生時，客家墾民在下淡水溪（今高屏溪）一帶已建立了至少十三個大庄及六十四個小莊的自衛組織。

6. 臺灣原住民語言屬於下列哪一種語系？（2016年）
   (A) 印歐語系 　　　　　　　(B) 阿爾泰語系
   (C) 漢藏語系 　　　　　　　(D) 南島語系

   答案：(D)

   解釋：臺灣原住民屬於南島語族，使用的語言屬於南島語系，在社會文化方面則屬於馬來／玻里尼西亞系統。

7. 下列何處爲客家人比較多的地方？（2016年）
   (A) 彰化田尾 　　　　　　　(B) 苗栗後龍
   (C) 屏東竹田 　　　　　　　(D) 宜蘭五結

   答案：(C)

   解釋：屏東竹田屬於六堆文化中的中堆，因此客家人較多。苗栗後龍雖有客家人，但原爲平埔人主要的居住地，後來閩南人及客家人才移居至此。

8. 海峽兩岸的詞彙由於分隔數十年，也產生不同的詞彙意涵，下列敘述何者不正確？（2015年）
   (A) 意指正統，很符合標準的詞彙，臺灣說「道地」，大陸說「地道」。
   (B) 喝咖啡時加的調味品，臺灣說加「奶精」，大陸說加「咖啡伴侶」。
   (C) 大陸說的「忽悠」，就是臺灣說的「悠閒」。
   (D) 大陸說的「手信」，就是臺灣說的「伴手禮」。

   答案：(C)

   解釋：「忽悠」一詞來自於東北方言，有胡說、欺騙、吹牛、戲弄等意思。該詞是從大陸知名演員趙本山所演出的小品《賣拐》之

後開始在中國大陸廣泛使用。

9. 日語與臺語稱麵包為「PANG」，淵源於哪種語言？（2015年）
   (A) 英語 　　　　　　　　　　　(B) 韓語
   (C) 葡萄牙語 　　　　　　　　　(D) 臺灣原住民語

   答案：(C)

   解釋：天主教傳入日本後，葡萄牙傳教士教授日本人製作麵包，而葡
   　　　萄牙語和西班牙語中的「麵包」發音近似於「pan」，在日文
   　　　中的音譯為「パン」（pan）。後日本統治臺灣五十年，「パ
   　　　ン」（pan）的發音影響了閩南語，因此在閩南語中稱「麵
   　　　包」為「pang」。

10. 臺灣的好山好水在清朝古典遊吟詩中屢屢出現，如：「清波漾皓
    月，沉璧遠銜空。山影依稀翠，荷花隱現紅。潭心浮太極，水底
    近蟾宮。莫被採菱女，攜歸繡幕中。」請問此詩是指哪個名勝？
    （2015年）
    (A) 左營蓮池潭 　　　　　　　　(B) 新店碧潭
    (C) 阿里山姊妹潭 　　　　　　　(D) 南投日月潭

    答案：(A)

    解釋：該首詩詩名為《蓮潭夜月》，作者陳文達，收錄在《全臺詩》
    　　　第一冊中，詩中描寫的是高雄左營蓮池潭夜月的景色。

11. 以下有關臺灣新舊地名對照，何者為誤？（2015年）
    (A) 金包裏—金山 　　　　　　　(B) 噍吧哖—玉里
    (C) 干豆—關渡 　　　　　　　　(D) 打狗—高雄

    答案：(B)

    解釋：噍吧哖指的是現在臺南的玉井區，玉里則是位於花蓮南段。

12. 請問臺灣唯一祭拜唐代儒宗「韓愈」的廟宇在何處？（2015年）
    (A) 屏東內埔 　　　　　　　　　(B) 高雄鳳山
    (C) 臺南善化 　　　　　　　　　(D) 臺中大甲

解釋：「韓愈廟」又稱「昌黎祠」，是潮州人移民來臺後所建立，約有兩百年歷史，主祀唐朝文學家韓愈，位於屏東縣內埔鄉，在每年考季時有許多考生會前往祈求考試順利。

13. 常見蔬果在海峽兩岸通行的名稱略有差異，有時會讓人產生誤會，例如：中國大陸北方的「土豆」即是在臺灣所說的馬鈴薯，而非花生，請問中國大陸所說的「西紅柿」指哪一種蔬果？（2014年）

(A) 柿子　　　　　　　　　　(B) 番茄

(C) 紅蘿蔔　　　　　　　　　(D) 茄子

答案：(B)

解釋：除了「番茄」在兩岸的說法不同以外，「柿子」、「紅蘿蔔」及「茄子」的說法則大致相同。

14. 「一級棒」語彙源自哪種語言？（2014年）

(A) 英語　　　　　　　　　　(B) 日語

(C) 荷蘭話　　　　　　　　　(D) 臺灣原住民語言

答案：(B)

解釋：「一級棒」是由日語「一番」（いちばん/i-chi-ban）一詞音譯而來。

15. 早在史前時代，臺灣就是各民族往來頻繁之地，至今在臺灣發現最古老的文化是：（2014年）

(A) 圓山文化　　　　　　　　(B) 十三行文化

(C) 長濱文化　　　　　　　　(D) 卑南文化

答案：(C)

解釋：臺灣史前文化中最古老的是舊石器時代晚期的文化，包括長濱文化及網形文化，其中又以臺東縣長濱鄉所發現的長濱文化為臺灣現今最古老的史前文化。

16. 沈葆楨聘請工程師於安平建立安放西洋巨砲的堡壘,並於此座城堡親題「萬流砥柱」,請問該堡壘的名稱是?(2014年)

(A) 安平古堡　　　　　　　(B) 赤崁樓

(C) 億載金城　　　　　　　(D) 西臺古堡

答案:(C)

解釋:「億載金城」古稱「安平大砲臺」、「二鯤鯓砲臺」,於清朝同治年間開始建造,清朝光緒年間(1876年)完成,由法國設計師所設計,目的是為了對抗犯臺的日本軍隊。億載金城是西洋稜堡式的方形炮臺,城門門外題額為「億載金城」,門內題有「萬流砥柱」,皆為沈葆楨的題字。「安平古堡」為荷蘭人所建,又稱安平城、臺灣城、王城、熱蘭遮城、奧倫治城等,是臺灣最早的要塞建築,也曾是鄭氏王朝統治者的住處。「赤崁樓」亦為荷蘭人所建,是荷蘭人占領臺灣時期的行政中心。三者都位於臺南。而「西臺古堡」則位於澎湖,又稱「西嶼古堡」、「西嶼西炮臺」,是清朝時期的軍事建築,也是臺灣少數完整保存的古砲臺。

17. 下面哪一個答案表現出的意涵,是清代臺灣移墾社會被統治者與統治者之間的政治矛盾?(2014年)

(A) 分類械鬥　　　　　　　(B) 爭水爭地

(C) 民變　　　　　　　　　(D) 結盟拜會盛行

答案:(C)

解釋:「民變」指的是清朝時期在臺灣發生的地方性動亂。清朝民變發生的原因多與統治者、官逼民反及飢荒等政治及經濟因素有關。清朝時臺灣有五大民變:朱一貴事件、林爽文事件、蔡牽事件、張丙事件、戴潮春事件,五者的共同特點是據地為王、豎立旗號、對抗政治等。

18. 臺灣淡水的「紅毛城」屬於國定一級古蹟，下列選項何者不正確？
（2013年）
(A) 最早是西班牙人所興建
(B) 曾遭摧毀，荷蘭人重建後命名為「熱蘭遮城」
(C) 至今已超過380年的歷史
(D) 1867～1972年間被英國政府長期租用

答案：(B)

解釋：紅毛城遭摧毀後由荷蘭人重建，並命名為「安東尼堡」。

19. 臺南「赤崁樓」屬於國定一級古蹟，其前身是哪一棟建築？（2012年）
(A) 日治時期的臺灣總督府　　　(B) 日治時期的臺南火車站
(C) 明代末期的臺南天后宮　　　(D) 荷據時期的普羅民遮城

答案：(D)

解釋：赤崁樓位於臺南市中西區，又稱赤嵌樓，前身為於1653
年荷治時期所興建的歐式城塞，今亦稱為普羅民遮城
（Provintia），意謂省城，當地人也以閩南語稱之為番仔樓或
紅毛樓，過去是臺灣統治中心。而今日所見的赤崁大部分是漢
人在荷蘭人原興建的城堡之上加建儒家及道教的廟宇，包括神
廟及文昌閣。日治時期的臺灣總督府即為現在的總統府，日治
時期的臺南火車站為現在的臺南車站，明代末期的臺南天后宮
為現在臺南的大天后宮（舊稱東寧天妃宮）。

20. 台灣[16]被稱為「福爾摩沙」（Formosa），當初是哪一國的航海家所
給予的名稱？（2009年國內版）
(A) 西班牙　　　　　　　　　　(B) 葡萄牙
(C) 荷蘭　　　　　　　　　　　(D) 英國

---

[16] 本書中凡與臺灣及臺北、臺中、臺南等地名有關的詞彙一律用「臺」。但若為歷屆考古題目題目標示
為「台」，則保留原題目寫法。

解釋：「福爾摩沙」是葡萄牙文「Formosa」的音譯，意謂「美麗」。葡萄牙人從十五世紀開始即是大航海時代，當時葡萄牙人來到臺灣後因感受到臺灣的美，而說出了「Ilha formosa!」（意謂「美麗的島！」），因而有了「福爾摩沙」之稱。

21. 最早於台灣架設電線的是下列何人？（2009年國內版）

(A) 沈葆楨　　　　　　　　(B) 劉銘傳

(C) 王凱泰　　　　　　　　(D) 丁日昌

答案：(D)

解釋：沈葆楨駐臺時間為1874-1875年，重要貢獻包括開山通道（蘇花公路前身、南迴公路前身、新中橫公路前身等）、增設郡縣（二府八線四廳）、開採基隆煤礦、於臺南安平建立新式砲臺、為鄭成功追諡建祠（延平郡王祠）等。劉銘傳駐臺時間為1885-1891年，重要貢獻包括興修臺北到基隆的鐵路、架設電報（電報總局位於臺北）、建立郵局及新式學堂、改革財政、最早提出在臺養蠶業等等。王凱泰駐臺期間為1875年，時間僅半年，曾因沈葆楨奏請移駐臺灣負責協理外交事務及臺灣事務，後因積勞成疾返回福州。丁日昌駐臺期間為1876-1877年，時間不到半年，其重要貢獻包括在北部推廣茶葉、在南部推廣咖啡、鼓勵採煤礦及鐵礦、架設電線、籌建鐵路、建立機器局等。沈葆楨卸任時未完成電線架設，直到丁日昌主事後才開始動工，安裝臺灣府城至打狗及府城至安平的電報線，是臺灣最早的電報線。

22. 下列哪一個國家不曾殖民台灣：（2009年國外版）

(A) 日本　　　　　　　　　(B) 荷蘭

(C) 西班牙　　　　　　　　(D) 葡萄牙

答案：(D)

解釋：臺灣的外族統治分爲荷西殖民時期、鄭氏統治時期、清朝統治時期及日治時期。在航海時代葡萄牙人曾給予臺灣「Formosa」（福爾摩沙）的美名，但並未統治過臺灣。後荷蘭人統治臺灣延用該名稱，西班牙人則以「Hermosa」稱呼臺灣。

23. 最早在臺灣建立孔廟的是：（2008年國內版）

(A) 鄭經　　　　　　　　　　(B) 鄭成功
(C) 劉銘傳　　　　　　　　　(D) 丁日昌

答案：(A)

解釋：臺灣第一座孔子廟是「臺南孔子廟」，也是臺灣最早的文廟，位於臺南市中西區，建於明朝時期，民國七十二年將之定爲祠廟類的一級古蹟，現爲國定古蹟。清初時期臺南孔子廟是全臺灣府、州、縣學應考者童生的入學之處，因此又稱爲「全臺首學」。臺南孔子廟的建立與鄭經有關。當時陳永華建議鄭經在成天府建立殿堂祭祀孔子，當時稱之爲「先師聖廟」，後亦設講學之處供學生學習。

24. 台北縣淡水鎮古蹟「紅毛城」中所謂的「紅毛」指的是：（2008年國內版）

(A) 西班牙人　　　　　　　　(B) 荷蘭人
(C) 英國人　　　　　　　　　(D) 葡萄牙人

答案：(A)

解釋：紅毛城位於新北市淡水區，古稱「安東尼堡」，是國定古蹟。紅毛城最早是在1628年西班牙人統治北臺灣時所興建的，當時稱之爲「聖多明哥城」。後被摧毀，由荷蘭人在原址重新建立，命名爲「安東尼堡」。因此當時的人常以「紅毛人」或「紅毛番」來稱呼渡海來臺的歐洲人。而目前位於臺南的熱蘭遮城（安平古堡）及普羅民遮城（赤崁樓前身）爲荷蘭人所

建。漢人之所以將荷蘭人稱之爲「紅毛」是與其頭髮顏色有關，因此連兩座建築所使用的材料也稱爲「紅毛磚」。當時清廷大將沈有容擊退荷蘭人之後立有紀念碑，並刻上「沈有容諭退紅毛番」的字樣，因此可以確認當時在臺南「紅毛」指的就是荷蘭人。至於本題答案爲西班牙人，可能與前面所述當時人民以「紅毛人」或「紅毛番」統稱渡海來臺的歐洲人有關，因此又將「聖多明哥城」、「安東尼城」稱爲「紅毛城」。

25. 清光緒年間台灣正式建省，請問首任巡撫爲何人？（2008年國外版）

(A) 丘逢甲　　　　　　　　(B) 劉銘傳
(C) 劉永福　　　　　　　　(D) 沈葆楨

答案：(B)

解釋：劉銘傳是清朝安徽合肥人，本是淮軍將領，在中法戰爭中於臺灣地區擊退法軍後，始被任命爲台灣建省後的首任巡撫（1885-1891年），任內積極推動臺灣各種現代化建設，包括擴大撫番、增設郡縣、清理賦稅、發展交通、推廣農業、設立新式學堂及設立電燈電泡，於1887年完成建省工作，爲臺灣的現代化奠下基礎，並於1891年告老還鄉。

26. 台灣在十七世紀初曾經是西班牙和荷蘭兩個海上霸權帝國的殖民地，一個在北部，一個在南部，一個從太平洋過來，一個從印度洋過來，台灣是這兩條環球航線網路的銜接點，所以我們可以說台灣在十七世紀已經：（2008年國外版）

(A) 中國化　　　　　　　　(B) 全球化
(C) 日本化　　　　　　　　(D) 本土化

答案：(B)

解釋：荷西統治臺灣時期，兩國的文化及語言等各方面皆影響了臺灣，故屬於全球化的一種。

第二章
臺灣藝術

第一節　音樂

　　臺灣的音樂相容並蓄，因受多元文化影響而呈現豐富的樣貌及內涵，按照時代、族群及演出型態可將音樂分爲原住民音樂及漢人音樂等。

一、原住民音樂

　　原住民各族的語言屬於南島語言，而南島語言的音樂性極高，且原住民音樂除使用簡單的樂器以外，多以原始的聲樂歌唱形式表現，在各慶典及祭典中也多以歌曲演唱來慶祝。原住民的豐年祭音樂具有神聖意義及特殊性，迄今保存原始傳統風貌，且多伴隨舞蹈來表演，載歌載舞的形式成了原住民音樂的一大特色。由於南島民族無記音符號，因此其歌曲以「襯詞」方式表現。所謂的「襯詞」指的是無實質意義的音符，但以阿美族的「襯詞歌謠」爲例，「襯詞」看似無意義，實則是一種「神語」，伴隨旋律來表達特殊情緒。另外布農族「祈禱小米豐收歌」採用特別的合音方式，又被稱爲「八部合音」，揚名國際，被譽爲是「有聲古蹟」。

　　臺灣原住民音樂受到國際矚目的，還有著名的已故阿美族國寶級歌手郭英男及郭秀珠夫婦。在1996年美國亞特蘭大市舉行的奧運會中所播放的奧運宣傳片頭曲《反璞歸眞》（Return to Innocence）經電視播出後廣受世界歡迎，後郭英男夫婦發現，該首歌曲乃是郭氏夫妻的聲音經電子混音合成後製成，已構成侵權行爲，因而引發跨國的著作權訴訟。官司直至1999年始達成和解，國際奧委會等承認該首歌曲的編曲及演唱全都屬於郭英男夫婦，並於日後所發行的專輯上註明該首歌曲是來自臺灣的郭英男夫婦演唱及編曲，事情有了圓滿的落幕。此事使世界樂壇對臺灣原住民的音樂有了進一步的了解。而因郭英男事件，也讓國際社會更重視各地原住

民的音樂文化資產。

二、漢人音樂

漢人渡海來臺移居臺灣後，也成為優勢族群，其語言、文字、音樂等逐漸改變了臺灣的樣貌，使原住民音樂相對變得不那麼受歡迎。中國的音樂起源很早，漢人帶到臺灣來的音樂與原住民以聲樂為主的音樂不同，而是以演奏樂器佔主要地位，進而衍生出民歌、說唱藝術、南北管及客家音樂。其中民歌及說唱藝術是由中國閩南泉漳一帶福佬人的福佬語言，以及廣東惠州一帶客家人的客家語言。早期移民臺灣的漢人多屬於農民階級，其音樂具有樸實無華的色彩，與臺灣的風土民情相契合，因此形成了具臺灣地方色彩的民歌及歌謠。包括福佬語的「唸歌」及客語的「山歌」等。

(一)民歌

傳統的民歌形式有四種：號子、山歌、小調及長調，福佬民歌多屬於「小調」系統，歌詞內容多以情愛為主，以單音方式演唱，風格多為哀怨、抒情和節奏活潑的諷刺性歌曲。著名的歌謠包括〈草螟仔弄雞公〉、〈思想起〉、〈丟丟銅仔〉、〈天黑黑要落雨〉等。其中〈思想起〉最廣為傳唱，其曲調與恆春半島的原住民有關，因歌詞內容直白、淺顯易懂，並有感嘆襯詞在其中（如「哎喲喂」、「阿依都」等），吟唱時容易朗朗上口，至今仍廣受歡迎。

(二)客家山歌

客家山歌多是抒發內心情感的抒情式歌曲，具有嚴謹的曲調跟唱詞，其特色是唱腔高亢。代表歌曲如〈山歌仔〉、〈上山採茶〉、〈桃花開〉等。北部的客家山歌有「九腔十八調」之稱，「九腔」指的是廣東客家人因有九種口音而形成九種唱腔，「十八調」則是以各代表性的歌曲為名。但總的來說，「九腔十八調」只是一種統稱。臺灣南部的客家歌曲不強調腔調，以「美濃曲」為代表。

(三)說唱藝術

以連說帶唱的方式呈現故事，並演變出鼓詞及彈詞等表現方式，包含說唱、走唱、快書、說書及相聲等。除了傳承中國說唱藝術而發展的出來的表演以外，還有部分是來自臺灣民間具臺灣特色的說唱藝術，稱為「歌仔」。臺灣的「歌仔」又稱「唸歌仔」，是過去臺灣民眾的娛樂消遣。唱詞文白夾雜，七字一句、四句一段，因此也稱為「四句聯」和「七字仔調」。

(四)南管

又稱「南音」、「南曲」、「絃管」，原流行於福建泉州及廈門一帶，後來在臺灣及東南亞等地也相當流行。南管傳入臺灣後，在鹿港及臺南一帶發展快速，其中鹿港的「雅正齋」已具有近三百年的歷史。南管的特色是唱腔細緻、曲調優雅，樂曲分為「指」（開場曲）、「曲」（散曲）、「譜」（結束曲）三種，樂器以弦樂、管樂及打擊樂為主，以閩南腔調吟唱。

(五)北管

是中國北方音樂的統稱，與南管相對而言，泛指早期傳入臺灣後以北京官話演唱的戲曲。北管的樂器分為西皮跟福祿兩派。西皮又稱「西路」，皮黃體系，以「京胡」（胡琴）為主要樂器，民間稱為「吊規仔」。福祿又稱「古路」，屬於梆子體系，以殼子弦（椰胡）為領奏樂器。北管的流行範圍較南管廣，早期北管學習者兼修西皮及福祿。北管音樂還有個特色是以漢字記錄樂譜，稱為「文字譜」。北管弦吹樂器用「工尺譜」記譜，七個音階分別為「上、尺、工、凡、五、六、乙」，相當於西方音樂中的Do到Si。

(六)客家八音

客家人依照中國古代製作樂器的八種材質而合稱為「八音」，包括

金、石、竹、絲、匏、土、革、木，相對應的樂器為鐘、磬、箏、管、笙、塤、鼓、敔。客家八音又稱「八音班」和「鑼鼓班」，以臺灣苗栗地區的客家八音最為有名。客家八音在過去的農業社會中主要的演奏場合包括：廟會、婚慶儀式、與北管結合作為後場音樂、喪禮演奏。

(七)現代新音樂

　　臺灣音樂歷經政治及戰亂，逐漸吸收了外來的音樂，並加上自身原有的特色，形成了現代新音樂。十九世紀末由荷蘭傳教士帶來宗教音樂，以傳唱聖歌為主要的宣教手法，是西洋音樂在臺灣的開端。後來臺灣割讓給日本，再加上留聲機的發明，不但使日本的音樂對臺灣的傳統戲曲產生了極大的影響，也促使了的臺灣新音樂的產生。1929年所發行的「黑貓進行曲」是目前已知臺灣最早的閩南語流行歌曲，內容描述臺灣新女性的思想。而臺語流行歌曲的產生，與1932年上海聯華影業公司製作、演員阮玲玉所主演的「桃花泣血記」來臺演出有關。當時這部黑白無聲電影來臺宣傳，唱片公司邀請原為歌仔戲小生的劉清香（純純）演唱該劇的同名主題曲，後一炮而紅，也開啟了臺語流行歌曲的新時代。直到日治時代結束以前，臺語歌壇出現許多膾炙人口的代表歌曲，包括《雨夜花》（鄧雨賢作曲、周天旺作詞、純純演唱）、《望春風》[1]（李臨秋作曲、鄧雨賢作詞、純純演唱）、《白牡丹》（陳秋臨作曲、陳達儒作曲、根根演唱）、《月夜愁》（鄧雨賢編曲、周天旺填詞、林式好演唱）及《河邊春夢》[2]等歌曲，至今仍傳唱不已。其他重要的作曲家還包括如楊三郎等人。楊三郎的代表作品《望你早歸》由其譜曲、黃仲鑫作詞、紀露霞演唱，歌手江蕙及蔡琴都曾翻唱過，是臺灣戰後的知名歌曲。後來楊三郎結識知名作詞家周添旺之後，更創作出許多至今仍廣為傳唱的歌曲，如《孤戀花》、

1　「望春風」在2000年時由臺北市政府與聯合報主辦的《歌謠百年臺灣》活動中獲得最受歡迎的老歌第一名。該首歌的旋律採用中國傳統五聲調式的「宮」調，內容描寫少女思春的情形。原唱者為純純，後來著名歌手鄧麗君、鳳飛飛、陶喆等人都曾翻唱過。

2　「河邊春夢」的「河邊」指的是淡水河。

《思念故鄉》、《秋風夜雨》等，1952年更成立「黑貓歌舞團」到臺灣各地演出。

㈧通俗音樂（現代流行音樂）

現代流行音樂起源於二十世紀的上海，後來臺灣、香港及北京成為華語流行音樂產業的重要中心。民國初年的「七大歌星」[3]奠定了華語流行音樂的重要地位，該時期的演唱特色是結合中國傳統曲調和日語流行音樂來演唱，其中以周旋最具代表性。七十年代出現了「校園民歌」，特色是通俗易懂、曲調樸實、節奏輕快，反映了社會的正面價值觀，是當時人民心靈的寄託，多數是國語歌詞演唱，代表的民歌歌手如葉佳修、李建復、鄭怡、潘安邦、劉文正、趙樹海、王夢麟、費玉清等人。近年來在臺灣的現代音樂蓬勃發展，臺灣成為通俗華語流行音樂的重鎮，影響兩岸四地及星馬一帶，引領全球華語歌壇，而臺灣華語流行歌手也在世界各地大放異彩。

第二節　戲曲

一、梨園戲

南管的戲曲為「梨園戲」，本包含生、旦、淨、末、丑、貼、外七個角色，因此又稱「七子班」，流傳下來的戲曲有三十六大套。梨園戲打擊樂以獨特的壓腳鼓為主。目前已少見梨園戲的演出，僅有南管音樂的演奏和清唱而已。

二、亂彈戲

北管代表戲曲為「亂彈戲」，以中原官話唱唸，從俗諺「吃肉吃三層，看戲看亂彈」可以知道亂彈戲受歡迎的程度。

3　「七大歌星」指的是周璇、白虹、龔秋霞、姚莉、白光、李香蘭（山口淑子）、吳鶯音。

三、歌仔戲

據呂素上（1961）研究記載，歌仔戲發源於臺灣宜蘭地區，曲調融合了民間小戲和民謠而來，於二十世紀初期形成，最初是仿造山歌的男女對唱形式，後漸演變爲敘事的長篇歌詞。其歌詞的特色是每節四句，每句七個字，句腳押韻，以閩南語演唱。由於其戲劇吸收了許多大戲的元素，故事內容貼近民眾生活，因而快速發展起來，演變爲故事性的戲劇，並按照歌詞分配角色、臺步、音樂、身段、服裝等特色，形成具有規模性的歌劇表演，也成爲臺灣戲曲的代表之一。

歌仔戲的角色分爲生、旦、淨、丑四類，較南管的梨園戲少了三類。故事內容大多敘述男女主角的悲慘命運，或取材於民間故事、歷史故事等。四類角色按類別又分：

1. 生：文生、武生、副生、老生等
2. 旦：小旦、花旦、苦旦、老旦、彩旦（三八旦）、武旦、青衣等
3. 淨：大花臉、二花臉等
4. 丑：三花等

各角色以小生與苦旦最爲重要，乃因歌仔戲曲中的劇目多與苦情戲有關。

歌仔戲除了表演以外，演奏也是必不可少的。一般來說歌仔戲樂隊編制不大，分爲文場及武場，約五人左右，文場在右，以絲竹樂器爲主，配合演員動作及內容演奏曲調，故多無樂譜。武場在左，以敲擊樂器爲主，目的在於主導劇情及烘托氣氛。文場與武場兩者密切配合，相輔相成。代表性的歌仔樂曲包括〈七字仔調〉、〈都馬調〉、〈哭調〉等。〈七字仔調〉是每首四句，每句七字，又稱「歌仔調」，如爲人所熟知的《薛平貴與王寶釧》劇中的歌詞：「我身騎白馬走三關，改換素衣回中原，放下西涼無人管，一心只想王寶釧。」這段歌詞出自於歌仔戲七字古調，2007年由臺灣作曲家蘇達通及歌仔戲名伶郭春美合作，成爲電音歌仔戲作品。其後更於2008年由歌手徐佳瑩於歌唱比賽節目中重新編曲演出，再次受到大家矚目。另外歌仔戲中的「哭調」也是演唱的特色之一。歌仔戲曲目內容多具悲劇性，加上以哭調的唱腔來表現，更能使聽者宣洩心中的悲

痛，也因此使歌仔戲成爲風靡社會的重要因素。至於「都馬調」起源於福建漳州府一處，因其歌詞適用於任何字數，能作爲敘述性的唱腔法，讓演員自由發揮，因此成爲重要樂曲。

歌仔戲的發展時期分爲七個：

㈠本地歌仔

此時期爲「落掃地時期」，是宜蘭地區早期對歌仔的表演，又稱爲「老歌仔」、「傳統歌仔」、「舊卷歌仔」等，是歌仔戲的早期形態，融合了民間流傳的歌仔跟車鼓而成。這時期的生旦角色皆由男性演出，是即時表演的形式，或是加入廟會的陣頭表演。演出曲目以《山伯英台》及《陳三五娘》最爲普遍。本地歌仔目前僅存於蘭陽平原。

㈡野臺歌仔戲

野臺歌仔戲顧名思義就是在戶外搭棚演出。野臺歌仔戲融合了客家採茶戲、四平戲、亂彈戲等表演模式，其表演規模逐漸完整。野臺歌仔戲以民間廟會慶祝及酬神爲主要表演目的，也是目前歌仔戲最主要且賴以生存的表演形態。野臺歌仔戲按照是否有固定劇本而分爲「做活戲」（即興演出）及「做死戲」（有固定劇本）。野臺歌仔戲的酬神戲分爲「扮仙戲」及「正戲」兩部分。早期扮仙戲以北管的官話演出，後則以閩南語演出，主要目的是表演戲曲給神明看，有慶賀及祈福等目的。正戲是在扮戲之後，又分日戲及夜戲。扮仙戲內容取材自北管，分神仙戲和人間戲兩部分，常演的神仙戲的曲目如「三仙白」、「醉八仙」、「金榜」、「天官賜福」等。

㈢內臺歌仔戲

在臺灣日治時期時野臺歌仔戲較受民衆歡迎，後來歌仔戲的演出場地由戶外移至內臺表演，觀衆須買票進場，歌仔戲班在劇院演出，其搭棚技巧也日益更新。日治時期皇民化運動後內臺歌仔戲演員曾被要求以日語

演出，戰後才又恢復原有的表演形態。1950年代是內臺歌仔戲的全盛時期，直到電視娛樂興起之後才逐漸衰微。但近年來著名的歌仔戲舞團重新將歌仔戲精緻化，並將歌仔戲帶回內臺，甚至揚名國際。如明華園、唐美雲歌仔戲團、秀琴歌劇團等。

(四)廣播歌仔戲

1950年代開始，各廣播電臺紛紛成立了廣播歌仔戲，包括本地的正聲及華聲等廣播電臺招攬歌仔戲演員，透過廣播方式來演出。一般是歌仔戲演員預先錄音，再由電臺廣播出去，至1960年代達到興盛時期，在電視尚未普及前吸引了廣大的聽眾。廣播歌仔戲因無法透過視覺表現，因此在音樂方面更重著墨，如中廣調、豐原調等，代表的劇團為正聲廣播電臺的天馬歌劇團。

(五)電影歌仔戲

電影歌仔戲在1955年由葉盛福先生投資拍攝臺灣第一步電影歌仔戲《六才子西廂記》，但當時並未造成轟動。同年，陳澄三先生當年以「拱樂社」為班底，並與華興電影製片公司合作，拍攝首部作品「薛平貴與王寶釧」一劇，在1956年演出，而引發電影歌仔戲風潮。

(六)電視歌仔戲

1960年代電視開播後，歌仔戲型態正式進入電視臺演出，並發展成連續劇的方式，廣受民眾歡迎。最先在電視上演出的是金鳳紅歌劇團，代表演員是楊麗花。電視歌仔戲雖然廣受歡迎，但也對傳統的劇曲表演帶來衝擊，例如許多須以演員的身段及唱腔演出的部分都可由現代科技及產品代替，或礙於電視節目時間，演唱時只能對部分內容有所取捨。電視歌仔戲連續劇當時在臺灣的三臺都有歌仔戲團，如臺視的楊麗花、中視的黃香蓮及華視的葉青等。

㈦舞臺歌仔戲

　　或稱「劇場歌仔戲」。到了1980年代，在文化單位的補助下，歌仔戲成爲臺灣藝術的代表之一，登上國家戲劇院、社教院等主要劇場演出，並有專人撰寫劇本及曲調，重視舞臺設計、演員服裝、演技、身段等，朝向精緻化發展。目前以「明華園」（1929年創立）歌仔戲團爲規模最大且最著名，除在臺灣表演以外，更遠赴美國、法國[4]、日本、新加坡等地區表演，多次獲得海內外文藝獎項的肯定。

四、客家戲曲

　　客家戲曲分爲兩種，一種是小戲性質的「三腳小茶戲」，另一種是在小戲的基礎上吸收其他戲曲而形成的「客家大劇」。客家戲曲原以民謠搭配角色扮演而形成的，後來以傳統的「三腳採茶戲」爲基礎發展而成，屬於「小戲」，腔調是「採茶調」。「三腳採茶戲」由二至三人所演出，但一般由三人演出，包含一丑二旦，劇情簡單且即興，以滑稽內容爲主，且多以一齣戲爲腳本，時間長度也較短，平均在十五分鐘之內。客家的三腳採茶戲是由山歌發展而來，曲調包括採茶調、山歌及其他小調，再加上因爲使用了許多不同的曲調而有了「九腔十八調」之稱。20世紀初，「採茶戲」以在西部廣爲流行，常見的表演曲目有《車鼓弄》、《桃花過渡》、《三腳採茶》等，其中以《張三郎賣茶》一齣最爲有名，故事內容描寫的是茶農張三郎與其妻、妻妹之間的故事。而客家戲曲除了「三腳採茶戲」的小戲以外，後來也出現了「大戲」。客家大戲是在小戲的基礎之上吸收了其他如京劇、亂彈、四平戲等劇種的表演特色所形成的，亦稱爲「改良戲」或「客家歌仔戲」等。客家大戲的角色除了原有的一丑二旦以外也加入了傳統大戲的角色，以歌舞表演的方式演出故事的情節，因而豐富了戲曲的內容。

4　明華園在1994年赴法國巴黎演出，是第一個到歐洲表演的歌仔戲戲團。

五、布袋戲

　　布袋戲又稱掌中戲、籠底戲、布袋戲偶戲，是將布偶置於掌中來表演，起源於福建泉州及漳州一帶，後來在臺灣蓬勃發展。對於「布袋戲」名稱的由來有許多說法，其中一說乃因過去表演者都是單人進行，表演時會將收放道具的布袋揹在肩上，又兼具遮蔽表演者身體的功能，因而稱為「布袋戲」。布袋戲的演出包含戲臺、口白、配樂等。口白是操偶者表演時須按照布偶角色來配音，也是布袋戲的精髓所在。布袋戲的配樂分成文場和武場，皆在後場表演，文場以旋律樂器（如拉弦、吹管等）為主，武場以打擊樂器（如鑼鼓等）為主。至於戲臺又分為肩擔戲臺、四角棚戲臺、彩樓戲臺及佈景式戲臺等。肩擔戲臺是布袋戲的原始型態，由一人將戲臺扛在肩上演出。四角棚戲臺的裝飾及雕刻較為簡易，後來又發展出六角棚戲臺。彩樓戲臺以廟宇或宮殿造型為主，多用木頭雕刻，較為精緻。至於佈景式戲臺又稱為「彩繪戲臺」，外觀多繪上龍鳳圖案，搭設在舞臺或小貨車上，是目前較為常見的戲臺形式。而布袋戲的產生也與臺灣人民的宗教信仰、文化、價值觀有緊密的關聯性。

　　早期布袋戲由中國傳入臺灣後，演出內容多以古書及小說為主，1920年代以武俠小說為題，1950年代開始創新劇情及加入新主角，在臺灣中南部一帶流行的「金光布袋戲」特色是佈景華麗，布偶戲服金光閃閃，或用燈光特效來表現。除了在廟會慶典演出以外，1960年代開始，布袋戲登上了無線電視臺，以黃俊雄的「雲州大儒俠」為代表，因其音樂創新、劇情緊湊、聲光效果佳，因此廣受民眾歡迎。後其子在1990年代末組成「大霹靂節目錄製公司」，以「霹靂布袋戲」搶攻市場。1993年更成立首家以布袋戲為主的獨立電視臺－「霹靂衛星電視臺」，將布袋戲融合了現代科技，推向高峰。

六、精緻藝術戲劇表演

　　近年在臺灣有「雲門舞集」等享譽國際榮譽的表演團隊。雲門舞集是臺灣的現代舞蹈表演團體，也是臺灣第一個職業舞團，於1973年由林懷

民先生所創辦。雲門舞集的代表舞蹈作品包括《九歌》、《薪傳》、《水月》、《築夢》等等，透過到世界各國巡迴演出，將臺灣的藝術介紹給全世界認識，讓現代音樂呈現開花結果的盛況。

第三節　藝陣

　　藝陣又稱為「陣頭」，指的是神明出巡時在遶境隊伍中的表演團體。藝陣的產生與臺灣民間信仰息息相關，種類也相當多元化，是臺灣民間藝術的代表之一。藝陣的種類可分為宗教類、武術類、歌舞類、音樂類、體育類等。宗教類的藝陣包括八家將、官降首、蜈蚣陣及十二婆姐陣等，其中又以八家將最為人所熟知。而武術及體育類的藝陣包括龍陣（舞龍）、獅陣（舞獅）、宋江陣等。歌舞及遊藝類藝陣包括車鼓陣、花鼓陣、藝閣等。

一、八家將

　　「八家將」指的是神明的八位部將，主要職責在於護衛神明，後來演變為臺灣廟會及民俗活動，屬於文鎮的一種。傳統上具有宗教意涵，包括解運、祈福、安宅、鎮煞、出巡、保境、拜神、維持秩序等功能，現在部分八家將團體已改為表演性質。八家將的成員並不只有八人，有四人、六人、八人、十人、十二人、十六人、三十二人不等的規模，所以也將八家將稱為「什家將」。習慣上仍稱「八家將」，是因主要角色仍以八個為主，包括甘爺、柳爺、範爺及謝爺，合稱「四將」，再加上春大神、夏大神、秋大神及冬大神，合稱「四季神」，加起來即為「八將」。而結構較完整的八家將為十三位，除了上述的「八將」以外，還有什役（又稱「刑具爺」、「畢中將者」）、文差、武差、文判及武判五位。其陣法包括七星步、踏四門、八卦陣等。

二、官將首

　　「官將首」是神明的護法，其主要工作是保平安、鎮煞及保駕，本來

只有增將軍及損將軍兩位，增損二將是地藏王菩薩的護法。之所以稱為「官將首」，是因為原為妖魔的青面的損將軍及紅面的增將軍受到地藏王菩薩的感召而成為其護法將軍，是「諸官將之首」，因而被稱為「官將首」。增損二將負責記錄人的善惡，若是惡徒由青面的損將軍損其祿命（祿食命運），行善者則由紅面的增將軍為其增添福壽。每當地藏王菩薩出巡時，增損二將隨侍在旁，後演變為陣頭。臺灣第一位扮演官將首的是已故義師黃秋水先生，當年黃秋水先生因認為雙人扮演增損二將難以變換陣式，因此在請示神明後改為增將軍兩位、損將軍一位。因此現在官將首的出陣隊伍為三人，有時還會加入判官、武差、文差、白鶴仙師、引路童子、報馬仔、虎爺等，現在陣仗有三到七人或以上。官將首的臉譜底有三種：青色（三叉）、藍色（虎牌）及紅色（火籤），另外在額頭、鼻子及下巴塗上金色。三人成陣的官將首以中間神將為主要成員，稱為「鬼王」，手持三叉法器，左右兩人合稱「左右小差」，一邊手持虎牌，一邊手持焱焰，而這些法器都象徵古代的刑具。

官將首因部分形式與八家將相似，所以有許多人混淆兩者，無法分辨其中的差異。最簡單的分辨方式為，官將首多裝有明顯獠牙，服飾上戴有華麗的坎肩。其次，官將首的臉譜以白色為基底，較無圖案，腳步是以高低交叉方式行走，步伐較為陽剛。八家將的臉譜有較多的圖案，代表著不同的特性，腳步以「八字步」為主，步伐較為陰柔，無獠牙，另外在法器方面多持有羽扇。

三、龍陣及獅陣

龍陣即為舞龍，長度基本以九節為主，但也有長至一百零八節的龍陣，每節約為兩公尺左右，表演時在龍的前方有「龍珠」，是龍陣的指揮。獅陣即為舞獅（或稱弄獅），依照造型又可分醒獅、開口獅、閉口獅等。一般而言北方多為開口獅（又稱北京獅），南方多為閉口獅，醒獅則流行於中國兩廣一帶。

四、宋江陣

宋江陣已有百年的歷史，是屬於中國武術及藝術的綜合。相傳源自於中國大陸，但在清末年間因臺灣多族群衝突，因此人民自組武陣以保衛家園社稷。宋江陣表演時以三十六人及七十二人爲主，甚至達上百人（但認爲一百零八人爲禁忌）。宋江陣後來也與臺灣的廟宇息息相關，是爲神佛駕前的藝陣，以臺南市及高雄市最爲盛行。宋江陣表演時所有成員各持一種兵器，後來還加入金獅及白鶴等祥獸，進而衍生出「金獅陣」及「白鶴陣」，與宋江陣合稱「宋江三陣」。而宋江陣的陣形則是出自於《水滸傳》中宋江攻城時所用的武陣。

第四節　藝術獎項

華人地區有許多不同的音樂及影視獎項。臺灣著名的包括音樂類的《金曲獎》、電影類的《金馬獎》及電視類的《金鐘獎》。《金曲獎》在1990年首次舉辦，每年一次，今分爲流行音樂及傳統藝術音樂兩類，由文化部及流行音樂產業局主辦。《金馬獎》是全球第一個華語電影獎，1962年由新聞局創設了第一屆金馬獎，後交由臺北金馬影展執行委員會主辦，每年一次。之所以稱爲「金馬」，是源自於金門及馬祖兩外島的字首，因金門及馬祖地區位處軍事戰略位置，政府爲鼓勵臺灣的電影產業能效法前線國軍奮鬥不懈的精神，希望電影文化的力量和武器一樣強大，並期許電影工作者能效法國軍保衛國家的精神讓臺灣的電影文化能被世界所看見，因此將電影獎項命名爲「金馬獎」。至於「金鐘獎」始於1965年，首屆由新聞局主辦，後由文化部影視及流行音樂產業局主辦，目的在於獎勵廣播節目，1971年將電視類納入獎勵範圍，一年舉辦一次。「金鐘」以編鐘爲標誌，編鐘代表的是中華古代教化的禮器，古人作樂是以「鐘」爲首，因此命名爲「金鐘獎」。三者合稱爲「三金」。

最早的故宮不是在臺北？

　　臺灣著名的觀光景點－故宮博物院位於臺北市外雙溪，而故宮博物院南部院區（簡稱故宮南院）則位於嘉義縣太保市，但最早的故宮博物院卻是位於臺中。徐蚌會戰爆發之後，行政院長兼國立北平故宮博物院理事長翁文灝於1948年召開理事會後，由各機關揀選精品文物運往臺灣。當時除了中央研究院歷史語言研究所文物仍獨立存放於楊梅外，其餘文物於1949年運往臺中糖廠的倉庫內存放。1955年霧峰林家捐地設立了「北溝文物陳列室」擺放文物供民眾參觀，但因臺中市霧峰區交通不便，陳列室也不適合存放文物，因此政府於1965年於外雙溪興建現在的故宮博物院之後，便將臺中霧峰故宮的文物遷往臺北，國立故宮博物院正式於臺北復院。

文化小知識2：

「兩廳院」有幾個門？

　　大多數人因為兩廳院位於中正紀念堂內而將之視為一體，但其實兩者的管理處是不同的。中正紀念堂及自由廣場的牌樓、圍繞中正紀念堂園區的藍色屋瓦白色牆面的建築都是由國立中正紀念堂管理處管理。而兩廳院和其中間的藝文廣場（及自由廣場）則是由國立中正文化中心管理。而兩廳院的入口一共有六個，若是一般民眾到兩廳院欣賞音樂或表演時可由一號門（信義路及愛國東路側）進入票口買票，或由正對面的二號門進入。演出的工作人員則須從三號門進入，若是搭乘計程車則可信義路側的上坡車道進入四號門，搭乘捷運則由藝文廣場走樓梯上六號門。而五號門則位在兩廳院的西側，旁邊僅有一條狹窄的行車上坡道，這是特別給國家元首、外賓及其隨從和保鑣進出的，一般人不能由五號門進入。

考古題

1. 以下關於當代臺灣布袋戲的敘述，何者有誤？（2019年）

   (A) 黃俊雄的《雲洲大儒俠》主角為史艷文。

   (B) 許王為「小西園掌中劇團」團長，並有「戲狀元」美譽。

   (C) 《聖石傳說》為當代布袋戲的一個里程碑，故事主角為素還真。

   (D) 侯孝賢執導的電影《戲夢人生》即是講述傳奇布袋戲偶師黃海岱的故事。

   答案：(D)

   解釋：侯孝賢執導的《戲夢人生》講述的是布袋戲大師李天祿早年的生活，故事背景為臺灣日治時期。該部電影與侯孝賢導演的另外兩部電影《悲情城市》及《好男好女》合稱為「臺灣三部曲」。

2. 有關臺北故宮珍藏的「翠玉白菜」，下列敘述何者錯誤？（2017年）

   (A) 「翠玉白菜」與「肉形石」皆是臺北故宮的鎮院之寶

   (B) 原植栽於琺瑯小花盆中

   (C) 翠玉赭紅色者俗稱作「翡」，翠綠色者俗稱作「翠」

   (D) 上頭的螽斯象徵長壽安康

   答案：(D)

   解釋：「螽斯」是一種昆蟲，產卵極多，因此以其繁殖力強來祝賀他人多子多孫，如成語「螽斯衍慶」、「螽斯之徵」等都是藉由螽斯多產來作為祝賀詞。

3. 布袋戲又名「小戲」或「掌中戲」，是民間古老的娛樂活動。此戲原是清朝乾隆中葉以後在哪一個地區逐漸發展起來的？（2016年）

   (A) 廣東　　　　　　　　　　(B) 安徽

   (C) 浙江　　　　　　　　　　(D) 福建

   答案：(D)

解釋：布袋戲起源於福建泉州清朝乾隆年間，又稱布袋木偶戲、掌中戲、大拇指系、籠底戲等，始於十七世紀中國福建泉州。布袋戲主要在福建泉州、福建漳州、廣東潮州及臺灣等地區較爲盛行，屬於地方戲劇。傳入臺灣後，以在臺灣的發展最爲興盛。

4. 有關「陣頭」的描述，下列何者不正確？（2015年）

(A) 民俗舞蹈「陣頭」來自臺灣，是東亞民俗技藝，是民間祭祀、廟會喜慶不可或缺的民俗之一

(B) 臺灣陣頭主要分爲文陣和武陣，「文陣」是農村人們或民間藝人所創作而流傳的小型歌舞和戲曲，包括：車鼓、大鼓陣等，歌舞較多，娛樂成分也較高

(C) 「武陣」則包括：八家將、獅陣、龍陣等，演出通常需要有極佳的團隊合作默契、技術與充沛的體力

(D) 宋江陣是一種結合中國武術和藝術的民俗表演。宋江陣的陣形，傳係出自小說《三國演義》宋江攻城所用的武陣

答案：(D)

解釋：宋江陣的陣形是出自於《水滸傳》中宋江攻城時所用的武陣。

5. 請問下列何者爲臺灣早期著名畫家？（2015年）

(A) 蔣渭水 　　　　　　　(B) 江文也
(C) 陳澄波 　　　　　　　(D) 郭明昆

答案：(C)

解釋：陳澄波（1895-1947年）是臺灣日治及戰後時期著名的油畫家，曾赴日進修繪畫，其畫作如《淡水》、《嘉義園遊地》、《玉山積雪》等。蔣渭水（1891-1931年）爲日治時期的民族運動者及醫生，參與許多社會政治運動。江文也（1910-1983）是日治時期的作曲家及聲樂家。郭明昆（1908-1943年）赴日鑽研東洋哲學、社會哲學等，奠定漢族親屬稱謂的理論基礎。

6. 畢生創作有50餘曲，其中又以〈四季紅〉、〈月夜愁〉、〈望春風〉、〈雨夜花〉最為聞名，這四首被人合稱為「四月望雨」，這位作曲家是哪位？（2014年）

(A) 葉俊麟　　　　　　　　　(B) 洪一峯

(C) 鄧雨賢　　　　　　　　　(D) 李臨秋

答案：(C)

解釋：《四季紅》是鄧雨賢作曲、李臨秋作詞、純純及豔豔演唱；《月夜愁》是鄧雨賢編曲、周天旺填詞、林是好（本名林氏好）演唱；《望春風》是鄧雨賢作曲、李臨秋作詞、純純演唱；《雨夜花》是鄧雨賢作曲、周天旺作詞、純純演唱。鄧雨賢（1906-1944年）畢生創作百餘首歌曲，此四首歌曲為其代表作品，合稱為「四、月、望、雨」，被稱為「臺灣歌謠之父」及「臺灣民謠之父」。葉俊麟（1921-1998年）是臺灣歌謠作詞家，也是臺灣日治時期重要的臺語流行音樂人之一，代表作品如《舊情綿綿》、《思慕的人》、《淡水暮色》、《寶島曼波》、《孤女的願望》等，作品達八千餘首，曾在第六屆金曲獎獲得特別貢獻獎。洪一峰（1927-2010年）是知名的臺語歌曲創作家及歌手，於1957年時認識作詞家葉俊麟之後就開始合作寫歌，代表作品如《蝶戀花》、《山頂的黑狗兄》、《寶島四季謠》、《淡水暮色》、《思慕的人》等，被稱為「寶島歌王」，其子洪榮宏亦為知名的臺語歌手。李臨秋（1909-1979年）亦為日治時期之名的作詞家，代表作品如《望春風》、《四季紅》、《補破網》等，在臺北大稻埕公園立有其銅像。

7. 關於臺北故宮博物院所典藏的文物，下列何者不正確？（2012年）

(A) 毛公鼎　　　　　　　　　(B) 散氏盤

(C) 司母戊鼎　　　　　　　　(D) 翠玉白菜

答案：(C)

解釋：「司母戊頂」又稱「後母戊鼎」、「後母戊方鼎」、「後母大方鼎」，屬於商周時代的青銅文化代表，也是目前世界上出土最大且最重的青銅禮器，藏於中國國家博物館。「毛公鼎」是西周時期所鑄造的青銅鼎，鼎內刻有500字金文（銘文），內容是西周晚期完整的冊命書。「散氏盤」（散盤）亦為西周時其所鑄造的青銅器皿，盤內刻有300多字金文，內容為土地契約。「翠玉白菜」是玉器雕刻。「毛公鼎」、「散氏盤」及「翠玉白菜」目前都藏於臺北故宮博物院裡。

8. 臺灣的流行音樂在華人音樂市場中有高達八成的佔有率，也成為華人文化中的一項資產，下列選項何者不屬於臺灣的流行歌曲：（2011年）

(A) 高山青　　　　　　　　(B) 望春風
(C) 榕樹下　　　　　　　　(D) 思相枝

答案：以上皆是（該題送分）

解釋：《高山青》是黃友棣編曲、鄧禹平作詞、青山以國語演唱；《望春風》是鄧雨賢作曲、李臨秋作詞、純純以閩南語演唱；《榕樹下》原曲是日本民歌《北國之春》、慎芝重新填詞、余天以國語演唱；《思相枝》是張哲作曲、洪世峰作詞、蔡小虎以閩南語演唱。這四首皆為臺灣的流行歌曲，因此該題送分。

9. 「翠玉白菜」為臺北故宮著名藏品之一，關於「翠玉白菜」的敘述，下列選項何者不正確？（2011年）

(A) 本件作品上雕的螽斯、蝗蟲，象徵祈求多子多孫
(B) 本件作品原藏於紫禁城永和宮，光緒皇帝瑾妃的寢宮
(C) 臺北故宮本件作品為大雕刻家朱三松的巧雕作品
(D) 除臺北故宮本件「翠玉白菜」外，至少還有三件以上「翠玉白菜」傳世

答案：(C)

解釋：朱三松是明代知名的竹刻家，而「翠玉白菜」是玉器雕刻，年代推測約為清朝光緒年間，創作者不詳，與「毛公鼎」及「肉形石」合稱為「故宮三寶」。

10. 大提琴家馬友友為絲路計畫的倡始人，參與者包括民族學家、藝術史家、音樂學家及作曲家等。此計畫之主要效應為：（2010年國內版）

(A) 文化交流　　　　　　　　(B) 精進琴藝

(C) 拓展音樂版圖　　　　　　(D) 提高知名度

答案：(A)

解釋：知名大提琴家馬友友在1998年籌畫了「絲路計畫」（Silkroad Project），目的在於將橫跨歐亞古絲路上的藝術、人文及文化等介紹給世人。許多藝術史學家、音樂學家、作曲家等都參與了此項計畫，馬友友更與世界各地的音樂家組成「絲路合奏團」（Silk Road Ensemble），希望藉此讓人們瞭解東西文化的不同，達到跨文化交流的音樂地球村理想。

11. 客家八音演奏時不可少的主要樂器是：（2010年國外版-1、2010年國內版-2）

(A) 胡琴　　　　　　　　　　(B) 嗩吶

(C) 單皮鼓　　　　　　　　　(D) 大鑼

答案：(B)

解釋：八音原指金、石、絲、竹、匏、土、革、木八種樂器材料。嗩吶是客家八音中最重要的樂器，通常為領奏樂器。

12. 下列哪一類器物被用為華語流行歌曲的歌名？（2010年國外版-2）

(A) 青花瓷　　　　　　　　　(B) 白瓷

(C) 唐三彩　　　　　　　　　(D) 法藍瓷

答案：(A)

解釋：「青花瓷」是由臺灣歌手周杰倫作曲及演唱、臺灣作詞家方文山寫詞、鍾興民編曲的著名華語歌曲，以「青花瓷」來代表作者心目中喜愛的女子。

13. 台灣這幾年運動選手在國際體壇上獲得相當大的成就，也把台灣的名聲帶到國外，充分代表了台灣的體育文化傳統，這指的是：（2008年國內版）

(A) 棒球   (B) 網球

(C) 高爾夫球   (D) 籃球

答案：(A)

解釋：在臺灣棒球有「國球」之稱，廣受國人歡迎。日治時期（1906年）臺灣已經有第一支棒球隊，本只有日籍球員，後逐漸加入臺灣籍選手。1931年嘉義農林（今嘉義大學）棒球隊遠赴日本參賽，獲得第十七回的日本夏季甲子園亞軍，引起各國注意。1968年來自臺東的紅葉少棒隊打敗日本來訪的少棒明星隊，贏得冠軍獎座，更掀起了少棒熱潮。1969年由全臺灣選出傑出的棒球選手所組成的金龍少棒隊首次參加世界少棒大賽便一舉奪冠，從而開啟臺灣三級棒球（少棒、青少棒、青棒）的輝煌時代。自1969到1991年間，臺灣少棒共獲得十五次的冠軍。青少棒在1972年參加世界少棒聯盟的青少棒中得到冠軍，至1991年為止，在二十年間獲得十七次冠軍。青棒則於1974年到1991年為止，十八年間獲得十三次冠軍。而臺灣也多次承辦國際棒球賽事，可見臺灣人對棒球運動的熱愛。

14. 最近一二十年來，台灣的電影導演紛紛在世界上重要的影展獲獎，這些作品都是在教學上很好的題材。下列何者不是台灣電影導演？（2008年國內版）

(A) 楊德昌   (B) 李安

(C) 吳念真   (D) 張藝謀

答案：(D)

解釋：張藝謀是中國的知名導演，其作品多次得到海內外獎項的肯定，代表作品如《活著》、《英雄》、《十面埋伏》、《滿城盡帶黃金甲》等。楊德昌與侯孝賢同為臺灣新電影代表的導演，代表的作品如《光陰的故事》、《牯嶺街少年殺人事件》、《麻將》等。李安多次獲得主要的國際性獎項，聞名海內外，代表作品如《囍宴》、《推手》、《飲食男女》、《斷背山》、《理性與感性》、《臥虎藏龍》、《綠巨人浩克》、《色戒》、《少年Pi的奇幻漂流》等。吳念真是臺灣的導演、作家及編劇，曾與作家小野共同推動「臺灣新浪潮電影運動」，後期多擔任廣告導演及舞臺劇的編劇，也是臺灣史上第一位獲得三金（金曲獎、金馬獎、金鐘獎）得主，其電影代表作品如《多桑》、《太平天國》等，數量較少，而電影劇本則多達數十本，如《兒子的大玩偶》、《悲情城市》、《魯冰花》等。

15. 要認識台灣傳統文化，最理想的地方是：（2008年國內版）

(A) 故宮博物院   (B) 國立歷史博物館

(C) 宜蘭的國立傳統藝術中心   (D) 台中的自然科學博物館

答案：(C)

解釋：國立傳統藝術中心成立於民國91年，本為文化部的附屬機構，負責規劃臺灣全國傳統藝術的維護、研究及發展等業務。民國94年依「文化資產保存法修正案」而成為臺灣傳統藝術、民俗及有關文物的主管機關。宜蘭傳藝中心為中華民國文化部所屬的三級附屬機構，負責統籌、規劃及推度臺灣傳統藝術的保存、傳習及推廣等工作，並以深度體驗臺灣傳統藝術文化特色為主，讓傳統劇團、傳藝藝人至園區表演，藉此讓民眾對於臺

灣傳統有更進一步的了解。傳藝中心園區分為傳藝三館（文昌祠、黃舉人宅、廣孝堂）、傳藝三街（文昌街、魯班街、臨水街）及傳藝三建築（曲藝館、展示館、蔣渭水演藝廳）。另外亦有工藝及民藝兩種傳藝職人計畫，提供傳統技藝人才發揮才能的機會。傳藝中心保留許多臺灣傳統藝術，是了解臺灣傳統文化的理想之處。而故宮博物院的收藏品多為宋、元、明、清四朝的宮廷文物，1948年國共戰爭情勢扭轉，故宮常務理事傅斯年、王世杰等人主張挑選精品文物播遷來臺，於1949年一月底將大部分文物運送到臺灣。國立歷史博物館建於1955年，是整府遷臺後開辦的第一所公共博物館，原稱「國立歷史文物美術館」，1957年更名為「國立歷史博物館」，館藏分國畫、法書、玉石、玉器、陶器、西畫、當代書畫等文物。臺中科學博物館主要展示全國代表性的自然物標本及相關資料，並期望能啟發社會大眾對科學的興趣。

第三章

臺灣民間信仰

　　宗教是一種歷史現象，又是一種普遍的社會現象，更是人類文化的一種特殊型態，幾乎與人類文化同步產生和發展，是人民精神生活的一部分。宗教文化作為一種文化型態，滲透到人類生活的各個方面，並影響著人們的思想與行為，潛藏在人的深層文化心理結構中。在臺灣，宗教受憲法保障，各宗教平等，人民有信仰宗教的自由。臺灣主要的宗教信仰雖以佛教及道教為主，但傳入臺灣後，融合了臺灣的民間信仰，將道教的代表人物神格化，如關公（即關羽）就是典型的例子。臺灣光復後宗教觀念擴大，佛道兩教合流，再加上儒家，故在同一間廟宇中可以同時供奉不同宗教的神祇，形成臺灣特有的民間信仰。

　　臺灣的民間信仰是臺灣人經由長時間的生活經驗累積而成的精神活動，反映了一個臺灣地區人民所共有的思想與價值觀，以崇拜神靈來滿足生活需求，並透過宗教儀式來實現社會的價值。臺灣民間信仰的組織、教義和儀式都與社會生活合而為一，表現在不同的生活面上，如不同的職業依其性質而信奉不同的神祇。儒釋道三教合一的特色，也使臺灣民間信仰的宗教觀呈現複雜化，認為任何事物都有神，故所有的神祇大多與人民的生活貼近。

　　臺灣民間信仰蘊含豐富的文化，包括人生哲理、慶典儀式、民間藝術等，並有許多宗教慶典活動，如「三月瘋媽祖」已被列為世界大型宗教活動之一。臺灣的民間信仰不但對臺灣人的生活、思想有很大的影響，更滲透語言之中，兩者融合，成為民族文化和語言一個重要的組成部分。

第一節　信仰的功能

　　信仰不僅是一種宗教和文化的表現，更具有心理及社會功能。在心理

功能方面，宗教是因爲人們對生存的焦慮而產生，並提供了信仰者在心靈上的慰藉。根據林彬（2002）的看法，宗教信仰有四種心理功能，包括宣洩作用、獲得安全感、獲得歸屬感以及自我慰藉。而這四種宗教信仰功能也反映在臺灣的民間信仰中。

一、宣洩作用

社會的發展帶給人們便利的生活，但人們的精神壓力卻也相對加大。但是透過信仰，日常生活裡的龐大壓力可以藉此得到釋放，使內心的焦慮感漸轉爲平穩。臺灣民間信仰中，當人們遇到困境、不順遂等逆境時，亦常藉由到寺廟求神拜佛等方式以宣洩其壓力。

二、獲得安全感

原始的圖騰崇拜是因爲對大自然的恐懼而產生，藉由將自然現象神格化以祈求不再降臨災禍，藉此減輕心中的恐懼感，增加安全感。而臺灣的民間信仰讓臺灣人相信，透過祈禱及信仰，各個神靈在冥冥之中可以保護自己的安全。

三、獲得歸屬感

信仰可以滿足人們的需求，使信仰者獲得歸屬感。在同一個宗教中，人和人之間沒有一般世俗的等級差別，彼此之間可以平等對待。如媽祖的信仰最先起源於一般市民文化，但隨著時間和社會的發展，媽祖信仰也推廣到其他階層，成爲不分階層人民的共同信仰。

四、自我慰藉

自我慰藉是宗教最主要的心理功能，信仰能滿足信仰者心中的需要，使信仰者獲得心理上的安慰。臺灣人對於神祇的信仰、祈求等而獲得自我慰藉。

而在社會功能方面，臺灣的民間信仰具有族群認同和社群整合的功能，其表現可從廟宇中看出。廟宇在社會中具有相當重要的地位，它不但

是個文化中心，對於傳統宗教的保存、文化、經濟等，更有其影響力。從教育面來說，廟宇是傳統宗教教育的中心，它保留了傳統宗教的活動與特色。從文化面來說，它是宗教藝術精華所在，整座廟宇就等同於一座博物館。此外，宗教祭典不但是一種文化活動，也具有多重的社會功能，包含文化、教育、社交、娛樂等。如每年逢神明聖誕，皆以廟宇爲主，進行慶祝活動及祭典。因此，祭典的時間可說是傳統宗教教育的最佳時機。

第二節　臺灣民間信仰中的神祇

　　臺灣屬於萬物信仰的泛靈崇拜，除了佛教、道教及儒家等神祇以外，對樹木、石頭等無生命物亦可神格化後而加以祭拜。臺灣融合了佛道兩教及儒家文化，屬於多神論，神明數量眾多。根據臺灣內政部統計處統計，至2015年底爲止，全臺登記有案的廟宇數量12142座，道教廟宇最多，占78.5%，佛教廟宇次之，占19.9%。歸納這些廟宇的數量，所祀奉的神祇前四名依序爲土地公、王爺、媽祖、觀世音菩薩，另外玉皇大帝（又稱天公）雖然所供俸的廟宇數量少，但幾乎每座廟宇都設有所謂的「天公爐」來當作祭祀玉皇大帝的代表，且在祭拜主神之前多先須祭拜「天公」。以下介紹幾個臺灣民間信仰中常見的神祇。

一、福德正神

　　對於福德正神的稱謂多達近二十種，最常稱爲土地公，又稱福德公、地主爺、土公、土伯、伯公、大伯爺、后土等。土地公是臺灣民間信仰的地方保護神，屬於道教的神祇，在道教神祇體系中的地位最低，但與人民最爲親近，有祈福、求財、保平安之功能。臺灣民間祭祀土地公爲每個月的初二及十六[1]，農曆二月二日爲土地公誕辰，稱「土地公生」，也是「做牙」之始，稱爲「頭牙」。農曆十二月十六爲「尾牙」，亦是老闆宴請員工，犒賞員工一年來辛勞工作之日。此外，在農曆正月初五稱爲「開

1　農曆一月除外。

工日」，一般商家多在當天祭拜土地公。而傳統上在農曆二月初二及八月十五還要另外舉行春秋兩季的社稷社祭，須準備牲禮、壽金來感謝土地公的保佑。閩南人認為土地公的功能性極強，可以保佑農作收成、經商順利、旅途平安、保護墳墓。因此除了有專門供奉土地公的廟宇之外，一般的墳墓旁亦設有小型的土地公廟（或稱「福德祠」）。在臺灣，土地公廟的數量居冠，較具規模的達上千座，若在加上坐落於墳旁或其他地方的小型廟宇，更達數千座。其中，供奉於不同地方的土地公，常有手持不同器物的樣貌，代表不同的功能。手持元寶表示招財，一般多為商家祭拜，手持如意代表事事順利，手持拐表示巡視田間及水源等，旨在保農作豐收及地方安寧。臺灣知名的土地公廟如新北中和的烘爐地南山福德宮、南投竹山的紫南宮及屏東車城福安宮等。

二、王爺

又稱王爺公、千歲爺、府千歲，屬於道教中的人鬼崇拜。臺灣民間信仰認為王爺是玉皇大帝受命下凡巡查的神祇，主要職務在於「代天巡狩」，所在王府稱為「代天府」。相傳王爺乃驅趕瘟疫之神，亦具有航海守護之功能，因此王爺信仰盛行於南臺灣，以臺南、高雄、屏東及澎湖沿海一帶最多。王爺廟數量僅次於土地公廟，一般廟宇裡主祀的王爺統稱「千歲爺」，或冠上姓氏稱為「某府千歲」。千歲爺姓氏約有132個姓，而臺灣最常將三位或五位不同姓氏的王爺合在一起供奉，稱為「三府千歲」或「五府千歲」。臺灣規模最大且知名的王爺廟是位於臺南的南鯤鯓代天府（又稱南鯤鯓廟、開山廟），主祀「五府王爺」（五府千歲），分別為大王李府千歲、二王池府千歲、三王吳府千歲、四王朱府千歲及五王范府千歲，五位王爺也被稱為「南鯤鯓王」。五府千歲最重要的天職是「南巡北狩，代天理陰陽」，因此每逢一甲子（六十年）舉行「大巡」。自清康熙建廟之後至今共有六次出巡，最近一次是民國七十二年（1983年）巡島一週。「鯤鯓王」出巡時機分三種：癸亥巡狩、歲時巡狩、臨時巡狩。2008年曾由大王李府千歲為首，從臺南安平港海陸出發至澎湖出

巡，屬於臨時巡狩。

三、媽祖

又稱天上聖母、媽祖婆、天后，農曆三月二十三日為其誕辰，俗稱「媽祖生」。媽祖信仰融入佛、道兩教及儒家思想，屬於海神信仰，盛行於臺灣及中國南方沿海一帶，昔日渡海來臺之移民多持奉媽祖神像或香火以祈求行船平安。福建是媽祖的誕生地，在福建莆田市的湄洲祖廟已有千年歷史。早期福建人移民來臺在各地興建媽祖廟，後因分靈的地區不同而使媽祖有不同的稱號，如來自湄洲的「湄洲媽」、泉州的「溫陵媽」、同安的「銀同媽」、安溪的「清溪媽」、漳浦的「烏石媽」等。另外根據媽祖臉部的顏色又分「金面媽祖」、「粉面媽祖」及「黑面媽祖」等。臺灣各地的媽祖廟都香火鼎盛，如雲林北港朝天宮與臺南南鯤鯓代天府齊名，而有閩南俗諺「北港媽祖，鯤鯓王爺」之說。由媽祖所衍生出來的祭典禮儀、節慶習俗及宗教活動已滲入臺灣人的生活中，如農曆三月的媽祖遶境活動。在臺灣文化部文化資產局目前所列管的十八項「重要民俗」[2]中，與媽祖有關的就占了四項，包括大甲媽祖遶境進香、北港朝天宮迎媽祖、白沙屯媽祖進香、雲林六房媽過爐。臺灣最早興建的媽祖廟為澎湖天后宮，建於明朝萬曆年間，其他著名的媽祖廟如苗栗白沙屯拱天宮、雲林北港朝天宮、臺中大甲鎮瀾宮、臺北北投關渡宮、臺南鹿耳門天后宮等。

四、觀世音菩薩

又稱觀音菩薩、觀音佛祖、觀音媽[3]等。觀世音菩薩保佑貧困窮苦之人，故人稱大慈大悲觀世音菩薩。對於觀世音菩薩的表象，在臺灣多以女相形象示之，但根據傳統佛教的紀載，觀世音乃為男相形象。臺灣民間

---

2 除與媽祖有關的四項民俗活動外，其他為雞籠中元祭、西港刈香、東港迎王平安祭典、口湖牽水（車藏）、東山碧軒寺迎佛祖暨遶境、鄒族「戰祭（MAYASVI）」、花蓮縣豐濱鄉Makotaay（港口）部落阿美族Ilisin豐年祭、東山吉貝耍西拉雅族夜祭、賽夏族paSta'ay（矮靈祭）、南鯤鯓代天府五府千歲進香期、金門迎城隍、羅漢門迎佛祖、褒忠亭義民節祭典、邵族Lus'an（祖靈祭）。

3 佛教經典中稱其為「觀自在」、「觀世音」，後來因避諱唐朝太子李世民名諱而簡稱「觀音」。

信仰認為，觀世音菩薩乃救苦救難之神祇，帶有慈悲形象，因此多以女性特徵來雕刻神像。而在臺灣相傳農曆二月、六月、九月的十九日分別是觀世音菩薩誕生、得道及升天的日子，因此除了舉行盛大祭典以外，信眾也會以齋戒沐浴來表示對觀世音菩薩的尊敬及祈福，並從這三個月的一日至十九日皆吃素以表誠心，俗稱「觀音素」。臺灣知名的觀音廟如臺北的龍山寺，傳說龍山寺是美人穴，因此在寺前開鑿水池作為「美人照鏡」，一說是為了給觀音攬鏡自照，另一說則是藉此來保護艋舺風水。

五、玉皇大帝

又稱天公、天公祖。據臺灣民間傳說，玉皇大帝乃為統轄人間及各神祇之最高神明，神格至尊。臺灣民間對雕塑玉皇大帝之神像多有忌諱，因此以「天公爐」來表達敬意，幾乎在每座廟宇的主神前方都設有天公爐，祭祀主神前必須先祭拜天公以表敬意。玉皇大帝於正月初九誕辰，因此當天又稱「天公生」，從正月初八子時到卯時前結束，這段時間為祭典時間，供品分「頂桌」及「下桌」，頂桌是放置祭拜天公的祭品，以清素齋食為主，一般為菜碗及甜碗各六種、粿和糕點十二個、甜粿（或年糕）、五果（柑橘、蘋果、香蕉、甘蔗、香瓜）、五齋或六齋（金針、木耳、香菇、菜心、碗豆、豆腐，有五行俱備之意）。另外在中間放置燈座（天公座）、香爐、紅燭、壽麵及清茶等。下桌是祭拜天公的部屬神明，五牲葷食及紅龜粿為主。

六、關聖帝君

民間認為關聖帝君即為三國時代的蜀漢大將關羽。神格化之後被稱關聖帝君、關公、關帝、關帝爺、恩主公、文衡帝君、協天大帝、伏魔大帝、山西夫子、伽藍菩薩等，後被封為「武聖」，與「文聖」孔子齊名，合稱為「文武二聖」。另外，傳說關公擅長簿記算法，因此被商家視為武財神而祭祀。祭祀關聖帝君的祠廟稱為關帝廟、文衡廟、武廟、恩主公廟等，遍布中國、港澳、臺灣及東亞地區。在臺灣首座關帝廟是在明朝永

曆年間所建立，位於臺南市的開基武廟。臺灣民間信奉關公者多，早年臺灣家庭多在家供奉關公的神像或畫像，更因其正義及忠義的形象而有許多警察機關供奉關聖帝君。關聖帝君的誕辰之日有三個，包括農曆正月十三日、農曆五月十三日及農曆六月二十四日，每個誕辰日都有不同的廟宇會設典慶祝。臺灣著名的關帝廟如臺北的行天宮、新竹的新竹關帝廟、苗栗的大湖南昌宮、雲林的斗六南聖宮、臺南的祀典武廟及開基武廟及宜蘭頭城的協天宮等。

七、三官大帝

三官大帝指的是道教中掌管天府（天界）的天官、掌管地府（地界）的地官及掌管水府（水界）的水官三神，合稱為「三天大帝」、「三元大帝」、「三界公」、「三介爺」等。天官是「上元賜福天官一品紫薇大帝」，地官是「中元赦罪地官二品清虛大帝」，水官是「下元三品水官解厄洞陰大帝」。三官大帝的神格僅次於玉皇大帝，負責監察人間的善惡禍福。此外，民間認為堯帝治仁故為天官大帝，舜帝墾地故為地官大帝，禹帝治水故為水官大帝。三官大帝的誕辰分別為天官大帝是正月十五（上元節、元宵節）、地官大帝七月十五（中元節）、水官大帝十月十五（下元節）。

八、清水祖師

又稱祖師公、蓬萊祖師、麻章上人、烏面祖師等。中國福建省泉州府安溪縣人最為信奉清水祖師，在來臺時移奉清水祖師並建廟祭祀。清水祖師以祈雨聞名，而許多安溪人又以種茶為生，因此也被視為安溪鐵觀音茶的保護神。清水祖師原屬於佛教禪宗，後來民間化而成為道教裡的神祇。清水祖師的誕辰為農曆正月初六，得道日則是農曆五月初六，在這兩天各地祖師廟會舉行祭典，以神豬或三牲祭拜清水祖師以表崇敬。臺灣最早建立的清水祖師廟為臺南四鯤鯓龍山寺，但清水祖師的信仰地則以大臺北地區為主。由此可知，臺灣著名的清水祖師廟都在北部，以三峽福巖祖師

廟、艋舺清水巖、淡水清水巖及瑞芳祖師廟最負盛名，合稱「大臺北四大祖師廟」。

九、城隍爺

又稱城隍、城隍老爺、城隍爺公等。城隍爺的名字與城牆及護城河有關，「城」指的是城牆，「隍」指的是城池，也就是護城河，因此民間信仰中認爲城隍爺是城池的守護神，也負責掌管陰陽兩界的人和鬼魂，屬於司法神，其職責包括獎善罰惡、去病消災、保護城池等，屬於地區的守護神。臺灣最早的城隍廟是位於臺南市，在明朝永曆年間所興建的臺灣府城隍廟，主祀府城隍威靈公。而城隍的誕辰日會因廟宇或地區的不同而有所差異，如臺南的臺灣府城隍廟以農曆五月十一日爲城隍爺的誕辰，臺北大稻埕霞海城隍廟認爲農曆五月十三日是城隍爺的誕辰。臺灣著名的城隍廟包括興建最早的臺南市臺灣府城隍廟、規模最大的新竹市都城隍廟，以及信奉多尊神像的臺北市大稻埕霞海城隍廟等。

十、三山國王

三山國王原是廣東潮州的山神[4]，潮州客家人移民來臺時以三山國王爲守護神，農曆二月二十五日爲三山國王的誕辰，傳統上會舉行盛大祭典，祭拜五牲及花果等供品。在臺灣較具規模的三山國王廟有新竹竹東的惠昌宮及苗栗的三山國王廟等。另外，鹿港的潮州移民歷史相當早，使得彰化平原是臺灣現存最大的三山國王信仰圈，其中在彰化鹿港的三山國王廟[5]爲其代表。

十一、保生大帝

保生大帝本名吳本（音ㄊㄠ/táo），又稱吳眞人、吳眞君、大道公、大道眞人、眞人仙師、花轎公、忠顯侯、惠應侯等。農曆三月十五日是保

4　此山神指的是廣東省潮州府饒平線的巾山、明山及獨山三座山的山神。

5　彰化鹿港的三山國王廟確定的興建年分不詳，但後來因閩粵械鬥，潮州人勢力削弱，由彰化鹿港的泉州人接手，改名「三仙國王廟」。日治時代曾被拆除，二戰後由當地仕紳多次重建始恢復樣貌。

生大帝的誕辰，民間稱為「大道公生」。民間相傳吳本天資聰穎、勤學上進，除了精通天文地理以外，特別擅長醫學方面，是醫術高超、救人無數的神醫。因此神格後被視為是主掌醫藥的神祇，能驅逐瘟疫、治療病痛及保佑平安，後世尊稱為「醫神」。臺北大龍峒的保安宮及臺南學甲的慈安宮為臺灣最早興建的保生大帝廟宇之一，也是規模較大的廟宇。臺北的大龍峒保安宮又稱「大道公廟」、「大浪泵宮」，是國家二級古蹟，與艋舺龍山寺、清水巖祖師廟合稱為臺北三大寺廟。於2003年獲得亞太文化資產保存獎。此外，在閩南俗諺中還有「大道公風，媽祖婆雨」之說，描述的是兩神鬥法的故事，意謂在大道公誕辰之日時會起風，在媽祖誕辰之日則會下雨。

十二、義民爺

又稱義民公、忠勇公、義民爺等，是客家人信仰中最重要的守護神之一，也是臺灣客家人的獨特信仰。「義民」指的是在民變、戰爭或械鬥中因保衛家園而犧牲生命的民間義士。在林爽文事件以前，臺灣已有不少義民信仰，後因林爽文民變事件影響範圍大，於民變中犧牲的民間義士多，致使林爽文事件之後出現大量的義民祭拜及廟宇興建。而在臺灣每年的農曆七月十八到二十日為客家人的「義民節」，是桃園、新竹及苗栗一帶各大庄為了紀念義民們的義行而舉行的祭祀活動，每大庄十五年輪值祭祀一次。義民節祭典分三天，第一天是「入壇」，在廟前架起燈篙來招引孤魂祭祀，第二天則於廟前施放水燈引領水中孤魂上岸，第三天是整個祭祀活動的高潮，人們以牲禮來普施孤魂野鬼，並舉行「神豬賽重」及「羊角競長」的活動。一般而言，義民節的祭祀活動與中元普渡相似。臺灣著名的義民廟有新竹的枋寮褒忠義民廟、北港的義民廟、高雄的福德祠義民爺、屏東的六堆忠義祠[6]等。

6　「六堆」指的是朱一貴事件發生後原籍在潮州府之鎮平等各縣的客家墾民，和在高屏溪流域以東聯合客家十三大莊與六十四小莊組成之自衛組織。六堆範圍包括右堆（高雄美濃、六龜、杉林等區）、左堆（屏東新埤鄉及佳冬鄉）、前堆（屏東長治鄉、田寮等地）、後堆（屏東內埔鄉）、中堆（屏東竹田鄉及鹽埔鄉落陽村）及先鋒堆（屏東萬巒鄉）

第三節 宗教節慶活動

臺灣民間信仰中有許多宗教節慶活動,著名的如鹽水蜂炮、媽祖遶境、中元普渡等。以下介紹幾種較為常見且規模較大之宗教節慶活動。

一、臺南鹽水蜂炮

(一)由來

鹽水蜂炮起源自清光緒初年。蜂炮由來眾說紛紜,根據黃文博(1989)的看法,蜂炮的由來有四種,包括「反清復明」、「戲鬥煙火」、「歡迎嘉慶」和「驅除瘟疫」。其中「驅除瘟疫」此一說法,對比清同治光緒年間長達二十五年的霍亂史實,被認為是最具可信度的蜂炮來源說法。清光緒十一年間,臺南鹽水鎮一帶遭霍亂瘟疫肆虐長達二十多年之久,以致當地人煙稀少、農田荒蕪,當地百姓生活困難。鹽水港(又稱月津港)為南臺灣最古老的聚落之一,其居民多為中國大陸閩客移民,當地信仰以供奉關聖帝君為主。因此當霍亂肆虐之時,當地居民逐向關聖帝君請示,後決議迎請當地主神關聖帝君出巡,以解除瘟疫之災。由關聖帝君飛昇日(成天飛升日)的元月十三至十五日,連續三天,迎請鹽水武廟關聖帝君之神轎出巡遶境,沿途施放大量的煙火炮竹,期盼能以炮竹的火光達到消災解厄、驅趕瘟疫之作用,並為居民帶來好運氣。後瘟疫滅絕,鹽水一帶得以安寧,居民將此現象歸功於關聖帝君的神威。此後,為感念關聖帝君的神恩,便在每年元宵節之時舉行遶境活動,沿路施放炮竹迎駕,流傳至今成為臺灣知名的宗教活動——「鹽水蜂炮」。

(二)活動特色

1. 蜂炮造型

早期的蜂炮以鞭炮(連環炮)和煙火為主,後發展成以沖天炮為基礎的蜂炮煙火。民國六十九年時,民眾開始製作炮城,也就是「蜂炮巢」。過去的炮城尺寸較小、炮火也較少,大多是居民自己手工製作而成。民國七十三年開始,炮城始造型化。民國八十九年,大型的炮城陸續出現,如

民國九十六年時的「王船炮城」、「茶壺炮城」等。

2. 鹽水蜂炮慶典

在臺灣，元宵節有兩大活動，分別是北部平溪放天燈，以及臺南的鹽水蜂炮，因而「北天燈，南蜂炮」之稱。臺南鹽水鎮武廟爲當地的公廟，是該地居民重要的信仰中心，主要執掌關聖帝君的遶境與蜂炮盛會相關事宜。關聖帝君遶境時以鹽水武廟開始，遶境的路線現分爲農曆正月十四日和十五日兩天，兩天的遶境路徑又各分早晚兩次。鹽水鎮居民對蜂炮的儀式過程非常講究且有諸多禁忌，如外地人不可隨意觸摸炮城、抬出炮城的時機必須仔細計算以求順利點燃炮城、不潔之人（如家中正逢喪事、月事來等）不能參與此項活動等，並嚴禁觀光客做出會妨礙儀式進行之行爲。鹽水蜂炮之所以用「蜂」來稱呼，乃因在點燃炮城之後的情景有如蜜蜂遭受騷擾自蜂窩中一擁而出一般，故得「蜂炮」之名。轎夫在蜂炮射出之後，即跑向炮城的火光中，翻轉關聖帝君的神轎，代表關帝爺已欣然的接受了信眾的「貢禮」。

二、媽祖遶境

媽祖信仰傳入臺灣後成爲臺灣人民重要的信仰神祇之一，臺灣的媽祖廟數量也位居第三，每逢農曆三月二十三日媽祖誕辰之日前後各地媽祖廟都會舉行盛大的祭祀及慶祝活動，包括進香及遶境等。目前以苗栗白沙屯拱天宮及臺中大甲鎮瀾宮兩間媽祖廟的遶境活動最爲盛大，且被文化資產局列爲重要民俗。苗栗縣通霄鎮拱天宮的白沙屯媽祖遶境活動已有兩百多年的歷史，是目前全臺灣徒步進香路途最遠的媽祖進香活動。白沙屯媽祖遶境活動每年路線不同，於每年白沙屯媽祖準備擇日的前三天於廟前設案稟天三日，子時到了由廟方主任委員向天公稟告於三天後決定來年的進香日期。農曆十二月十五日當天由爐主以擲筊方式讓媽祖選定遶境時放頭旗、登轎、出發、至北港、刈火、回鑾、開爐等確切的時間，再由廟方統一對外公佈遶境時程。白沙屯媽祖遶境的特色之一即是路線不固定，除了起駕日、刈火日及回宮日會事先確定以外，遶境的路線是跟隨媽祖鑾轎當下的靈動來前進。白沙屯拱天宮供奉三尊媽祖神像，分別爲粉面鎮殿大

媽[7]、黑面二媽及粉面三媽，遶境時由鎮殿大媽出巡，二媽及三媽鎮殿，出巡陣仗是傳統的四人神轎編制，目的地是雲林北港朝天宮。白沙屯媽祖遶境天數每年都不一樣，最短曾只有六天，最多曾有十二天，目前多約爲十天九夜。而臺中大甲鎮瀾宮的媽祖遶境時間於每年元宵節由鎮瀾宮董事長擲筊決定進香的出發日期及時間，遶境天數爲九天八夜或八天七夜，主要典禮包括筊筶、豎旗、祈安、上轎、起駕、駐駕、祈福、祝壽、回駕、安座等十個。大甲鎮瀾宮供奉七尊媽祖神像，分別爲大媽、二媽、三媽、開基媽、三媽副爐媽、四媽正爐媽及湄洲媽，遶境時由三媽副爐媽、四媽正爐媽及湄洲媽出巡，行程及路線會在事前規劃及確定，出巡陣仗有完整的儀隊，包括報馬仔、頭旗、開路鼓、繡旗隊、彌勒團、大子團、神童團等，爲八人大轎編制，遶境的目的地爲嘉義新港奉天宮。

三、炸寒單

(一)由來

　　寒單爺又稱邯鄲爺、玄壇元帥、玄壇爺、趙玄壇、銀主公王、趙元帥、趙府元帥、武財神等。「炸寒單」是臺東元宵節的習俗。關於寒單爺的由來有眾多說法，較廣爲人知的約有三種：

1. 相傳寒單爺爲商朝的武將趙公明，死後在天界負責掌管財庫，因此稱之爲「武財神」，民間相信商家若以鞭炮迎接寒單爺，來年生意將更爲興旺。

2. 最早在《搜神記》記載：「上帝以三將軍趙公明、鐘士季，各督數鬼下取人，莫知所在。」因此趙公明（寒單爺）被視爲瘟神或鬼王，須以鞭炮驅逐之。

3. 寒單爺本爲無惡不作的地方惡霸，魚肉鄉民，因此於死後在元宵節接受炮炸以求贖罪，故又被稱「流氓神」。

　　寒單爺金身本由信眾輪流供奉，直至民國七十八年始在臺東建立「玄武堂」供奉寒單爺。至於「炸寒單」儀式的由來，相傳是因寒單爺懼寒，

7　鎮殿大媽神像的特色爲軟身媽祖，全身的關節皆可動。

生性怕冷，天寒時即心痛，因此當寒單爺出巡時，民眾便投擲鞭炮爲寒單爺驅寒。寒單爺出巡時會乘坐特製的藤椅，再待肉身寒單爺站上轎後出發。要成爲肉身寒單爺需先擲筊取得同意，並齋戒禁慾一週以上始可擔任，現在則無此限制。出巡時，肉身寒單爺頭綁寫「寒單爺」的紅頭巾、臉上包裹濕毛巾、耳部戴上耳塞，胸前掛上天師印和護身符，除著紅色短褲外不穿其他衣物。

㈡活動特色

炮炸寒單爺的儀式活動約始於民國四十年代初期。傳統炮炸寒單爺的活動固定在每年的元宵節當天及隔日（農曆正月十五及十六）舉行，當寒單爺到商家門前，商家必會準備大量鞭炮丟擲寒單爺，一來爲寒單爺袪寒，二來民間相信炮炸越多、聲音越大，生意就會興旺。由於肉身寒單爺都由眞人擔任，丟擲炮竹的炮炸過程也因太震撼而曾被警察機關禁止而停辦數年。直至民國七十八年開始，炸寒單爺的儀式才與官方合作，加上近幾年來臺東縣政府的重視與推動，活動規模逐漸擴大，始成爲臺東的特色民俗活動之一，並於民國九十六年公告爲臺東縣民俗文化資產，亦被觀光局列爲全國十二大的元宵節慶典活動之一，更與北部平溪放天燈、臺南鹽水蜂炮成爲元宵節的三大重要慶典，合稱「北天燈，南蜂炮，東寒單」。

四、鬼月及中元普渡

在臺灣地區，農曆七月俗稱「鬼月」，佛教稱之爲「感恩月」、「教孝月」。農曆七月十五日爲「中元節」，本是道教的節日，爲道教中地官大帝的誕辰日，佛教則稱爲「盂蘭盆節」。臺灣的傳統習俗中，在中元節當天須擺設供品，意在普施孤魂野鬼，祈求保佑家宅平安，因此中元節的祭典活動稱爲「中元普渡」。

㈠中元普渡

普渡分爲「輪普」、「公普」、「私普」與「家普」四種。「輪普」

是由基隆十五個姓氏的代表每年輪流主祀普渡，規模最大，有「雞籠中元祭」之稱。「雞籠中元祭」的起源可追溯至清咸豐年間，由於當時彰泉械鬥導致嚴重死傷，因此地方士紳呼籲以宗親會輪流主辦普渡賽會的方式代替械鬥。咸豐年間，由基隆當地十一個姓氏宗親會輪流主祀普渡，按順序包括張廖簡、吳、劉唐杜、陳胡姚、謝、林、江、鄭、何藍韓、賴、許，稱為「十一姓」。隨後逐漸擴大，至今由十五個姓氏輪流主普，依序為：張廖簡、吳、劉唐杜、陳胡姚、謝、林、江、鄭、何藍韓、賴、許、聯姓會、李、黃、郭。

「公普」多由各地寺廟主辦，舉辦法會、普渡孤魂。然而，也有許多同行業或氏族等會聚集一地進行普渡。依據主辦單位的不同可分為「廟普」、「行業普」、「姓氏普」與「角頭普」等。「私普」以單一機關為主，自己選定一個日子進行普渡。至於「家普」則是以家庭為主體的普渡活動，通常在自家門口擺設祭品來普渡。規模可大可小，多由主人率領家人祭拜祝禱，多無特別的法會或儀式。

中元普渡的儀式有四部分：請鬼、施食、誦經及驅鬼。普渡須準備相當多的祭品及牲禮，因此形成一年一度的普度宴。普渡時，須在供品上插上彩色三角形紙旗，稱為「普渡旗」，該旗以毛筆寫上「慶讚中元」和祭祀者的姓名和地址，同時有誦經儀式以超渡孤魂野鬼。

(二)放水燈

中元節前一天（即農曆七月十四日）時會舉行「放水燈」的儀式。放水燈的由來與佛教的傳播有相關，從印度傳至東南亞的小乘佛教中，放水燈在「水燈節」中為重要的儀式之一，其主要意義為祭祀神明、送走災厄，而後來也有了為水中孤魂引路的意義。隨著佛教的傳播，東亞地區盛行的大乘佛教也繼承了小乘佛教的放水燈儀式，並與本土信仰結合。在臺灣，傳統的水燈底部是以香蕉幹或樹幹為底，使燈座能漂浮於水上，內部會安插蠟燭、放置數枚銅錢，並裝滿冥紙。而現在水燈則以保麗龍板或木板為底，並結合糊藝、剪裁、編紮、彩繪等多種藝術的民俗工藝，燈的

種類也從以前使用的蠟燭變成煤油燈、電燈、紙燈、花籃燈、龍燈、玻璃燈等。水燈可分為「水燈頭」與「水燈排」兩種。「水燈頭」又可分為兩種，一種為圓形的燈，上頭寫著「慶讚中元」的字樣；另一種為小屋形狀的水燈，稱為「紙厝」。放水燈時，圓形的燈排會列於最前頭，小屋形狀的水燈則排在最後。「水燈排」或稱「水燈筏」，以大竹子或木頭為中柱，左右以數條的竹子或杉木紮成竹筏的形狀，並分幾十格或幾百格，每格懸掛一盞燈。臺灣的放水燈儀式上頭會安插一個「普渡旗」，並寫上「慶讚中元」、「廣施盂蘭」、「敬奉陰光」、「冥輝普照」等中元敬語的字樣，再寫上自己的姓名，以便讓孤魂野鬼知道是誰供奉的，也可以直接寫於燈上。放水燈時會點燃內部的蠟燭，讓旗飄向外海，目的在於為水中的孤魂照路，引致陸地共享普渡。因此放水燈的時間訂在普渡前一天，民間相信唯有如此才能安撫水陸兩地的孤魂。根據民間的習俗，人們相信如果水燈漂流得越遠，來年的運勢會越好。另外，也有傳說水中的野鬼如果能爬上水燈，即可獲得超生，脫離苦難。

㈢搶孤

　　「搶孤」活動源自清朝，是臺灣民眾在中元節祭祀孤魂野鬼時以人模仿惡鬼的行為來搶攀孤棚，以取食孤棧上的祭品。之所以有搶孤的儀式，是與過去居住在中國沿海地帶的漢人離鄉背井渡海來臺有關。當時因碰上天災、人禍或疾病而亡，死後也無後人祭祀，鬼魂便無家可歸，所以人們會在農曆七月時舉辦普渡儀式來安撫孤魂野鬼。民間相信，該活動隱含著孤魂野鬼飽食之意，具有人飢己飢的精神，因此在活動中首位攀爬上去取得棧頂的「順風旗」者可以獲得鬼神的庇佑。臺灣目前搶孤活動以宜蘭頭城及屏東恆春最為有名，有「南恆春、北頭城」之稱，北頭城稱「搶孤」，南恆春則稱為「豎孤棚」，但舉行的時間不同。

　　宜蘭頭城的搶孤活動為農曆七月三十日鬼門關時（子時）舉行。頭城地方的搶孤活動，棚架分為「飯棚」與「孤棚」兩座，「飯棚」俗稱「乞丐棚」，規模比孤棚小，棚上放置一籮米飯，再經由法師施展「化食法

術」，讓餓鬼們都吃飽，以免餓鬼吃不飽而危害人間。「孤棚」的搭建是底層由十二根杉木為支柱，並築起一個平臺，稱為「倒塌棚」，其目的是為了增加搶孤的難度而設計的。以倒塌棚為底，再向上搭十三座由竹子編制而成的塔，稱作「孤棧」，並分別在竹枝上綁繫雞、鴨、肉粽和米粉等祭品。每座孤棧的頂端也會有各式大小的金牌及一面「順風旗」，比賽時棚柱會塗滿牛油，參賽者必須以疊羅漢的方式，踩在隊員肩上才能攀登，搶孤者要不斷向上攀登，並取下棧頂的順風旗才算奪標，民間相信，奪得順風旗者可以獲得神鬼的庇護。

　　屏東恆春的搶孤及爬孤棚活動則是在農曆七月十五日中元普渡後舉行，其由來已久，清朝時期傳承至今已有數百年。早期在恆春富人會於普渡後會將祭品施捨給窮苦之人，但因每次分送祭品時發生搶奪及鬥毆情況，後於清光緒五年改由競賽的方式來取得祭品，即為「豎孤棚」，或稱「爬孤棚」，相約在中元節時，以公平公正、鬥智鬥力的方式，憑藉著個人能力爬上高樓取得祭品。早期的孤棚是由四根三丈六的原木搭建而成，其含義代表了恆春的四個古城（東門、西門、南門、北門），再將孤棚搭建於原木之上，木柱塗滿牛油，最後再將一面「順風旗」置於頂端。如今的搶孤活動，也將底層的原木從四根擴增為三十六根，此活動也保留了東、南、西、北四根，是為了留給孤魂野鬼攀爬，因此能使用的原木為三十二根，因此報名參賽的隊伍可多達三十二隊。競賽的方式也是以疊羅漢的方式互助合作攀爬至最高點，先取下順風旗者即獲得勝利。該活動因常發生意外，據說曾在臺灣巡撫劉銘傳的命令之下取消，日治時期也因第二次世界大戰緣故被禁止，直到民國七十年才恢復。民國九十七年將恆春搶孤及爬孤棚的活動訂為屏東縣民俗，現今的搶孤也演變成為一種民俗體育活動，不論搶奪順風旗是否靈驗或是可以獲得神鬼庇護都不重要，重要的是在搶孤的過程中，搶孤者們同心協力、互助合作的團隊精神，以及建造孤棚時，各鄉里居民一同參與的族群意識才是更為重要的文化資產。

五、東港迎王平安祭

　　屏東的東港迎王平安祭與王爺信仰有關，主要在屏東東港東隆宮舉

華人社會與文化

行。過去因醫學不發達，瘟疫肆虐，居民為送瘟神出海而舉行的祭典，現已演變成祈福的活動。東港迎王平安祭三年一科（意即每三年舉行一次），每逢丑、辰、未、巳年舉行，舉行時間約為農曆九月份，確切日期則以擲筊詢問神明的方式決定。迎王平安祭為期八天七夜，儀式第一天為「請水」及「過火」，二至五日為「出巡遶境」，第六日為「王船法會」及「祀王、敬王」，第七日為「遷船遶境」、「宴王大典」、「添儎」、「和瘟押煞」，第八日則為「送王」。「送王」儀式即為著名的「燒王船」活動。「王船」是迎王祭典中王爺離境的交通工具，「送王」時將王爺的神位迎至王船上，船上堆滿金紙和物資，接著引火焚化，並將瘟神押解上船，歡送王爺回天庭的同時，也表示送走瘟神，祈求地方平安。送王儀式結束後，將以擲筊抽籤的方式決定下一個主辦人。早期送王儀式舉凡女性、年幼者、運勢差及體弱者皆不能參加，但隨著時代轉變，現今任何人都可參與送王爺的活動。

文化小知識1：

神明遶境時使用的「路關牌」是什麼？

「路關牌」是走在神明遶境隊伍最前面的長型木牌。「路」指遶境路線，「關」指廟宇，「路關牌」上寫的就是遶境時的路線及進香的廟宇名稱，因具有指南及引領眾人前進的功能，所以走在神明出巡隊伍的最前方。早期的路關牌是木製而成，上面刻有出巡路線、主神封號全銜及出巡目的等，而現在的路關牌功用多半只是為了維持出巡隊伍的秩序而已。

文化小知識2：

「陰廟」是什麼樣的廟？

陰廟指的是祭拜無主孤魂的廟，如百姓公廟、眾姓公廟、有應公廟、萬應公廟、萬義公廟、萬善爺廟、大眾爺廟等。一般陰廟的格局較小，多座落於墳旁、山邊或河邊之處，祭祀時所焚燒的紙錢是銀紙，與一般祭祀神祇的金紙不同，有時陰廟旁還配有土地公神像祭祀。臺灣著名的陰廟如

基隆的老大公廟已有一百多年的歷史，過去是老大公墓，廟中主要祭拜清朝時因泉漳械鬥而死的亡靈。老大公廟在每年農曆七月一日凌晨以隆重的儀式開龕以普渡亡靈，為「雞籠中元祭」揭開序幕，是老大公廟香火最為興盛的時候。另外位於新北市石門區的十八王公廟亦為北臺灣知名的陰廟。相傳在清朝同治年間有一艘船遇到海難，船上十七人被發現時已經溺斃，居民將之合葬，後唯一存活的一隻狗見主人身亡也隨之跳入墓中，因此將該廟稱為「十八王公廟」。

考古題

1. 廟宇常用對聯來表示該廟主祀何神，下列三幅對聯分別指的是？
（2019年）
「瓶中甘露常遍灑，手內楊枝不計秋」
「系出莆田坤儀稱母，恩源菏澤水德配天」
「志在春秋功在漢，忠同日月義同天」

(A) 觀音菩薩／媽祖／孔子　　(B) 觀音菩薩／媽祖／關公

(C) 媽祖／觀音菩薩／關公　　(D) 媽祖／觀音菩薩／孔子

答案：(B)

解釋：(1)「瓶中甘露常遍灑，手內楊枝不計秋」出自《觀音偈》（《觀世音菩薩偈》），「瓶中甘露常遍灑」指的是觀世音菩薩手中拿的裝有甘露水的淨水瓶，只要向人們的撒上甘露水，就能使災厄罪孽消失。「手內楊枝不計秋」指的是觀世音樸四手持楊枝，用楊枝蘸上甘露水後一撒，即可消災解厄，使人們平安無事。因此該句形容的是觀世音菩薩。

(2)在香港清水灣天后宮（天后古廟）的門額上寫有「系出莆田坤儀稱母，恩源菏澤水德配天」字樣，「莆田」是指福建省莆田市，又稱莆陽或莆仙，史稱興化或興安。傳說中湄洲島是媽祖的家鄉，也是祂的羽化之處，而湄洲島就位

於福建省莆田市秀嶼區，而「水德配天」更表現出媽祖爲海神的屬性，因此該對聯的是媽祖廟。

(3)「志在春秋功在漢，忠同日月義同天」中的「春秋」指的是孔子根據魯國史官的的史書而重修訂所做的《春秋》。傳說關羽讓神醫華佗刮骨治療時還能一邊閱讀《春秋》，對朋友講義氣，因而有「義薄雲天」的形容。該對聯的大意爲關羽（關公）爲三國蜀漢留下輝煌功績，做事光明磊落而日月可鑑，其對朋友的義氣義薄雲天。有時也可在部份廟宇看到下聯的「忠」字替換成「心」字，意指「心同日月義同天」。

2. 客家人拜祭的伯公，是傳統信仰中的哪一位尊神？（2019年）
　(A) 廣澤尊王　　　　　　　　(B) 赤腳大仙
　(C) 土地公　　　　　　　　　(D) 姜子牙

答案：(C)

解釋：客家人所說的「伯公」即是土地公。廣澤天王又稱廣澤尊王、保安尊王、郭聖王、翹腳仔神等，祖廟在福建省南安市的鳳山寺，信仰地區包括閩南各地、臺灣及東南亞，而在臺灣則以泉州移民較多的地區信奉廣澤尊王，包含彰化、臺南及高雄等地，其中又以臺南地區的信仰人數最多。而赤腳大仙相傳是中國民間信仰及道教中的仙人，屬於「散仙」（指未被天界授予官爵的神仙），其赤腳裝扮爲其特色，性情隨和，常幫助人類除妖滅魔，是妖魔鬼怪的剋星。姜子牙的別稱甚多，包括太公望、姜太公、姜芽等，是周文王及周武王的軍師，在小說《封神演義》中是一位闡教的仙人，奉原始天尊的命令騎著四不像、帶著打神鞭等武器幫助周朝，後被奉爲神明。在臺灣認爲農曆八月三日爲姜太公的誕辰，因此可至全臺各地的姜太公廟點七星燈以求消災解厄並祈求平安順利。臺灣的姜太公廟有新

北三重信安宮、新竹炁天聖宮的姜太公廟、宜蘭鎮河廟及雲林泰安宮等。

3. 臺灣民間的王爺信仰，有燒王船的儀式，如屏東東港「王船祭」，請問燒王船儀式的意義何在？（2018年）

(A) 送王爺返回天庭　　　　　(B) 傳達人們祈福願望

(C) 送走瘟疫及不祥　　　　　(D) 希望王爺帶來賜福

答案：(C)

解釋：「燒王船」是屏東東港迎王平安祭為期八天七夜最後一天的儀式，又稱「送王」，是送王爺回天庭儀式，同時也是押解瘟神上船以期送瘟神離開。

4. 下列臺灣民間農曆七月十五日儀典的敘述何者錯誤？（2018年）

(A) 是道教的中元節，舉行普渡儀式

(B) 是儒家的孝子節，紀念關聖帝君

(C) 是佛教的盂蘭盆節，和目蓮救母故事有關

(D) 根據《清嘉錄》，在七月十五日當天也會祭祀祖先

答案：(B)

解釋：農曆七月十五日又稱「中元節」，佛教中稱為「盂蘭盆節」，與儒家無關，且關聖帝君屬於佛教及道教神祇。

5. 臺灣有名的民俗活動「北天燈、南蜂炮、東寒單」都與哪個節日有關？（2017年）

(A) 新年　　　　　　　　　　(B) 元宵節

(C) 端午節　　　　　　　　　(D) 中秋節

答案：(B)

解釋：「北天燈、南蜂炮、東寒單」是元宵節的三大活動，包括新北平溪放天燈、臺南鹽水蜂炮及臺東砲炸寒單爺。

6. 請問臺灣唯一祭拜唐代儒宗「韓愈」的廟宇在何處？（2015年）

    (A) 屏東內埔   (B) 高雄鳳山

    (C) 臺南善化   (D) 臺中大甲

答案：(A)

解釋：在臺灣的屏東縣內埔鄉有全臺唯一一座供奉韓愈的廟宇「昌黎祠」，屬於道教廟宇，曾是當地的文教中心。而昌黎祠的建立與移民至臺灣的潮州人有關。韓愈在潮州擔任刺史時對當地頗有貢獻，因此韓愈過世後人民便建立韓文公廟（位於廣東潮州市）供奉韓愈，移民至臺灣後也將此一信仰帶來。清朝道光年間在屏東內埔建立昌黎祠來供奉韓愈，每年九月九日為韓愈的誕辰，內埔鄉在當天都會舉辦「昌黎祠韓愈文化祭」。至今仍有許多學子於考前至昌黎祠祈求考運順利。

7. 臺灣廟宇「北極殿」供奉的是哪位神祇？（2015年）

    (A) 文昌帝君   (B) 保生大帝

    (C) 玄天上帝   (D) 開漳聖王

答案：(C)

解釋：北極殿位於臺南市中西區，因此又稱「臺南北極殿」，於明鄭時期建立，主祀玄天上帝，過去稱為上帝廟、元帝廟、真武廟、大上帝廟等。

8. 唐代李復言在傳奇〈定婚店〉一文中，描摹出一個月下老人的形象，從此「月下老人」成為中國婚姻之神，請問下列敘述何者正確？（2015年）

    (A) 月下老人，簡稱月老，尊稱為月老爺、月老公，掌管生育，是為「媒神」

    (B) 臺北市迪化街霞海城隍座下供奉月下老人，頗受信徒景仰

    (C) 月下老人形象常被塑造成高大英俊，面容白皙；左手持著姻緣簿，右手執著硃砂筆

(D) 根據〈定婚店〉所言，月下老人的巾囊中，藏的是「綠繩子，以繫夫婦之足」

答案：(B)

解釋：(A)月下老人又稱月老公、月老爺、月老星君，簡稱月老，屬於道教神祇，是掌管男女姻緣之神。註生娘娘（俗稱註生媽）才是掌管生育之神，其造像為左手執簿本，右手執筆，表示記錄各家子嗣之事。

(C)月老的形象常被塑造成長白鬍鬚、臉泛紅光的慈祥老者，其造像為右手持拐杖，左手持姻緣簿。

(D)月老的來源與唐朝李富言的傳奇小說《續幽怪錄·定婚店》有關。原文為：「韋固少未娶，旅次宋城，遇老人倚囊而坐，向月檢書。因問之。答曰：「此幽明之書。」固曰：「然則君何主？」曰：「主天下之婚姻耳。」因問囊中赤繩子，曰：「此以系夫婦之足，雖仇家異域，此繩一系之，終不可易。」」其中的「赤繩子」指的就是現在所說的「紅線」。

9. 臺南府城的三山國王廟原屬於哪個地方人所祭拜的廟宇？（2014年）

(A) 閩北福州人　　　　　　(B) 閩南泉州人
(C) 閩南漳州人　　　　　　(D) 潮汕客家人

答案：(D)

解釋：臺南的三山國王廟位於臺南市北區，主祀三山國王，兩旁宮殿祀奉天后聖母跟韓文公（韓愈）。清朝乾隆年間廣東潮州人建立韓文公祠前在廟的左側以興建聖母祠，後臺灣總兵官提倡整修而將韓文公祠改建成與主廟相連的廟宇。之後又進行的一次大規模的整修，始定下現在三山國王廟的樣貌。嘉慶年間再次整修，並於廟後增置供潮州人來往中臺兩地的會館。民國

五十三年因廟宇缺乏管理，申請立案宗教團體之後，該廟由臺南市潮汕同鄉會管理。三山國王廟的主要建材多由潮州運來，並由潮州師傅營建，因此外型與閩南式建築不同。三山國王的聖誕分別爲：巾山國王聖誕爲農曆二月二十五日、明山國王聖誕爲農曆六月二十五日、獨山國王聖誕爲農曆九月二十五日，主神聖誕時廟方均會舉行祀宴等活動，其中以獨山國王聖誕最爲盛大。而三山國王起源於中國廣東粵東地區，是潮州福佬人（潮汕人）、潮州客家人、漳州福佬人、漳州客家人等的精神信仰。

10. 華人崇信天地鬼神，天神、地祇、人鬼等各種民間信仰，依農民曆行事，有敬天法地的崇敬意義，下列關於民俗信仰的敘述何者不正確？（2014年）

(A) 正月十五日是三官大帝生日，俗稱「上元節」或「元宵節」

(B) 三月十五日是保生大帝生日，保生大帝俗稱「大道公」，爲華人所信奉的醫神

(C) 七月十五日是城隍爺生日，由道教「中元祭」與佛教「盂蘭盆會」融合而成，民間有中元普渡活動

(D) 八月十五日是道教太陰星君生日（俗稱月神），是民俗中的中秋節，月圓人團圓，民間有月下老人祭祀活動

答案：(A)、(C)

解釋：三官大帝的生日有三，分別爲：農曆正月十五日上元天官紫薇大帝聖壽、農曆七月十五日中元地官清虛大帝聖壽、農曆十月十五日下元水官洞陰大帝聖壽。農曆七月十五日是三官大帝中的中元地官清虛大帝生日。城隍爺的誕辰因各廟宇而有所不同，一般爲農曆五月十一日和農曆五月十三日。

11. 王船信仰普遍盛行於中國東南沿海和臺灣西南海岸。一般認爲「送王船」是一種什麼儀式？（2014年）

(A) 請瘟　　　　　　　　　　　(B) 送瘟

(C) 迎瘟　　　　　　　　　　　(D) 拜瘟

答案：(B)

解釋：王船祭是王爺信仰中最具代表性的宗教科儀。王爺崇拜與瘟神信仰有關，「送王船」即是製造一艘王船讓其隨波漂流出海，以期能將瘟疫驅逐出境，因此為「送瘟」儀式。

12. 在華人民間社會所崇拜主宰文運考試的「五文昌」，不包括下列哪一位神明？（2013年）

(A) 文昌帝君　　　　　　　　　(B) 朱熹夫子

(C) 魁星星君　　　　　　　　　(D) 關聖帝君

答案：一律給分

解釋：根據教育部對外華語教學能力認證考試解答中的說明，「經102年8月2日教育部2013年對外華語教學能力認證考試筆試考科評分標準協調會決議，第一大題單選題第12題無正確答案。」因此該題一律給分。「五文昌」又稱五文昌夫子、五文昌帝君，是道教中祀奉與讀書考試相關的神明，分別為文昌帝君、大魁帝君（魁星）、朱衣帝君、關聖帝君及孚佑帝君（呂洞賓）。而部分廟宇中將朱衣帝君（朱衣夫子）的神位改為朱熹夫子的神位，因此該題決議改為一應給分。其他具有文昌屬性的神祇還有倉頡先師（倉頡）、至聖先師（孔子）、亞聖先師（孟子）、太白先師（李白）、韓文公（韓愈）等。

13. 臺灣漢人民間信仰所供奉的神明經常與地域有關，下列選項何者主要為臺灣客家籍居民奉祀的神明？（2013年）

(A) 三山國王　　　　　　　　　(B) 保生大帝

(C) 清水祖師　　　　　　　　　(D) 西秦王爺

答案：(A)

解釋：保生大帝主要為中國閩南（泉州、漳州、廈門）及臺灣等地區

人民所信奉，又稱「醫神」。清水祖師主要爲福建安溪等閩南地區的人民所信奉，而西秦王爺則是戲曲的保護神。

14. 臺灣常見名爲「慈惠堂」的宮廟，所供奉的神祇爲何？（2013年）

    (A) 註生娘娘　　　　　　　　(B) 媽祖

    (C) 九天玄女　　　　　　　　(D) 瑤池金母

答案：(D)

解釋：慈惠堂是臺灣王母信仰的發源地與信仰中心。王母又稱西王母、王母娘娘、瑤池金母、金母、無極瑤池王母等，是臺灣戰後重要的民間信仰。

15. 關於民間「安太歲」的說法，下列敘述何者不正確？（2012年）

    (A) 太歲爲兇神

    (B) 民間安太歲的說法來自佛教

    (C) 華人社會在本命年時有安太歲的習俗

    (D) 人的歲數在生肖一輪十二年的倍數時稱爲本命年

答案：(B)

解釋：本命年舊時以六十年爲一本命年，現在指的是十二年一次所遇到與自己屬相相同的年份，故又稱「屬相年」。傳統民間信仰中認爲本命年是不吉利的年份，容易犯太歲。而安太歲是屬於道教及民間信仰的習俗。

16. 臺灣的民間信仰中，別號吳眞人，世人尊稱可治百病的醫神是哪一尊神明？（2012年）

    (A) 福德正神　　　　　　　　(B) 關聖帝君

    (C) 三山國王　　　　　　　　(D) 保生大帝

答案：(D)

解釋：臺灣民間信仰中保生大帝俗稱「大道公」，因其生前精通醫術，死後被奉爲神祇，尊稱爲「醫神」。

17. 臺灣常見名為「天后宮」或「天妃宮」的宗教建築，所供奉的神祇為何？（2012年）

(A) 女媧　　　　　　　　　　(B) 媽祖

(C) 九天玄女　　　　　　　　(D) 王母娘娘

答案：(B)

解釋：媽祖又稱天上聖母、天后、天妃等，是屬於海神信仰，影響中國東南沿海及東亞地區。

18. 民間信仰是華人文化中的重要環節，有關民間信仰的敘述，下列選項何者不正確？（2011年）

(A) 「城隍爺」是一位賞善懲惡的神明，也是一個地區的守護神

(B) 「媽姐」是漁民的守護神，媽祖廟是早期臺灣移民的信仰中心

(C) 「土地公」是土地或地境的守護神，它與民間生活的信仰有非常密切的關係

(D) 「豬八爺」是畜牧業者所供奉的守護神，希望因它的保佑而「六畜興旺」

答案：(D)

解釋：豬八爺是特種行業所祭拜的神祇。

19. 中國許多地方都有孔廟，有關孔廟的敘述，下列何者不正確？（2010年國內版）

(A) 大成殿為孔廟主殿，大成二字來自於孔子的諡號「大成至聖先師」

(B) 櫺星門，是孔廟特有的建築，櫺星相傳為天上的文星，可以保佑登科，具啟文的象徵

(C) 臺北市大龍峒孔廟是全臺第一座孔廟

(D) 每年祭孔典禮後，有拔智慧毛的傳統活動，取「耳聰目明」的意涵

答案：(C)

解釋：全臺第一座孔廟是臺南孔子廟，位於臺南市中西區，建於明鄭永曆年間。臺南孔廟除了是臺灣最早的文廟以外，在清領初期更是全臺童生唯一的入學之所，因而有「全臺首學」之稱。

20. 「福德正神」是掌管社稷的：（2010年國外版-1、2010年國外版-2）

(A) 家神　　　　　　　　　　(B) 門神
(C) 土地神　　　　　　　　　(D) 河神

答案：(C)

解釋：土地公有福德正神、福德伯公、土地公伯、土地爺、土地神、社神等稱號，是中國民間信仰中的神明之一，屬於地方保護神。現祭祀土地公多有祈福求財或保平安之意。土地公是道教中地位較低但與人民較為親近的神祇。在臺灣，土地公更是公司及商家的財神及守護神，因此將正月初五玄壇真君巡遊人間的日子定為開工日。農曆二月二日為土地公誕辰，稱「土地公生」，也是「做牙」之始，稱為「頭牙」。農曆十二月十六是土地神一年中最後一次的牙祭日，即為「尾牙」，現商家多在此日宴請員工以慰勞一年來的辛勞。

21. 華人的關帝信仰十分普遍，請問關公具有下列何種形象？（2010年國外版-1、2010年國外版-2）

(A) 仁愛　　　　　　　　　　(B) 孝道
(C) 信用　　　　　　　　　　(D) 忠義

答案：(D)

解釋：關羽因其忠義武勇的形象而被神化，稱為關公、關老爺、關二爺等。之所以有「關二爺」或「關二哥」之稱，是因為民間受《三國演義》等傳統作品影響，認為關羽與劉備、張飛義結金蘭，而關羽在其中排行第二。關公神格化後多次被歷代帝王褒封，後被封為「武聖」，與「文聖」孔子齊名。民間稱關公

為關聖帝、關帝君、關聖帝君、關帝爺等，道教則尊稱伏魔大帝、協天大帝等。漢傳佛教稱為伽藍菩薩，是護法神之一。儒宗神教奉關羽為五文昌之一，至於扶乩信仰者則稱為恩主，因而有恩主公、山西夫子之稱，屬於五恩主之一。

22. 下列哪一位神祇具有慈悲、救難、求子的形象？（2010年國外版-2）

(A) 彌勒佛　　　　　　　　(B) 何仙姑
(C) 觀音菩薩　　　　　　　(D) 媽祖

答案：(C)

解釋：臺灣民間信仰認為，觀世音菩薩乃救苦救難之神祇，帶有慈悲形象，故多以女性特徵來雕刻神像。另外送子觀音則是人們祈求懷孕、獲得子嗣的信仰神祇。

23. 台灣目前大約有三十座以上以「義民爺」為主神的「義民廟」，散佈北中南各地。請問「義民廟」是屬下列哪一族群所供俸的？（2009年國內版）

(A) 平埔族　　　　　　　　(B) 魯凱族
(C) 客家人　　　　　　　　(D) 河洛人

答案：(C)

解釋：在臺灣，「義民爺」指的是在戰爭、民亂和械鬥中因保衛家園而犧牲的義民軍。義民的身分本無特指哪一籍，泛指在清治時期參與三大民變（朱一貴事件、林爽文事件、戴潮春事件）的義民。現今多為客家籍墾民將對義民感謝轉為一種信仰，成為客家信仰之一。

24. 文化和傳統是不斷被發明創造的，近年台灣社會新創的文化慶典是：（2009年國內版）

(A) 媽祖進香　　　　　　　(B) 客家桐花
(C) 作醮　　　　　　　　　(D) 祖先崇拜

答案：(B)

解釋：其餘皆爲歷史悠久之傳統慶典或觀念，而非新創。

25. 中國古代各行各業都有特定的崇拜神祇，下列敘述何者不正確：（2009年國外版）

(A) 木工奉墨翟　　　　　　　(B) 造酒奉杜康

(C) 茶館奉陸羽　　　　　　　(D) 戲班奉唐玄宗李隆基

答案：(A)

解釋：木工奉魯班，墨翟是墨子，墨家思想的代表，提倡兼愛和非攻等學說，著有《墨子》一書傳世。

26. 在中國許多地方，甚至台灣地區，都有孔廟。有關孔廟的敘述，下列何者不正確：（2009年國外版）

(A) 全台首座孔廟，是明永曆二十年（1666）鄭經於台南設立

(B) 大成殿爲孔廟主殿，大成二字來自於孔子的諡號「大成至聖先師」

(C) 櫺星門，是孔廟特有的建築，櫺星相傳爲天上的文星，可以保佑登科，具啟文的象徵

(D) 在孔廟的東西兩側，各有一塊「下馬碑」，提供參觀者可以在此拴置馬匹

答案：(D)

解釋：在孔廟兩側立「下馬碑」的意思是指無論是官員、貴族或平民百姓路過此處都須下馬或下轎步行，以表示對孔子的尊敬。

27. 最早在台灣建立孔廟的是：（2008年國內版）

(A) 鄭經　　　　　　　　　　(B) 鄭成功

(C) 劉銘傳　　　　　　　　　(D) 丁日昌

答案：(A)

解釋：臺南孔子廟是臺灣最早建立的孔廟，南明永曆年間將領陳永

華建議鄭經建立聖廟延攬人才，鄭經採納陳永華的建議擇地動
工，並於永曆二十年（1666）完工。

28. 根據清代「諸羅縣誌」的紀錄：「二月二日，街衢社里斂錢演戲，
賽當境土神，概倣古春祈之意……。」請問此為祭祀：（2008年國
內版）

(A) 土地公　　　　　　　　(B) 大眾爺

(C) 城隍爺　　　　　　　　(D) 媽祖

答案：(A)

解釋：農曆二月二號是土地公的誕辰，也是一年中第一次「做牙」的
日子，稱為「頭牙」。「街衢」指的是四通八達的道路，「社
裡」指鄉里，「斂錢」指向大家收取捐款，「賽」指祭祀報酬
神明，「當境」指當地，「土神」即是「土地公」，「概」是
大約、一律，「倣」是仿效，「春祈」指的是春天的社祭，指
在祈求豐收。該句意思為「農曆二月二日，在各地鄉里地區會
舉行祭神的戲劇表演活動，為的是祭祀及報酬土地公，並仿效
古代春天的社祭，祈求土地公保佑該年耕作順利。

29. 泰國石龍軍路上有一座建於清光緒十八年的「關帝古廟」香火旺
盛，它是屬於：（2008年國外版）

(A) 佛教　　　　　　　　　(B) 儒教

(C) 道教　　　　　　　　　(D) 回教

答案：(C)

解釋：「關帝」指的就是關公，而關公信仰屬於道教。

第四章

宗教文化

　　所謂的「宗教」，指的是反應人和自然、人和社會的兩種關係，也是人對自然和社會的態度及評價。不同的民族有其特有的宗教信仰，如佛教傳入各國之後，融入當地文化而有些微的差異，因而有「大乘佛教」及「小乘佛教」的區別。宗教影響一個國家或一個民族的思想和生活方式，甚至制約了生活規範。各種宗教以其不同的文化型態而在社會中發生作用，而宗教同時也是了解一個國家或民族的途徑之一。對華人來說，以佛教及道教的影響最深，本章將討論佛教及道教對社會、人民生活及思想的影響。

第一節　佛教

一、發展

　　中國的本土宗教是道教，但佛教傳入中國後對華人的影響甚鉅。一般認為佛教是由釋迦牟尼於西元前五至六世紀在古印度所創，所以也有人將佛教稱之為「釋教」。對於佛教何時傳入中國的說法不一，目前多數學者認為在西漢末年或兩漢之間傳入的說法是較為可信的。東漢桓帝時期，西域安息國太子安世高到了洛陽後致力於翻譯佛經，二十多年來其譯經著作達三十多部，是中國第一位翻譯佛經者，現存的譯著約二十二種，譯作如《安般守意經》、《陰持入經》、《四諦經》等。

　　佛教剛傳入中國時多是朝廷貴族信仰，認為佛祖與神化的皇帝相似，將之視為神靈崇拜，而一般老百姓較少信仰，因此對中國的影響很有限。一直到了魏晉南北朝時期，佛教才有了較為突出的發展，這與魏晉南北朝時期社會動盪不安也有關係。魏晉南北朝時期在社會方面因國家戰亂、社會動盪不安，人民尋求精神的寄託，佛教中主張自我解脫也正應合了當時

人民的要求。思想方面，魏晉南北朝流行玄學、熱中清談，盛行老莊思想，而佛教中的「一切法皆空」也因此快速流行起來。至於階級基礎方面，佛教主張因果報應及輪迴的說法，對於統治階級來說反而有助於維持既有制度，因此封建制度下的統治者開始大力提倡，但也因為如此，東晉的晉成帝和晉哀帝、南朝的宋文帝和宋武帝因過度相信佛教，甚至讓僧人參政，這些僧人被稱為「黑衣宰相[1]」。

而到了隋唐時代，佛教的發展及影響力達到了高峰，特別是唐朝時期。隋唐時支持佛教的發展，在國內廣設佛教寺院、提倡人民剃度為僧，佛教開始從上層社會往民間滲透，並符合中國人民的傳統思想及需要，在教義和禮儀方面逐漸影響人民。此時佛教的特點包括佛學大盛、佛寺財產豐碩、宗派林立三方面。唐朝對於佛經的翻譯數量及品質都達到了巔峰，譯經工作由國家統轄，聘請中外名僧翻譯，甚至派遣玄奘等名僧前往西方取經，因此唐朝時佛經的翻譯品質相當高，而這也讓佛學在唐朝大為興盛，出現許多佛學論著。同時，由於國家的支持，隋唐時代的佛寺還擁有田產，彷彿如地主一般。而在魏晉南北朝時為因應社會各階層的需要而發展出不同的體系，各自有其獨特的思想及特色，吸引不同的信眾。目前世界現存最早的佛經雕刻印刷為在敦煌出土的《金剛經》（公元868年）。

到了宋朝初年，對佛教又採取保護措施。宋太宗時還設立了「譯經院」，分為譯經、校經及印經三部分，到了宋真宗時是宋朝佛教最發達的時期，僧眾、尼眾及寺院的數量都達到高峰。而明朝末年時，明末四大高僧之一的蓮池大師主張「儒釋道三教合一」的理念，提倡禪淨雙修，成為當時的主流。

二、派別

佛教源自印度，後向外發展往北流傳到中國、西藏、蒙古、朝鮮半島、日本及越南，屬於「北傳佛教」。往南流傳到斯里蘭卡、泰國、緬

1　「黑衣」指的是僧人所穿的一種黑色僧衣。

甸、寮國及柬埔寨等地區，屬於「南傳佛教」。佛教有三個主要的分支，包括上座部佛教、大乘佛教及密乘佛教三種，各分支下又再分成宗派。南傳佛教屬於上座部佛教，漢傳佛教等屬於大乘佛教。密乘佛教又稱「金剛乘」、「密乘」等，目前以日本和西藏最為流行。密乘佛教也被稱為「密教」，這是與大乘佛教及上座部佛教被稱為「顯教」的對應稱呼。

中國的佛教中主要有八個大乘宗派流傳較為廣泛、影響也較大，現今主要的宗派包括三論宗（又稱「法性宗」）、唯識宗（又稱「法相宗」）、天台宗（又稱「法華宗」）、華嚴宗（又稱「賢首宗」）、禪宗（又稱「佛心宗」）、淨土宗（又稱「蓮宗」）、律宗（又稱「南山宗」）及密宗（又稱「真言宗」）。八大大乘宗教的特色如下：

1. 三論宗（法性宗）：三論宗以研究《中論》、《百論》及《十二門論》而著稱，源自於中觀學派，思想上受漢傳佛教涅槃宗、攝論宗和地論宗影響。從中國的佛教史上來看，三論宗並不算是一個實質且完整的宗派，直至傳入日本後才形成宗派，又稱「不真宗」。其主張為緣起及性空。

2. 唯識宗（法相宗）：唯識學在南北朝時期傳入中國後，直到唐朝玄奘於印度求經學後始成立宗派。唯識宗屬於瑜珈行唯識學派，創始人是玄奘，其代表著作為《大唐西域記》[2]及《成唯識論》等，同時也翻譯了許多佛教經典，包括《大般若經》等。唯識宗主要在研究及實踐佛法，主要的理論包括三自性說、唯識無境、因明學說、五重觀法等。代表經典包括六部經文及十一部論著，合稱為《六經十一部論》，如《華嚴經》。

3. 天台宗（法華宗）：天台宗是第一個由中國佛教法師所處創立的本土性宗派，開創者為智顗，曾居浙江天台山，故該宗派稱為「天台宗」。智顗以《妙法蓮華經》（簡稱《法華經》）為主要依據，因此

2　該書是玄奘的弟子將其口述編輯成書。

天台宗又名法華宗。天台宗注重修行時止觀[3]，重視佛教中宗教理論的研究。其教理包括性具善惡說等。但到了宋朝時開始衰弱，後傳到日本時曾盛極一時。

4. 華嚴宗（賢首宗）：華嚴宗以《華嚴經》為理論依據而得名，主要教理為法界緣起及四法界，並提出「事事無礙」的理論。其他思想還包括法界三觀、六相及十玄門等。

5. 禪宗（佛心宗）：禪宗的祖師為菩提達摩（簡稱達摩），是南天竺人（南印度人），被後世尊稱為「達摩祖師」，將佛教禪宗帶入中國後，由慧能創立了中國禪宗。在佛教的諸多宗派中，禪宗與天台宗、華嚴宗並列中國特色的三大佛教宗派，皆由中國本土佛教大師在中國所創立。

6. 淨土宗（蓮宗）：淨土宗認為透過念誦「南無阿密陀佛」六字可達到轉世西方極樂世界的目的。淨土宗修行方式較其宗派別簡易，因此廣為流行。而淨土宗在各宗派中流傳的時間最長，影響了中國哲學的思想，後傳入日本及朝鮮。

7. 律宗（南山宗）：律宗著重遵守佛教戒律，其理論依據為《四律分》。律宗初祖為道宣，因其在終南山修行，故律宗又稱南山宗。律宗認為佛教三學中，可分為「戒、定、慧」三個部分並以「戒律」為首，因此強調信徒以戒律為修持的基礎。

8. 密宗（真言宗）：密宗有許多別稱，如金剛輪、金剛乘、密乘、秘密教等稱呼。由於許多的修行方式不允許公開，且為師徒之間一對一秘密傳授，因其神秘的色彩又被稱為密教，與顯教（大乘佛教、上座部佛教）為對立面，儀式與修行方式可追朔至印度宗教傳統，宗教教義為即身乘佛（肉身得道）等。密宗從印度傳入中國後，又傳至日本，現在以在日本及西藏最為盛行。

3　「止觀」意謂止息一切妄想，觀察一切真理。

三、佛教對中國的影響

(一)藝術

　　佛教對中國的繪畫及雕塑是最明顯的影響之一。佛教從印度及西域傳入中國後，其石窟壁畫及雕塑藝術也影響了中國。古印度的佛教藝術就是經由中國的絲綢之路而傳入，因此現在在中國境內雲岡、敦煌、龍門及麥積山四大石窟即是中國佛教石窟藝術的代表。佛教傳入中國後，在漢朝時期其雕塑和壁畫開始蓬勃發展，當時南方以寺廟壁畫為主，北方以石窟造像為主。而到了唐朝，佛教壁畫達到巔峰，其中代表性的石窟壁畫即為敦煌壁畫，也因為唐朝時佛教壁畫的興盛，出現了如吳道子等著名的宗教畫家。吳道子畫了上百幅壁畫，多數與佛教故事有關，筆法強勁且氣勢壯闊。唐朝時繪製了許多與佛、菩薩和佛經故事的卷軸及壁畫，但因戰亂的關係，流傳至今的作品並不多。而南宋時的畫家受到禪宗的影響，改去重色彩的畫風，以空靈的筆法來展現其風格。此外，中國肖像畫也受到佛教的影響，如南朝梁畫家張僧繇著名的畫法「沒骨法」即受到了佛畫的影響而形成。宋朝之後，壁畫開始式微，禪畫取而代之，著名的禪畫家包括石濤、八大山人、牧谿等人，其中又以明末清初四大僧[4]石濤最具代表性。

(二)文學

　　佛教影響中國文學包含詩、詞、散文等文學作品。在全唐詩五萬首中，與佛教有關的詩佔約百分之十。佛教追求「韻外之致」、「言外之意」，這也影響了知名詩人如王維、白居易、蘇軾等人的創作風格。唐宋時因名僧地位崇高，文人也為其留下許多相關的散文。在詩歌方面，唐宋後主張「以禪論詩」，詩歌的創作要「意境空濛」、「物象超然」，因而出現了許多「詩僧」，如唐朝的寒山、齊己、貫休、較然；宋朝的文瑩、惠弘、祖可等人都留下了許多詩集。此外，唐朝時期的僧侶為了使過於艱澀難懂的佛經以通俗易懂的方式傳講，因此將佛經以講唱的方式呈現，其

4　明末清初四僧為：原濟（石濤）、朱耷（八大山人）、髠殘（石溪）、漸江（弘仁）四人。

文學體裁即為「變文」。「變文」是散文與韻文的結合，一般多用七言詩，部分為三言、五言及六言句式。而「變文」的產生也影響了唐朝文人在傳其方面的創作，到了中唐時期，「傳奇」達到巔峰，出現許多散文與韻文結合的傳奇，如元稹的《會真記》、陳鴻的《長恨歌傳》等，皆受到變文的影響。唐朝以後出現的白話小說、講唱文學、戲曲文學等也都與變文有關。

(三)語言

　　除了藝術、哲學及文學以外，佛教對漢語的影響也相當大。佛教傳入中國以後將佛經翻譯成漢文，因此佛經中的佛教用語也深入中國社會生活中，並在大量翻譯佛經的過程中發現了語音的規律，甚至影響了反切的產生和四聲的發聲。除了佛教用語外，也出現與佛教相關的慣用語、成語、俗諺語、歇後語等，至今仍保存在漢語中，但多已失去原有的佛教涵義，而僅表示了一般的社會及思想涵義。如現在用「五體投地」表示對一個人的敬佩，但該成語源由自佛教中禮佛的姿勢，即雙肘、雙膝、頭部著地。「一塵不染」來形容某處的乾淨程度，但其實「塵」原意並非「灰塵」，而是佛教中的色、香、味、聲、觸、法等「六塵」，修行時若能去除一切雜念就稱為「一塵不染」。此外與佛教相關的熟語還有「放下屠刀，立地成佛」、「丈二金剛摸不著頭腦」、「苦海無邊，回頭是岸」、「菩薩心腸」、「借花獻佛」、「臨時抱佛腳」、「放下屠刀，立地成佛」、「和尚打傘－無法無天」等。另外，現在有些詞語最早源自佛經，但後來廣泛運用後已失去了部分或全部的原有意義。如「電影」現在指的是一種媒體藝術，而該詞出自於《無量壽經》中的「知法如電影」一句，但其中的「電影」指的是「閃電」與「影子」。另外像「導師」、「單位」、「玄關」、「實際」、「尊重」、「表示」等詞語都是源自於佛經。

華人社會與文化

第二節　道教

一、發展

　　道教是中國的本土宗教，雖然形成的時間晚於佛教，但源自中國古代宗教、巫術、陰陽五行、黃老學說等的淵源則很早，創立之後的發展速度相當快。在春秋戰國時代盛行一種奇術，強調藉助煉丹採藥後成仙，而達到長生不老的目的，稱之爲「方術」或「仙術」。而戰國時的陰陽五行思想體現在人的生活、文學作品等方面中，成爲道教的重要理論根據之一。道教奉老子爲道祖，一般都以東漢末年的張道陵爲中國道教的創立者，並尊稱張道陵爲「張天師」。

　　道教的基本信仰是「道」，認爲「道」是宇宙的本體，萬物由此而生，因此有「道生一，一生二，二生三，三生萬物」之說。道教認爲人皆有靈，眾神皆是由人道化而成，只要得道，就可成仙。道教雖然取自於道家的概念，但與老子的「道」又有所區別。道教受到中國傳統民間信仰的影響，因此也保留了如迷信等民間信仰的特色，其理論和信仰概念都與中國傳統文化相契合，更能深入人心。而道教之所以發展得如此迅速且成功約有三個原因，一是道教依據中國本土哲學思想所產生，道教中所信奉的神祇多與遠古神話及民間傳說演化而來，爲中國人民所熟悉，具有一定的文化基礎。二是強調透過修行就能長生不老及得道成仙，對於迷信者及處於苦難者而言具有一定的吸引力。三是其傳播的方式與人民的利益有關，如施藥治病等。道教在唐宋時期至宋元時期都相當興盛，上至君主、下至人民，信仰者眾多。直到清朝時期因帝王尊崇佛教，道教的勢力始漸衰弱。

二、代表人物

　　道教在魏晉南北朝時期最爲興盛，道教代表人物包括魏晉時期葛洪、北魏寇謙之、南朝宋陸修靜及其弟子陶弘景。葛洪號抱朴子，並以其號著有《抱朴子》一書，分內外篇，共七十卷，內容結合了儒家思想和道教的神仙思想。《抱朴子‧內篇》主要講述方藥、煉丹、神仙、鬼怪、養生、

祛病等，討論方術運用於人們修練的方法。《抱朴子‧外篇》則是葛洪闡述其思想由儒至道的發展過程，內容談論社會現象，如得失、治民、譏諷世俗、批評世事、諫君賢能等。此外，葛洪也確立了道教的神仙系統。寇謙之因深受北太武帝的信任，因此提出消佛倡道的理念，使太武帝滅佛。寇謙之改革了張陵的天師道，制定新法，以「禮」作爲規範，被稱爲「北天師道」或「新天師道」，相對於繼承葛洪及陸修靜思想的「南天師道」。

陸修靜系統性地整理道教的經典、編制禮儀規範、完備道教的理論及組織，並主張「祖述三張，弘衍二葛」[5]。陶弘景是陸修靜的弟子，除了是南朝道士以外，也是著名的醫學家、文學家及書法家。陶弘景對於道教最大的貢獻是撰寫了《眞靈位業圖》，將道中的神仙按照等級和品位構成一個神仙譜系。除了在道教方面的成就以外，陶弘景長期煉丹治藥，著有《本草經集注》等重要的醫學著作。

三、派別

道教在歷史上有七大教派影響較深，分別爲正一道、全眞道、大道教、太一道、淨明道、上清派及其分支武當派。

1. 正一道：正一道又稱天師道、五斗米道，是道教最早的派別，由東漢張陵所創立，後世稱張陵爲「天師」（祖師），其子張衡爲「嗣師」，其孫張魯爲「系師」，合稱「三師」或「三張」。正一道的傳統爲祭天地及祖先，道術爲畫符與唸咒。一般道士不必受戒，可以娶妻生子。

2. 全眞道：全眞道分爲北宗及南宗，其教義繼承了呂洞賓及鍾離權的內丹思想。所謂的「內丹」即爲「內丹術」，指的是道教氣功修練的一種方式，以「天人合一」、「天人相應」爲理論基礎，修練人體的「精、氣、神」，以達到延年益壽的目的。該派提倡三教合一（儒釋

---

5 「祖述」是效法及發揚前人的學說及理念，「弘衍」是發揚及推廣之意。「三張」指的是張陵、張衡及張魯，「二葛」指的是葛玄及葛弘。

道），認為三教的核心皆為道，不存在高低之分，三教平等。不同於正一道，全真道要求道士不可娶妻生子，實行出家制度。

3. 大道教：又稱真大道教，金朝時創立，元朝絕傳，併入全真道中。大道教主張守氣養神、清心寡慾，且不談飛昇煉化、長生不老，同全真道一樣有出家制度。

4. 太一道：又稱太一教，其教義與全真道相似，金朝時創立，元朝沒落，主奉太一神（又稱太乙神）。

5. 淨明道：南朝時創立，明朝後歸入正一道。淨明道提倡儒、釋、道三教合一，以「忠孝」作為修道的基礎。

6. 上清派：上清派源於南天師道，重視人體「精、氣、神」的修練，但不重視煉丹。上清派的代表人物多為世族或統治階級，具有較高的文化修養，使民間道教開始轉向士大夫道教發展。

7. 武當派：武當派是集合了晚清及民國時期的小說而形成的武術門派。

　　到了明朝以後，道教主要分成正一道和全真道兩大派別，其他五個派別依照所在地區的位置，屬於南方的歸入正一道，屬於北方的則歸入全真道。

四、道教對中國的影響

　　道教信仰受到中國傳統民間信仰、儒家及佛教等的影響，其理論和信仰概念都與中國傳統文化相契合，更能深入人心。而道教對中國的科學、文學、語言及生活等方面也有一定的影響。

1. 科學：道教中追求長生不老，因此其煉丹術也影響了中國的冶煉和化學，例如中國火藥的發明即與此有所關係。而採藥治病的理念也影響了中醫和中藥，養生理論直接和間接發展了氣功、太極拳等體育活動。

2. 文學：道教中的成仙思想豐富了作家的想像力，使作家的作品充滿了浪漫主義的色彩。如唐朝李白就深受道教的影響而將之反映在其作品中，更以「謫仙人」自居。而《封神演義》及《八仙過海》等民間故

事都是以道教的神仙為題材而撰寫的。

3. 語言：道教的宗教思想也反映在漢語言中。常見的熟語如「一人得道，雞犬升天」、「八仙過海－各顯神通」、「道高一尺，魔高一丈」等。

4. 生活：道教與中國古代民間信仰有關，創立之後因其理念保留了民間信仰的迷信觀，加上其神仙都是由人道化而成，與人民的生活接近，對人民的生活有極大的影響。例如保留至今的傳統節日有許多帶有道教的內容。

文化小知識1：

為什麼寺廟中燒香一般都以三炷香為限？

在佛教中對於「燒香祭拜」視為對「佛」的供養，而燒香時以三炷香為宜，是因為三炷香代表了兩種寓意。第一種是表佛教三學「戒、定、慧」，「戒學」是佛教徒德規範，「定學」是禪定，「慧學」指頓悟人生的智慧。第二種寓意是三炷香表示供養「佛、法、僧」三寶。「佛」是大覺者，「法」是成佛的方法及道理，「僧」則是學佛求法並弘揚佛法。

文化小知識2：

「衣缽」本來是佛教中的道具？

「衣缽」現在比喻師長所教的思想、學問及知識等，但「衣缽」本來指的是佛教中師徒之間傳授的法器。「道具」一詞現在指的是表演所需的用具，但其實也是出自佛教用語，指的是比丘隨身攜帶的十八種生活用品。這十八種「道具」稱為「比丘十八物」，又稱「頭陀十八物」，分別是：

1. 楊枝：又稱「齒木」，是將楊枝咬成細條狀，用來清潔牙齒。之所以用楊枝，是因為楊枝能消食、除冷熱、辨味、口不臭及眼明，故能保持口腔清潔。

2. 澡豆：由豆類磨製而成的粉末，用來沐浴或洗滌用。

3. 三衣：指的是僧伽梨（大衣）、郁多羅僧（上衣）及安陀會（內衣），這三種衣物的顏色只能使用「壞色」（即濁色，非正色），故稱「袈裟」，指的是非正色的法衣。而所謂的「正色」是青、黃、赤、白、黑五種正色，另有紺（紅青色）、紅（淺紅色）、縹（淡青色）、紫、流黃（黃褐色）五種間色。

4. 瓶：又稱「軍持」，指裝水的瓶子。

5. 缽：又稱「應量器」，指乞食時裝盛食物的器具。

6. 坐具：坐臥時使用的墊布。

7. 錫杖：又稱「聲杖、鳴杖」，杖的頂部掛以圓環，步行時會發出聲響，用來警示路上的蟲類或惡犬等，同時也有乞食的意思。

8. 香爐：焚香之爐，常與花瓶及燭台一起供奉在佛前。

9. 漉水囊：又稱「濾水羅、漉囊、漉袋」，指濾過水中蟲子避免殺生的布囊。

10. 手巾：擦手的布。

11. 戒刀：僧人用於裁衣、剃髮、剪指的刀子，而之所以稱為「戒刀」，是提醒出家人要嚴守戒律。

12. 火燧：打火的器具。

13. 鑷子：用於拔鼻毛或次的器具。

14. 繩床：又稱「坐床、坐禪床」，用於打坐。

15. 經：即佛經。

16. 律：記載戒律的律本。

17. 佛像：隨身攜帶以便隨時供養。

18. 菩薩像：同佛像是隨身攜帶以便隨時供養。

　　而在這十八種道具中又以「三衣」和「缽」最為重要，只要有這兩種道具就可滿足基本的修行生活，因此兩者合稱「三衣一缽」，簡稱「衣缽」。比丘在入滅（入涅槃）前要將這兩樣道具傳給門人，作為傳法的信物，因此稱為「傳衣缽」，也就有了現在的意思。

1. 華語語彙因佛教流行、譯業勃興而豐富,請問下列何者不是出自佛教語彙?(2018年)

   (A) 一塵不染
   (B) 天花亂墜
   (C) 首鼠兩端
   (D) 須彌芥子

   答案:(C)

   解釋:「首鼠兩端」出自於《史記·魏其武安侯傳》。「首鼠」描述老鼠個性多疑,要出洞時常不能決定是要進或要退;「兩端」指拿不定主意,該句成語的意思是指在兩者之間猶豫不決、搖擺不定的樣子。

2. 中國古代各行各業都有特定的崇拜神祇,下列哪一個選項不正確?(2016年)

   (A) 戲班祀奉李隆基
   (B) 醫師祀奉孫思邈
   (C) 木工祀奉魯班
   (D) 酒家祀奉李白

   答案:(D)

   解釋:造酒業多祀奉杜康,部分祀奉儀狄。

3. 佛教對藝術的影響,最主要的是:(2016年)

   (A) 佛教的繪畫、雕塑與建築
   (B) 悅耳動聽的梵唄淨音
   (C) 佛語、佛典、佛偈成為常用的成語
   (D) 長篇歌曲、說唱文學

   答案:(A)

   解釋:佛教對藝術的影響較大的包括繪畫、藝術、雕塑及民俗文化,現存的歷史遺跡也較多,但文學及音樂方面則相對較少。

4. 佛教影響中華文化,東傳到日本後也對日本影響甚鉅。臺北著名的善導寺、西本願寺,便是佛教東傳到日本後,再傳到臺灣的廟宇。請問善導寺和西本願寺是屬於佛教中的哪一個宗派?(2016年)

   (A) 眞言宗
   (B) 律宗
   (C) 淨土宗
   (D) 華嚴宗

答案：(C)

解釋：佛教淨土宗傳入日本後形成了日本淨土宗，由法然上人所創立，以唐朝名僧善導大師為高祖。「善導寺」原名「淨土宗臺北分院」，是日本總本山「知恩院」在臺北的分院，其寺以淨土宗高祖「善導」為名。「西本願寺」是在臺灣日治時期所建立的淨土宗寺院，原名為「淨土真宗本願寺派臺灣別院」。

5. 關於文明的特色，下列選項何者不正確？（2013年）
(A) 儒家文化崇尚尊師重道　　　(B) 基督教文明強調平等博愛
(C) 伊斯蘭文化重視輪迴　　　　(D) 神道教屬於泛靈多神信仰

答案：(C)

解釋：重視輪迴的是佛教。

6. 一進中國寺廟的大門，會看到「四大天王」手中各持一物，象徵風調雨順，下列選項何者不在四大天王的持物中？（2011年）
(A) 雨傘　　　　　　　　　　　(B) 小蛇
(C) 寶劍　　　　　　　　　　　(D) 香扇

答案：(D)

解釋：「四大天王」又稱「四天王」、「護世四天王」、「四大金剛」等，是佛教中的護法神，象徵風調雨順。四大天王分別為：南方增長天王，屬於「風」，手握寶劍；東方持國天王，屬於「調」，手持琵琶或阮琴；北方多聞天王，居四天王之首，屬於「雨」，左手握銀鼠，有手持寶傘；西方廣目天王，屬於「順」，手持書卷或筆，而在佛教的形象中手上還纏有龍或蛇。

7. 下列何者源於中國古代的神仙信仰和方仙之術，並於東漢末年開始發展？（2010年國內版）
(A) 道教　　　　　　　　　　　(B) 儒教
(C) 佛教　　　　　　　　　　　(D) 明教

答案：(A)

解釋：神仙信仰及方仙之術都是道教的信仰根基，道教於東漢中後期
正式形成。「明教」即為「摩尼教」（或稱「牟尼教」），是
波斯帝國先知摩尼所創，吸收了祆教、基督教及佛教的思想而
成。

8. 傳統道教重養生煉丹，對疾病治療、藥物採集審定貢獻良多，下列
何者是道教人物？（2010年國內版）

(A) 葛洪　　　　　　　　　　　(B) 紀昀

(C) 和珅　　　　　　　　　　　(D) 蕭衍

答案：(A)

解釋：葛洪是東晉著名的陰陽家、醫學家、煉丹術家，是道教著名的
人物之一，著有《抱朴子》一書，闡述道家思想。紀昀，字曉
嵐，即大家所熟知的清朝乾隆時期著名學者紀曉嵐，其貢獻之
一為修纂了《四庫全書》。和珅是清朝乾隆時期的政治家，初
期一心效忠國家，後掌握大權，開始聚斂錢財，是歷史上著名
的貪婪官員。蕭衍則是梁武帝，學識淵博，具有軍事及政治長
才，少年時期習儒，成年後改信奉道教，到了晚年則開始研讀
佛經。梁武帝除了是一位君王以外，在經學、史學、文學及宗
教等方面也有一定的成就。

9. 下列何者於四、五世紀之交，在中國大量翻譯佛經，培養深解佛理
的弟子，使佛教深植中土，並開創了禪宗一派？（2010年國內版）

(A) 釋道安　　　　　　　　　　(B) 鳩摩羅什

(C) 玄奘　　　　　　　　　　　(D) 達摩

答案：(D)

解釋：禪宗的祖師為菩提達摩（簡稱達摩），是南天竺人（南印度
人），被後世尊稱為「達摩祖師」，將佛教禪宗帶入中國。釋
道安是魏晉南北朝時期的高僧，也是淨土宗祖師慧遠的老師。

鳩摩羅什（簡稱羅什）是西域龜茲人，也是著名的佛經譯師，其翻譯成中文的大乘佛經包括《金剛般若波羅蜜經》（簡稱《金剛經》）、《妙法蓮華經》（簡稱《法華經》）、《大智度論》等。玄奘是中國佛教法相唯識宗的創始人，其代表著作爲《大唐西域記》[6]及《成唯識論》等，同時也翻譯了許多佛教經典，包括《大般若經》等。

10. 佛教傳入中國漢族地區，大約始於公元一世紀。下列佛教宗派，以哪一派勢力最大，影響也最深遠？（2010年國外版-1、2010年國外版-2）

(A) 禪宗　　　　　　　　　　(B) 密宗
(C) 華嚴宗　　　　　　　　　(D) 天臺宗

答案：(A)

解釋：佛教分爲大乘及小乘兩派，隋唐以來以大乘佛教較爲興盛，包括天臺宗、三論宗、華嚴宗、法相宗、律宗、淨土宗、密宗及禪宗等八個宗派，其中又以淨土宗及禪宗對中國的影響最大。而禪宗盛行於中國江南以南，包括廣東及福建等一帶，是中國佛教各宗派中流傳時間最長且影響最大的一派，甚至也影響了日本、朝鮮半島及越南等漢字文化圈。

11. 道教是產生於中國本土的宗教，下列何者不是道教的詞彙？（2010年國外版-1、2010年國外版-2）

(A) 陰曹　　　　　　　　　　(B) 涅槃
(C) 閻王　　　　　　　　　　(D) 鬼道

答案：(B)

解釋：「涅槃」是佛教用語，意謂寂滅、滅度、無爲、解脫、圓寂等，現指佛教上師等修行者過世時尊稱爲「涅槃」。

6　該書是玄奘的弟子將其口述編輯成書。

12. 道教開始建立有系統的神仙譜系，是哪一本書：（2009年國內版）

　　(A)《抱朴子》　　　　　　　(B)《列仙傳》

　　(C)《眞靈位業圖》　　　　　(D)《道德經》

答案：(C)

解釋：陶弘景著有《眞靈位業圖》一書，在書中將道教所崇拜的七百多位神仙按照等級及品位構成一個神仙譜系。《抱朴子》是東晉葛洪所寫，分內外兩篇，是道教經典之一，內容討論葛洪對於道家思想及煉丹修道的方法。《列仙傳》的作者不可考，但有一說是西漢時期劉向所寫，該書內容寫的是神仙人物的傳記及事跡，認爲世上存在著神仙，凡人只要經過一定的修練也可成仙，是神仙傳記的先河。《道德經》傳說是春秋戰國時期老子所寫，又稱《道德眞經》，道家學派奉爲創始經典典籍，內容討論處世哲學。

13. 佛教文化影響華語深遠，有許多成爲日常生活用語，下列何者是受佛教影響的詞語：（2009年國內版）

　　(A) 金童玉女　　　　　　　(B) 善男信女

　　(C) 瓊漿玉液　　　　　　　(D) 洞天福地

答案：(B)

解釋：「善男信女」源自大乘佛經中，包括《金剛經》、《法華經》、《佛說阿密佛陀經》等典籍都提過「善男」及「信女」二詞。「金童玉女」是道家中侍奉仙人的童男童女，後泛指天眞無邪的男孩和女孩，現在的意思則與「才子佳人」相似。「瓊漿玉液」是中國神話中，王母娘娘舉辦盛會時準備的佳品，傳說喝了之後可以成仙，現在將之比喻成美酒。「洞天福地」與道教傳說有關，是道教信徒口中神仙居住的地方，多在中國知名的山脈中，現在比喻爲風景優美之處。

14. 魏晉南北朝時代佛教譯經貢獻最大者為以下何人？（2009年國外版）

(A) 慧遠　　　　　　　　　　　(B) 鳩摩羅什

(C) 慧能　　　　　　　　　　　(D) 道安

答案：(B)

解釋：鳩摩羅什是東晉時期的西域龜茲人，是漢傳佛教著名的譯師，其譯著包括《金剛般若波羅蜜經》、《大智度論》、《妙法蓮華經》等，對東亞佛教經典的貢獻極大。鳩摩羅什等翻譯的經卷一般被稱為「舊譯」，而後唐朝玄奘等人的譯經則被稱為「新譯」。慧遠是東晉的高僧，因弘揚西方淨土法門而被尊稱為淨土宗初祖。慧能（惠能）是唐朝高僧，是漢傳佛教禪門南宗祖師，世稱「禪宗六祖」，與北宗神秀分庭抗禮。道安（釋道安）是魏晉南北朝高僧，是慧遠之師，其最大的貢獻之一是確立「釋姓」。初期的佛教修行者以師為姓，故姓氏各有不同，道安認為佛教的根本導師為釋迦世尊，因此定下「以釋命氏」的原則，後世出家修行者皆以「釋」作為姓氏。

15. 佛教傳入中國後獲得相當的發展，成為中國文化思想的一部分而有自己的傳統，其中最具突破性的是：（2009年國外版）

(A) 大乘佛教　　　　　　　　　(B) 禪宗思想

(C) 宋明理學　　　　　　　　　(D) 民間信仰

答案：(B)

解釋：禪宗是對中國漢傳佛教影響最大的支派之一，盛行於中國江南一帶，更遠播漢字文化圈的國家。而禪宗的盛行也影響了中國的文學、繪畫及飲食等。文學方面，唐朝王維及孟浩然、宋朝的蘇東坡都作有許多禪詩或禪作。繪畫方面以宋朝廓庵師遠的《十牛圖》最為有名，畫中表現出禪宗摒棄人執（我執）及心性妙圓的理念。飲食方面則是在許多地方或廟宇提供素食齋房等。

16. 下列哪一種非佛教特有建築？（2008年國內版、2008年國外版）

    (A) 寺院　　　　　　　　　　(B) 寶塔

    (C) 經幢　　　　　　　　　　(D) 華表

答案：(D)

解釋：華表又稱表木、桓表、神道柱，是中國傳統的建築形式，是用
以表示王者納諫或指路的木柱或圖騰柱。如北京天安門城樓內
外的兩對華表以有五百多年的歷史，臺北國立故宮博物院中軸
線步道的兩側亦設有華表。

17. 道教是產生於中國本土的宗教，下列何者不是原始道教的淵源？
（2008年國內版、2008年國外版）

    (A) 古代巫術　　　　　　　　(B) 多神崇拜

    (C) 神仙傳說　　　　　　　　(D) 因果輪迴

答案：(D)

解釋：「因果輪迴」是佛教的理論基礎之一。

18. 下列何種文學體裁與佛教的關係最密切？（2008年國內版、2008年
國外版）

    (A) 駢文　　　　　　　　　　(B) 變文

    (C) 古文　　　　　　　　　　(D) 八股文

答案：(B)

解釋：唐朝的僧侶為了使過於艱澀難懂的佛經以通俗易懂的方式
傳講，因此將佛經以講唱的方式呈現，其文學體裁即為「變
文」。至於「駢文」指的是中國古代特有的文言文文體，秦漢
時期產生，魏晉及南北朝時期最為興盛，到了宋朝時期沒落，
清朝時期又重新盛行。「駢文」又稱為「四六文、駢儷（駢
麗）、駢體」，句式多由四字、六字及對仗所寫成，講求平仄
相對、韻律協調、辭藻雕琢、多用典故。而「古文」是中國古
代散文的文體，形式較駢文自由。魏晉南北朝盛行的駢文過於

華而不實，因此唐朝文學家韓愈及柳宗元提倡「古文運動」，宋朝歐陽修提拔古文人才，古文運動正式成功。古文的特點是不重視音韻、辭藻及對仗，但要求寫作時須言之有物。而「八股文」指的是明清時期考試制度的特殊文體，「八股」指的是文章的八種格式，包括破題、承題、起講、起股、中股、後股、束股及大結。

19. 佛教宗派中，何者特重念佛？（2008年國內版、2008年國外版）

(A) 唯識宗　　　　　　　　　(B) 淨土宗

(C) 禪宗　　　　　　　　　　(D) 華嚴宗

答案：(B)

解釋：淨土宗，又稱蓮宗，以唸「南無阿密陀佛」為行門，修行方式較其宗派別簡易，因此廣為流行。

20. 「菩提本無樹，明鏡亦非台；本來無一物，何處惹塵埃。」此詩是佛教史上那一個宗派對佛理的釋義？（2008年國內版、2008年國外版）

(A) 禪宗　　　　　　　　　　(B) 密宗

(C) 天台宗　　　　　　　　　(D) 華嚴宗

答案：(A)

解釋：該句出自於禪宗六祖慧能大師，與禪宗五祖弘忍大師的弟子神秀有關。禪宗五祖為了挑選衣缽傳人，因此讓門徒各寫一偈（與佛教有關的詩作），以檢驗誰能頓悟佛法的真義。其徒之一神秀寫了「身是菩提樹，心如明鏡台，時時勤拂拭，勿使惹塵埃。」後慧能回上一偈「菩提本無樹，明鏡亦非台，本來無一物，何處惹塵埃。」後弘忍大師將衣缽傳給了慧能，慧能成為禪宗第六祖。

21. 唐宋以後，佛教逐漸出現「家家觀世音，戶戶阿彌陀」的盛況。其所以能有如此優勢，主要原因為何？（2008年國內版、2008年國外版）

(A) 教義思想的中國化　　　　　　(B) 僧侶積極布施

(C) 士大夫的崇信與提倡　　　　　(D) 寺院財產非常龐大

答案：(A)

解釋：在唐朝，佛教從上層社會開始往民間滲透，並符合中國人民的傳統思想及需要，教義及禮儀方面都逐漸影響了人民，使佛教廣為盛行。

22. 泰國的華人對信仰，向來都是佛、儒、道、神全膜拜，所以各地方都建立許多神廟。其原因何者錯誤？（2008年國外版）

(A) 作為精神上的寄託　　　　　　(B) 傳承家鄉之風俗信仰

(C) 建廟為了還願　　　　　　　　(D) 建廟以彰顯身分地位

答案：(D)

解釋：早年華人移民海外為加強彼此之間的聯繫與幫助而成立各種社會組織，其中一種即是建立廟宇。華人移居海外並將信仰帶到海外，興建廟宇，以此懷念故土、寄託心靈、延續神明崇拜的需要，也作為人際交往活動的場所。因此泰國華人建廟與彰顯身分地位無直接關係。

第五章
中華傳統習俗與禁忌

第一節　出生禮俗

出生禮俗包含從孕期至嬰兒出生後所應遵守的禮儀及應避免的禁忌。傳統華人認為「結婚生子」是人生大事，婚後盡快有孕始能為夫家傳宗接代。而懷孕時為求胎兒健康，也衍生出許多禁忌。

一、孕期中

女子有孕是喜事，也是人生大事。為保腹中胎兒順產，民俗裡有許多禁忌。閩南語中有句俗諺「生得過雞酒香，生不過四塊板」，是因過去農業社會中醫療不似現在發達，接生的產婆多半不具有醫療知識，因此孕婦產子有其死亡風險，故該句俗諺的「四塊板」指的就是棺木。懷孕期間一切已胎兒為重，因此民間對於孕婦也有諸多要求及禁忌。

1. 孕期未滿三個月不說：胎兒在未滿三個月之內的元神較不穩定。容易因為沖煞等事而離開，因此忌諱在滿三個月之前告知眾人有孕。

2. 不可搬動家中擺設及搬家：民間相信懷孕之後就有「胎神」在旁，而胎神就是胎兒的元神，因此若搬動家中物品或是搬家，恐傷及胎神，並影響胎兒的安全。

3. 孕婦忌拿剪刀、釘子及針線：與上述的胎神有關，一般相信胎神會在家中走動，因此若孕婦拿剪刀、針線或釘釘子，恐會傷到胎神，生下的孩子也會有身體上的缺陷。

4. 忌參加婚禮及喪禮：婚禮及懷孕都是人生喜事，因此若孕婦參加婚禮容易「喜沖喜」，表示其中一方會有不幸之事。而不參加喪事則是避免沖煞到胎兒。

二、產後

產後最重要的就是產婦須「坐月子」，這是華人文化中的重要特色之一，也是從古至今多數產婦仍遵循的習俗。坐月子的習慣已有兩千多年的歷史，與坐月子有關的記載最早見於西漢《禮記・內則》，當時稱爲「月內」，但內容主要說明生產時的過程與禁忌，無明確提到坐月子的相關事宜，到了明朝才出現「月子房」一詞。古人認爲女子產後氣血虛弱，須靜養一個月讓身體恢復，因而在坐月子期間有許多禁忌。傳統的禁忌包括產後三日之內不可下床、一個月之內不外出、禁止產婦過勞、禁洗頭沖澡等。其中禁止外出及沐浴與其他文化有較大的差異，因過去認爲女子產後皮膚毛孔皆呈張開狀態，因而易招風寒，故應避免外出及沐浴以防受寒，使身體更爲虛弱。坐月子期間，禁屬虎者、新婚者、帶喪者、孕婦等人進入月子房，避免因相剋而招來不幸。坐月子期間，產婦也需靠食補來恢復體力，且一般禁飲白開水，並要求產婦多喝湯及茶飲。

三、出生禮

嬰兒出生後至周歲有許多習俗，如三朝、報酒、剃頭、滿月、周歲等。

(一)三朝

嬰兒出生之後第三天稱爲「三朝」，在這天所舉行的出生禮儀稱爲「三朝禮」或「洗三禮」。三朝這天父母要匯集親友爲出生的嬰兒舉行沐浴儀式及給予祝福，稱爲「洗三」，民間視「洗三」爲大吉之禮。洗三的目的除了祈求福氣及平安順利以外，也表示洗滌污穢及消災解厄。爲嬰兒沐浴時，傳統上會在澡盆裡放入橘子葉、桂花心及三顆小石頭。橘子葉象徵繁榮及甘甜，桂花心象徵富貴榮華，小石頭象徵爲嬰兒做膽，有的地方還會放入銅錢，表示吉利。洗完澡後換上新衣並準備祭品祭拜祖先。

(二)報酒

「報酒」與「三朝」在同一天進行，夫家在「洗三」之禮完成後，夫家要準備禮物送到外家，通知外家外孫已出生，外家則會回贈補品給產婦調養身體。另外也會準備雞酒及油飯分送親朋好友，一同慶祝新生命的到來。

(三)剃髮

剃髮就是「剃胎毛」，一般在出生後第二十四天或滿月時剃，其意義包涵去除穢氣、一生圓滿及希望剃髮之後的頭髮能長得濃密。若選在第二十四天剃髮，則是以「二十四孝」作爲寓意，希望孩子未來能孝順長輩。

(四)滿月

滿月，或稱彌月，是指嬰兒出生後滿一個月所舉行的儀式或慶祝活動，因此宴請親朋好友的活動就稱爲「滿月酒」。嬰兒滿月當天傳統上須先將嬰兒洗好，再接受大家的祝福，而親友也會送上帶有吉祥寓意的飾品或物品送給嬰兒，如長命鎖、銀腳環等，祈求嬰兒去邪避難、長命百歲，稱爲「送庚」。古時的習俗則是請親朋好友吃湯餅（類似湯麵），因此也稱爲「湯餅宴」。嬰兒滿歲時，父母爲了分享喜悅，多會準備「彌月禮」給家人和朋友。在傳統社會中若生的是兒子就會分贈雞腿、油飯及紅蛋給親朋好友，生女兒多不會送禮，這可能也跟過去「重男輕女」的觀念有關。但現在無論生兒生女，滿月時會按照嬰兒性別而贈送不同的彌月禮，一般生男孩兒會送雞腿油飯和紅蛋，生女孩兒則送蛋糕。現代人爲了方便，有時生兒子的也用蛋糕來取代雞腿及油飯作爲彌月禮。

(五)百歲

嬰兒出生後第一百天舉行「百日宴」或稱「百日酒」，俗稱「百歲」，古稱「百晬」，嬰兒在當天須穿上百歲衣，帶上百歲鎖，其意義在

於祈求孩子長命百歲。古代習俗在百日時舉行「認舅禮」及「命名禮」。

㈥收涎

收涎在嬰兒出生後滿四個月舉行，傳統上當天須準備牲禮祭拜祖先，且娘家需準備「頭尾禮」送給嬰兒，祈求平安。所謂的「涎」就是「口水」，「收涎」就是希望嬰兒收起流口水的習慣，因此一般會準備12或24個酥餅，並用紅線串起，再掛於嬰兒胸前，由父親或母親抱著，請參加收涎禮的親朋好友分別取下酥餅，在嬰兒唇上稍微沾抹，並說吉祥話。收涎除了有希望嬰兒不再流口水的期望以外，也祈求來年能再得子。

㈦周歲（抓周、度晬、試晬、試周、拿周、試兒、拈周）

抓周約始於魏晉南北朝時期，主要目的在於透過嬰兒自行選取的物品來預測未來的發展，因此會準備與各種行業相關的代表物品。抓周前應先準備紅龜粿祭拜祖先，然後再進行抓周儀式。大致而言，抓周時會準備十二樣、十八樣或是二十四樣物品，如書本（智者）、印章（官）、算盤或計算機（財富）、聽診器（醫生）、筆墨（畫家或作家）、蔥（聰明）、雞腿（有口福）、尺（建築師）、球類（運動員）、樂器（音樂家）等等。隨著時代的改變，所賦予意義的物品也有所改變，現準備的抓周物品已較無一定的限制。

第二節　婚禮禮俗

一、婚禮

現在常用「結髮夫妻」來形容兩人結為夫妻。「結髮」本指「束髮」，在古代男子二十歲、女子十五歲時都須束髮，男子束髮加冠行「冠禮」、女子束髮加笄（髮簪）行「笄禮」，都是成年禮的一種，兩種束髮都稱為「結髮」。《禮記·曲禮上》提到，「女子許嫁，纓。」這裡的「纓」是一種五彩絲繩，女子在答應婚事之後就會用「纓」來束髮，表示

已有成婚對象，直到婚禮當天晚上才由新郎解下，所以「纓」也是夫妻關係的信物。此外，「結髮」還有成婚的意思，古代舉行婚禮時，夫妻會在新婚之夜並坐，男左女右兩人各取一撮頭髮相互纏繞後綁在一起，象徵兩人永結同心、感情堅定，因此稱爲「結髮」，後以「結髮夫妻」比喻夫妻，並以「髮妻」稱呼妻子。

　　舊時社會的婚姻多由父母決定，加上過去重男輕女的觀念，因此也有了許多傳統的成婚形式，如指腹婚、門當戶對、相親、童養媳等。指腹婚又稱爲「胎婚」，是兩個門戶相當的婦人同時有孕，父母爲其腹中胎兒約定婚約。指腹婚的決定方式是孕婦相互割下衣襟並交換，作爲婚約證明。根據史料紀載，指腹爲婚最早約出現於漢朝，當時多指流行於上層社會中，到了南北朝時才傳向民間，在古代中國封建制度中相當流行。指腹婚確立關係後，若雙方產下一男一女則結爲夫妻，若同爲男孩或女孩則結爲兄弟或姊妹。而封建制度中也相當重視結爲連理的兩家人必須「門當戶對」，彼此不可相差甚遠。之所以用「門當戶對」來指稱婚姻關係中雙方家庭、地位及經濟等狀況相當，其實該詞語與古代建築有關。古代建築中，「門當」及「戶對」是用來鎮宅的東西，與風水有關。「門當」是古代建築大門前的一對石鼓，具有避邪鎮宅的作用；「戶對」則是門楣上或兩側的雕刻（磚雕或木雕），以花草或吉祥語爲主，具有祈求人丁旺盛之意。「門當」跟「戶對」都以雙數爲主，且根據社會地位而有不同的數量限制，因此從「門當」及「戶對」就可判斷該家主人的身分地位及財富。演變到現在，「門當戶對」就成了男女雙方的家庭狀況、經濟條件、社會地位、教育程度等方面情況相近，身分相等，適合結婚。

　　相對於現在的自由戀愛，過去的傳統婚禮禮節還有相親，或稱「相門戶」、「對看」。古代男女在婚前時會先交「庚帖」[1]，確認兩人八字無相沖之後就交由媒人聯繫雙方父母討論婚事，但舊時社會中，相親之時男

1　「換庚」或稱「換庚帖」，是指男女雙方相換年齡的資料。在嫁娶前若男女雙方八字無所相沖就可交換庚帖，做爲訂婚的依據。庚帖上會寫明訂婚者的出生年、月、日、時等。

女當事人並不相見，而是交由雙方父母決定一切事宜。男方到女方家時，相親女子會親自準備煮熟的雞蛋（俗稱「月老蛋」）給男方及其家人，若男方對婚嫁女子感到滿意就會吃下月老蛋，若不滿意則不動碗，以表拒絕。另外有些地方則是女方到男方家中，此時男方會準備「長壽麵」，象徵永結同心。如同月老蛋一樣，若女方對男方感到滿意則會吃下長壽麵，反之則不吃。假使雙方在相親之後無反對意見，此門婚事就算告成。現在的社會雖仍有「相親」的儀式，但已與過去社會大不相同。

童養媳又稱「童養婚」、「待年媳」，在清朝時最為普遍。「童養媳」一詞起源於宋朝，之所以產生這樣的現象與過去社會貧困有關，因老百姓生活困苦，憂心未來娶不起兒媳，因此抱養貧寒人家的女孩，待成年後再與兒子同房。在北方部分地方的童養媳也可能是有錢人家抱養或買回來照顧未成年兒子的女子，待兒子長大成人後再與之圓房。而與傳統女方嫁入男方家中相反的婚禮形式，則是「入贅」。入贅也稱「招婿」、「招贅」，俗稱「倒插門²」，是男方落戶女方家，出生的孩子隨母姓。之所以有入贅的形式出現，一來與古代母系家族婚制有關，二來是女方家無男丁，須有人傳宗接代，三則是男子家貧無力娶妻，只好落戶女方家。

二、古代婚制

古代律法中關於婚姻的婚制有「五不娶」及「七出三不去」，兩者都是古代婚姻法的藍圖。「五不娶」源自先秦時代，記載於西漢末年的《大戴禮記・本命》中，內容包含「逆家子不取，亂家子不取，世有刑人不取，世有惡疾不取，喪婦長子不取。」五者之中的「取」就是「娶」，而「逆」指悖逆、忤逆，「亂」指淫亂，「刑人」指受過割鼻等刑罰者，「惡疾」指聾、啞、盲等重大疾病者，「喪婦長子³」指的是幼年時母親

2　之所以將「入贅」稱為「倒插門」，是因古代的門旁邊有個插栓槽，鎖門時將橫栓插入，若將槽做於門外則無法鎖門，表示做門的師傅分不清裡外之別。而古代婚嫁是女子嫁入男方家中，入贅則是男方及小孩皆從妻姓，如同把鎖做反的師傅一般，因此「倒插門」有恥笑入贅男子的意思，帶有貶義。

3　此處的「子」指稱女子。

過世的女子。這些「不娶」的要求也顯現了古代女子在社會中受到歧視及壓迫。「七出三不去」是古代律法中規定夫妻要離婚的七個條件，但這個律法是以男性角度立場來制定的，換言之，只要妻子符合其中一個條件，丈夫就可以離婚（休妻）。「七出」也稱「七去」、「七棄」，亦記載於《大戴禮記・本命》中，內容包括「不順父母去、無子去、淫去、妒去、有惡疾去、多言去、竊盜去。」至於「三不去」則是為了保障已婚女子不會輕易被休棄的保障，亦即即使妻子符合上述的「七出」條件，但若有以下三種情況就不能任意被要求離婚，包括「有所取無所歸、與更三年喪、糟糠之妻不可棄」。「有所取無所歸」指的是無娘家可歸的女子，「與更三年喪」指的是曾替夫家服喪三年的女子，「糟糠之妻不可棄」指的是男子娶妻時貧賤，後來富貴。

三、婚俗

(一)六禮

《禮記・昏義》中提到：「昏禮者，禮之本也。」意思是婚禮是所有禮儀的基礎。而從許多成語、俗諺語中所呈現的「男大當婚，女大當嫁」等觀念中可知，「結婚」是一個人一生中的重要目標之一，故婚禮中有許多的禮俗必須遵守，這些禮俗沿用至今，仍深深影響華人的婚禮準備過程。

周朝開始規定男女嫁娶時須採「六禮」，即：納采、問名、納吉、納徵、請期、親迎。

1. 納采

納采又稱「采擇、合婚、說媒」，是男子選擇妻子之意，也是六禮中的第一禮。當男子中意某家女子並希望與之成婚，就會聘請媒人到女方家中說媒並送禮，並藉此試探女方意願。若女方同意，則會收下男方的納采之禮。納采的禮物因時代不同而有所差異，先秦時代使用兩隻大雁，到了漢朝時代納采禮多達三十幾種，每種納采禮都象徵吉祥之意。

2. 問名

問名俗稱「合八字」，是男方派人送信給女方，女方若同意婚事後將回信告知其姓名及生辰八字，方便於之後的「納吉」所用。這一項儀式的信物仍為大雁。另外也有些人將「問名」合於「納采」之中，統稱「納采」。

3. 納吉

納吉又稱「訂盟、文定、通書」，俗稱「送定、過定、定聘、小聘」等，是由「問名」後所得到的男女雙方的生辰八字進行卜卦，卜吉則相配，卜凶則告吹，因此納吉即是「訂婚」，是婚禮中的關鍵禮儀。納吉時也須同納采一樣用雁做禮。納吉又稱文定，而「文定」一詞的由來與周文王有關。《詩經‧大明》裡吟詠周文王說道：「文定厥祥，親迎於渭。」描寫的就是訂婚和親迎的情況。根據東漢理學家鄭玄的解釋，「問名之後，卜而得吉，則文王以禮定其吉祥，謂使納幣也。」南宋理學家朱熹的解釋則是「文，禮也；祥，吉也。言卜得吉而以納幣之禮定其祥也。」這裡鄭玄及朱熹所說的「納幣」就是六禮中的「納徵」，男方在卜得吉兆之後就可決定訂婚，準備好的聘禮就稱為「文」。男方將備好的聘禮送到女方家中即稱為「過文定」、「過定」，閩南語稱為「送定」，表示正式訂婚。

4. 納徵

納徵又稱「納幣、納成」，是男方正式給女方下聘禮，派人贈送女方各項禮物，女方若接受聘禮則表示婚事已定。納徵是六禮中唯一不會使用到大雁的儀式。

5. 請期

請期是選擇一個吉利的日子決定雙方嫁娶的時間。男方在卜得婚禮的吉日之後就會派人通知女方，徵求女方的同意，並送上大雁或鵝作為信物。

6. 親迎

親迎是結婚當天男方到女方家迎娶，並回到男方家中舉行結婚儀式。

在迎親禮中進獻大雁也是不可缺少的儀式。

　　古代傳統的六禮中除了「納徵」以外都會使用大雁作爲禮物，這與大雁的習性及傳說有關。大雁在冬季時飛往南方避冬，天氣回暖時再飛回北方，象徵守信，且據說大雁是從一而終的動物，配對後若其中一隻死亡，另一隻則終生不再接受其他對象。因此在六禮中以贈送大雁來象徵對婚姻美滿的寄託。

(二)雙喜

　　從古至今在訂婚及結婚之時都有在各項物品上貼上紅色的「囍」字習俗。「囍」字由兩個「喜」組成，是「喜」字變形而成的一種吉祥圖符，象徵喜上加喜。古人認爲人生四大喜事是「洞房花燭夜、他鄉遇故知、久旱逢甘霖、金榜題名時」，因此「一喜」是婚姻大事，另一「喜」有多重意思，包括榮華富貴、早生貴子等，但多指早生貴子，意謂期望婚後能盡快懷孕生子，故也將懷有身孕稱爲「有喜」。

(三)入洞房

　　新人完婚後即須「入洞房」，「洞房」指的是新房，因而有了「洞房花燭夜」一說，表示完婚後當天的晚上。洞房一詞最早出現於《楚辭》中，但當時並不是指新房，而是王公貴族的宅第中幽深且豪華的內室，因此洞房有「深房」的意思。到了北周時，「洞房花燭」指的是舞者在幽深的內室裡跳舞的場景，唐朝時「洞房」則指女人居住的閨房或是男歡女愛的娼家場所，到了中唐時期「洞房」才有了現在新房的意思[4]。

(四)回門

　　回門又稱「雙回門」、「走頭趟」、「拜門」、「作客」等，是出嫁女子偕同夫婿回娘家拜親的儀式，通常在婚後隔天、三天、六天、七天、

4　唐初以前將新房稱為「青廬」。

九天、十天或滿月後攜帶禮品回娘家。回門是女子婚後第一次回娘家，先秦時期已有，是所有婚禮儀式中的最後一項，代表女兒感恩父母的養育之恩，以及女婿對岳父母的感謝之意。回門由女方設宴款待，傳統上新婚夫婦須當日返回夫家，若須留宿女方家也不可同宿一室，否則對女方家人及親屬不吉利。現將回門稱爲「歸寧[5]」。

㈤現代六禮及十二禮

「六禮」及「十二禮」都是源自古代男方準備給女方的聘禮。傳統上由男方準備十二禮，但隨著時代的遷移，爲了方便起見而簡化爲六禮。每個地區所準備的六禮或十二禮有部分差異，但大致上而言，今日常見的六禮包括盒裝餅、日頭餅、禮香及炮燭、六色喜糖、聘金和金飾，以及頭尾禮。盒裝餅爲漢餅或西式喜餅，日頭餅又稱中式大餅，禮香及炮燭是用來敬告祖先家中有喜事，六色喜糖多爲冬瓜糖、冰糖、桔餅、喜糖、龍眼及花生（或米香）。聘金又分大聘及小聘，大聘約爲三十六萬，小聘約爲十二萬，但實際數字仍可由雙方討論後決定。頭尾禮是給新娘從頭到腳共六件或十二件衣物。而十二禮則是在上述的六禮之外加上酒、麵線、糯米及紅糖、全豬、閹雞、喜花及罐頭。酒的數量爲12瓶或24瓶，24瓶代表一年之中的二十四個節氣，以此象徵一整年的平安順遂。麵線則象徵兩人千里姻緣一線牽，互結連理。全豬也可用半豬、豬腿或火腿代替，表示男方對女方的誠懇之意。閹雞可用生雞或鴨母代替，古禮爲六隻，象徵朝氣蓬勃、起家興業。喜花是新娘別於頭上的頭花，喜花及罐頭象徵吉祥如意。

除了男方致贈女方的六禮或十二禮以外，女方收到聘禮之後也會予以回禮。回禮時以六禮爲主，盒裝餅及日頭餅一般回贈六盒或十二盒，現亦可與男方討論後回贈需要的數量。禮香炮燭及六色喜糖各回贈一半，

5　在古代還有一種迫不得已返回娘家的，稱為「大歸」，通常是因亡國、犯了舊時七條之出、遭夫拋棄等情況時。

聘金收受與否因人而異，頭尾禮則爲給新郎從頭到腳共六件（或十二件）衣物。而女方準備的十二禮除了上述六禮之外，還包括木炭、穀麥、黑砂糖、肚兜（肚圍）、緣錢及鉛線、蓮蕉花及芋葉。木炭象徵興旺家業，以及婚後新人感情濃烈。穀和麥象徵衣食無缺，黑砂糖象徵甜蜜和睦及甜言蜜語。肚兜內一般放置紅包，象徵新郎加官晉爵、事業能鴻圖大展。緣錢及鉛線象徵女方與婆家結緣，期盼婚後相處融洽。而蓮蕉花及芋葉亦可用蓮藕及芋頭代替，這兩種植物繁殖力強，以此象徵多子多孫多福氣。

㈥再婚

過去男子再娶稱爲「續絃」，這是因爲過去以琴瑟象徵夫妻，並以「琴瑟和鳴」比喻夫妻感情融洽，因此喪妻稱爲「斷絃」，再娶稱爲「續絃」。而女子再嫁則稱爲「再醮」（或稱「再蘸」），但舊時社會中女子沒有家族中長輩的同意是很難再婚的。現在無論男女都稱爲「再婚」。

四、婚禮要求及禁忌

結婚乃人生大事，古今重視婚禮習俗，而婚禮禮俗中規範著華人的結婚事宜，其中也衍生了許多與婚禮相關的要求及禁忌。婚禮要求及禁忌因地、時、人而有所不同，以下列舉出幾個常見的婚禮要求及禁忌：

㈠雙數爲吉

在數字方面，華人社會中認爲雙數爲喜事、單數爲喪事，因此婚禮中任何人、事、物都應遵守雙數的原則，但須避免數字「4」，因「4」與「死」音近，故忌諱之。除了「4」以外，舉凡「2、6、8、10、12」等都是吉祥的數字，因此諸如禮車、迎親人數、伴郎伴娘人數、互贈禮品等都應以雙數爲主，象徵「成雙成對」。

㈡新娘忌吃喜餅

舊時認爲若新娘婚禮前食用自己的喜餅，則婚禮當天將有月事來臨，代表不潔。另一種說法則是認爲新娘吃自己的喜餅會把喜氣吃掉。

(三)新郎忌獨睡新床

新床安置後至結婚當天，新郎不可獨睡新床上，否則有婚後孤獨的可能。

(四)新娘服裝忌有口袋

新娘的服裝若有口袋象徵會將娘家的錢財帶走，因此衣服上忌有口袋。

(五)姑嫂迴避

新娘出門及當新郎將新娘迎娶至家中時，姑姑與嫂子均須迴避，因「姑」與「孤」同音，「嫂」與「掃」同音，都表示不吉利。

(六)喜沖喜

喜沖喜包括一家在一年內不宜舉辦兩次婚禮、婚後四個月之內不參加他人婚禮、懷孕婦女忌參加婚禮[6]、禮車（花轎）與禮車（花轎）相逢會帶來不祥[7]等。

(七)忌農曆四月至九月完婚

在臺灣傳統習俗中忌諱在農曆四月至七月完婚。臺灣人認為「四」與「死」音近，與「四」相關之事多會避免，因此忌農曆四月結婚。農曆五月的「五」與「誤」音近，有「此一婚姻乃錯誤之舉」的意思，因此避免在農曆五月結婚。農曆六月完婚有「半年妻」之意，表示婚後不久會有不幸之事發生。農曆七月俗稱「鬼月」，諸事不宜。與土地公有關且較大的祭日為農曆二月初二及八月十五，因此民間認為在農曆八月結婚恐會娶到土地婆，而土地婆生性跋扈，若在八月結婚可能會娶到與土地婆一般脾氣

6　傳統上認為「新娘神」比「胎神」大，因此孕婦參加婚禮恐對孕婦本身及胎兒不利。

7　其解決的方法是雙方媒人拿出事先準備的花來交換即可，俗稱「換花」，或是以互相燃放鞭炮的方式來化解。

暴躁之妻。「九」與閩南語的「狗」同音，且農曆九月中有「霜降」一節氣，「霜」與「喪」音近，再加上九月秋意漸濃，有「秋殺之氣」，因此也忌諱在農曆九月結婚。另外，有兩個立春節氣的年度稱爲「孤鸞年」，亦有「孤獨」之意，不宜結婚。

㈧百日內完婚

若在婚禮前夕新人其中一方家有喪事，則應於百日之內完婚。百日完婚應一切從簡，不可過度張揚。若無在百日內完婚，則應於喪事滿一年（即「對年」）後擇日舉行。

㈨年齡禁忌

一般忌諱新人彼此相差三、六、九歲，另外民間相信男人逢九必遇厄運，因此亦有逢九不結婚的習俗，即十九、二十九、三十九、四十九歲等不宜結婚。

㈩吃姊妹桌

臺灣傳統婚禮中有「吃姊妹桌」的習俗，通常在婚禮前一天晚上或婚禮當天清晨進行，新娘與家人同桌吃飯，象徵離別，也藉此感謝父母的養育之恩。同桌人數須爲偶數，多爲新娘的祖父母、父母或兄弟姊妹等。姊妹桌一般會準備十二道菜，包括雞、菜頭、芹菜、魚……等，每道菜都有其吉祥寓意，盼望新娘婚後生活幸福。

(十一)擲扇

新娘坐上禮車離開娘家時須丟擲包有紅包的扇子。擲扇的意思有改掉在娘家的壞脾氣、棄娘家姓改隨夫姓、將福氣留給娘家[8]三種意義。擲扇後由新娘的兄弟撿起扇子藏放於衣袖中，表示「藏拙」（藏起新娘的壞脾氣）。

8　「扇」與「善」同音，表「留善給娘家」之意。

⒀潑水

新娘搭車離開娘家時，女方父或母手持一盆水，待禮車離去後將手中的水潑至地上，有「嫁出去的女兒，潑出去的水」之意，表示女兒出嫁後即為夫家人，應善盡相夫教子之責。

⒁撐米篩或黑傘

新娘拜別父母後離家時及抵達夫家時，須由媒人手拿米篩或黑傘置於新娘頭上。米篩的由來與中國民間傳說《桃花女鬥周公》的故事有關。傳說周公精通算面，但同村有一桃花女亦通命理，常與周公起爭執。周公假意迎娶桃花女，卻選擇了具有各種凶煞之日，欲以此害死桃花女。其中桃花女以印有八卦的米篩遮住頭部以擋「日遊神煞」，避免招致不幸。但使用米篩多僅限於結婚時未有身孕的女子，若已有身孕則改以黑傘代替，避免米篩上的八卦銳利傷到胎神。另有一說是因為結婚當天新娘地位最高，但不能高過天，因此以米篩或黑傘遮蔽。至於選擇黑色的傘是舊時認為女子出嫁應為處子之身，帶孕而嫁有辱家門，因而使用黑傘。另外黑傘多有傘把，也以此期盼腹中胎兒為男生，能為夫家傳宗接代。

⒂過火爐、踩瓦片

新娘進入男方家中時還須過火爐及踩破瓦片。過火爐表示破除新娘不好的運氣，以期進門後融入夫家，並將好運帶到夫家。瓦片象徵新娘的處子之身，新婚之後就要「破身」，並期盼早日為夫家添丁。

⒃不踩門檻

新娘進入男方家中時須跨過門檻，不可踩踏，避免將家運踩壞，或是不可挑戰翁姑（公婆）權威。

⒄屬虎者迴避

華人社會裡認為虎會傷人，因此生肖屬虎者應避免觀禮，以免造成新人不睦。

第三節　喪禮禮俗

喪禮又稱葬禮、喪葬、白事、後事等，是人一生中最重要的禮俗之一，也是最後一個禮俗。世界各地依其文化傳統而有不同的喪禮習俗。中華文化傳統中，雖依不同地區而有不同的喪禮習俗及禁忌，但大仍有部分的共通性。傳統葬禮的主色調是白色，稱為「帛事」，以白色表喪事與喜事的紅色相對，現在亦有人改以穿著黑色喪服。舉行喪禮時須遵守喪儀、喪服制及孝服制。而中華文化中多信奉佛教及道教，因此喪禮也融合了這兩個宗教的儀式。

人在斷氣後一般會放置遺體八小時，且親人須陪同在旁念經祝禱。之所以有八小時的念經儀式，是民間相信死者的靈魂尚未完全脫離遺體，為了避免死者因遺體被移動而影響前往西方極樂世界的意念，故須等死者斷氣八小時後再行換衣等儀式。

一、葬禮形式

中國境內民族眾多，依照其民俗文化也有不同的葬禮形式，如土葬、火葬、海葬、天葬、水葬、懸棺葬等。漢族多為土葬，《周禮》提到：「眾生必死，死必歸土。」因此土葬可算是漢族的代表葬禮，而從土葬的規模也可用來判別死者的階級和社會地位，《周禮》裡對傳統土葬還有詳細的說明及規定，古代時甚至還有人殉葬。隨著時代的變遷，人們的環保意識提高，除了傳統土葬以外，也有火葬、樹葬、花葬及海葬等葬禮形式。

二、喪禮流程

各地的喪葬流程可能因文化、宗教習傳統習俗而有所不同。在此說明的是臺灣地區的喪禮流程，流程又分傳統版及簡易版。傳統的喪禮流程約有三十個[9]：

9　喪禮流程資料參考於「臺北市殯葬管理處」。

㈠遺體安置

傳統上人死後應將遺體置於大廳，並以男左女右、頭內腳外的方式放置遺體，再選擇適當的日子入殮。現今大多是死者過世後送至殯儀館冰存遺體。另外按照習俗須在門口焚燒一輛紙轎車供死者前往陰間，因此也稱「燒魂轎」。

㈡舉哀（變服）

亡者家人服喪期間傷心痛哭以表哀慟，是為「舉哀」。換上黑色或白色的素服，稱為「變服」。

㈢豎靈

即為亡者設立靈位。傳統觀念認為人死後身體被毀壞，靈魂即無所依，因此安置魂帛及香爐供靈魂暫時停留。

㈣腳位飯（腳尾錢、腳尾燈）

生者因擔心亡者死後挨餓，因此有「腳尾飯」的習俗，亦即為亡者準備供品食用。而「腳尾錢」（又稱「腳尾紙」）是為了讓亡者在前往地府時的通關過橋費用；「腳尾燈」是讓亡者在黃泉路上有燈可照明。

㈤誦腳尾經（開魂路）

道教與佛教中為了引領亡魂到陰間或前往淨土而誦腳尾經，道教誦「度人經」，除了引領亡魂外也有超渡亡魂的意思。而佛教則誦「彌陀經」，希望亡魂能跟隨佛祖前往往生淨土。

㈥帷堂（闔扉、示喪）

「帷堂」指的是有喪事時設立帷幕在堂上，弔喪者只能在幕外。「闔扉」指的是家有喪事應半掩大門。而「示喪」指的是家有喪事時應在門外懸掛孝燈（送葬燈），表示此處有人過世並準備辦喪事。現代人因居住環

境改變而改以書寫紙張張貼方式來代替孝燈。按照示喪的文字即可知道該戶人家是誰過世。「嚴制」表父親或家中地位最高的男性長輩過世，「慈制」表母親或家中地位最高的女性長輩過世，至於「喪中」或「忌中」則是指家中還有長輩的晚輩過世。

㈦拜飯（奉飯、捧飯）

依照古禮侍死如侍生，因此人雖已過世，早晚仍須供奉飯食，如同生前一樣。拜飯時間早上約為六至七點左右，傍晚須在太陽下山前（約四到六點）完成。另外也有喪家是按照亡者生前的作息來拜飯。

㈧報白（報喪）

「報白」是告知親友家中有人過世。若為父喪，則向家族中的叔伯、姑母報喪。母喪則由長子或長孫到母舅家報喪，過去農業社會須親自到母舅家告訴母親兄弟其母已過世，母家長輩會準備一杯茶水給報喪者漱口，漱完口即返家，不可進入母舅家中。

㈨著喪服（孝服）及孝章（孝誌）

按照古禮家有喪事時的生活日常習慣都應與平常不同，須改穿喪服（孝服），另外在手臂或髮髻上配戴孝章（孝誌），稱為「帶孝」。

㈩治喪協調

家有喪事時須由所有家族成員共同參與討論喪儀，包含喪禮儀式、細節、所需物品、出殯日期等等。今多委由禮儀社人員處理。

㈠擇日（擇地）

傳統觀念認為喪禮中的事情攸關一家的福禍，因此須參考吉日良辰及風水來辦理入殮、移柩、埋葬等，此為「擇日」，又稱為「日課表」。「擇地」則是指土葬須選擇吉地埋葬，火葬則依亡者生肖選擇吉位安置骨

灰於靈骨塔中。

(苎)訃聞（訃聞、訃告）

古禮中是在大殮及成服之後發訃聞給親友，現在則多在選定出殯日之後印製訃聞告知親友。「訃」意謂告喪，「聞」指傳播訊息。

(圭)做七（做旬）

受到佛教輪迴及十殿閻王的影響而有「做七」的喪俗，也是佛教影響中華文化喪禮最深的一部份。從亡者死亡當天開始每七天須祭拜及舉行喪儀，直到做滿七七四十九天為止。之所以稱為「做七」，是因為「七」代表七殿閻王，第八殿是百日時，第九殿是對年（過世滿一年），第十殿是三年。佛教中認為要經過此十殿才能投胎轉世。「做七」是以七天為一個單位進行，頭七、三七、五七、滿七被稱為「大七」，二七、四七、六七則為「小七」，每次做七所要準備的奠品由不同的人負責。頭七兒子負責，二七媳婦負責，三七出嫁女兒負責，四七姪女負責[10]，五七出嫁孫女負責，六七出嫁侄孫女或曾孫女負責，滿七再由兒子負責。

(圅)佈置喪堂

於出殯前一日搭棚佈置，並於出殯當天舉行奠祭儀式。

(圭)法事（功德）

葬前須請僧道來誦經禮懺，希望能超渡亡魂。

(大)小殮

為亡者穿上衣服稱為「小殮」。小殮前須為亡者乞水[11]、沐浴、更

---

10 客家人的傳統上四七由女兒負責。

11 為亡者沐浴所準備的水。過去須由孝子或孝孫穿著孝服到河邊取水，現改用自來水。

衣、化妝、飯含[12]、辭生[13]、放手尾錢[14]等。

(七)大殮（入木、入棺）

　　為亡者入棺、蓋棺及封棺的儀式，稱為「大殮」。大殮前會在棺木裡放置一些紙蓮花及銀紙，作為亡者前往陰間通關的錢財。遺體放置好後再用紙蓮花及銀紙等塞滿縫隙，並為亡者蓋上往生被，希望亡者早日投胎。最後家屬進行最後一次的遺容瞻仰後即封棺。大殮之後稱為「殯」，表示亡者已成為賓客。

(六)移柩（轉柩）

　　遺體入殮後的棺木稱為「柩」，移柩是把靈柩移出庭外，是出殯告別儀式的開始。

(九)家祭及公祭

　　又稱「家奠」及「公奠」，是出殯前的祭奠儀式，先由家屬祭奠，並按照與亡者關係的親疏先後祭奠。家屬祭奠完之後就舉行「公奠」，由亡者的朋友上香弔唁。

(一十)瞻仰遺容及封釘

　　亡者家屬最後瞻仰遺容後始能蓋棺，並舉行「封釘禮」，父喪由伯叔封釘，母喪由母舅封釘。在過去封釘還有「驗屍」的隱含意義，表示亡者並無受到配偶或子女凌虐而冤死。

---

12 過去依亡者身分地位而在口中放置玉、穀米、珠、貝等。

13 亡者入棺前家屬所準備的告別宴，也是亡者辭別生人的最後一次祭奠，故稱為「辭生」。辭生應準備六葷六素共十二道菜，舉行告別宴時須一一將菜端起並說一句吉祥話，再做夾菜給亡者食用的動作。

14 在親屬瀕死前，其他家屬會在其手中放置一些錢，並於之後平均分送給各家屬，象徵亡者疼愛子孫、福留子孫之意。

㈡發引及辭客（謝客）

發引即是「出殯」，是將靈柩送往墓地埋葬，或是至火化場火化。「辭客」是喪家在半途停棺辭送親友之意。

㈢安葬及火化

安葬是指土葬，火化是火葬。

㈣晉塔

若舉行的是火葬儀式，則於火葬完後將骨灰存置於骨灰罈中再安放於靈骨塔。晉塔時須準備祭品祭祀亡者及土地公。

㈤返主及安靈

返主是指遺體安葬完畢後由家屬持神主（魂帛）回家，返家後安好神主（魂帛）後祭祀，稱為「安靈」。

㈥巡山及完墳

若為土葬，則在葬後數日由家屬前往墳前巡視，查看一切是否妥當，稱為「巡山」。墓地建造完成後選擇吉日前往墓地祭拜，則稱為「完墳」。若採火葬則無此兩個儀式。

㈦百日

人死亡後第一百天須舉行祭祀儀式，稱為「百日」。佛教中認為百日是亡靈走到第八殿的日子，為順利通過審判，因此會為亡者送經祈禱，準備供品及金銀財寶。

㈧對年

人死亡後滿一周年所舉行的祭祀儀式稱為「對年」，古稱「小祥」。現在一般認為對年是整個喪事的結束，喪家自此不再避諱參加喜事、到廟裡拜拜等禁忌。

㈥三年

依照古禮父母過世須守喪三年，但現代則於對年後則可另擇期舉行三年祭祀。

㈦除靈及合爐

進行完「三年」儀式，表示服喪期滿，恢復一切生活作息，因此家屬會選擇吉日除去亡者的靈位，將神主（魂帛）燒化，稱為「除靈」。後再將亡者姓名寫入祖先牌位中，並取一些香灰置於祖先爐中，表示就此與歷代祖先合祀，稱為「合爐」，又稱「合火」。

㈧慎終追遠

每年清明節及亡者的忌日須掃墓祭拜及追悼，以表對亡者的懷念。

而隨著時代的改變，多數喪家已簡化喪禮儀式，僅保留遺體安置、豎靈（設立靈位及靈堂）、訃聞、入殮、出殯、火化或安葬、晉塔、安位（亡者魂帛安置於祖先牌位旁）及慎終追遠等儀式。另外傳統喪禮中還有一種「喜喪」，指的是亡者福壽兼備，而喜喪須符合三個條件：全福、全壽及全終。「全福」指的是人丁興旺、子孫滿堂；「全壽」是滿八九十歲過世；「全終」又稱「善終」，亦即自然老死，無受任何病痛，也表示亡者生前行善積德才能自然死亡。

三、死亡禁忌

華人社會中對於「死亡」特別禁忌，與「死」有關的多半採用隱晦說法，如稱「死」為「過世、逝世、去世、往生」等，也避諱與「死」音近的數字「四」，特別是在醫院中多半無四樓或四號病房。除了語言以外，死亡的相關禁忌也很多，以下列舉幾個常見的禁忌：

㈠忌死無全屍

受到儒家「身體髮膚，受之父母，不敢毀傷，孝之始也」的影響，亡者家屬多希望能保有全屍，因此若亡者因傷而毀壞遺體，就會請禮儀化妝

師為亡者修補遺體，以呈現「全屍」的樣貌。

(二)忌白髮人送黑髮人

此一禁忌也與儒家有關，儒家強調孝道，因此若兒女早於父母先亡即表示不孝，因此也稱為「反服」，意即父母反過來替兒女舉辦喪禮。喪禮過程多半由亡者的兄弟姊妹負責，父母則在出殯當天持藤條或木杖敲打棺木三次，表示杖責兒女未盡孝道就離開。而杖打三下也表示亡者已受到父母的責罰，到了閻王殿時不會再受到閻王懲治其不孝之罪。

(三)服喪期間不入廟、不參加喜事、不到他人家拜訪

民間認為家中有喪事即表示不潔，因此服喪期間不可進廟祭拜，也不參與他人的喜事及到他人家做客，避免將晦氣帶給別人。

(四)奠儀必為單數

喜事紅包須為雙數，但避開數字「四」。而喪事的奠儀責必須為單數，如1100、2100等。

(五)喪禮結束忌說「再見」

參加完喪禮後，祭奠者忌向喪家及同行朋友道「再見」，有不吉利之意，表示很快又有喪事來到。

(六)孕婦忌參加喪禮

孕婦不參加喪禮是為了避免喪事影響腹中胎兒，若不得已須參加喪禮則在肚上綁上紅布，可免於沖煞到胎兒。

(七)壽衣的要求

過去將壽衣稱為「老嫁妝」，表示人最後一次離開家門（出殯）所要穿的衣物。壽衣多採用綢子，因綢子與「綢仔」諧音，表示家丁興旺，可

福佑後代子孫，但忌用緞子，因緞子與「斷子」同音，有絕子絕孫的意思。另外也有忌諱以皮毛製成的壽衣，認為亡者來世會轉世為動物。

(八)忌入殮時啼哭

在亡者入殮時，家屬不可大聲哭泣及將眼淚滴在亡者身上，民間認為如此亡者將無法安心離開，會因捨不得家人而無法投胎轉世，滯留喪宅中。

(九)忌剃鬍及剪髮

守喪期間為表示哀痛、思念及孝敬之心而不剃鬍子及剪頭髮。傳統須至對年始可剪髮剃鬍，但隨著時代的改變，現已改為亡者出殯之後即可剃鬍剪髮。

(十)忌農曆七月出殯

在臺灣，多數人認為農曆七月是鬼月，諸事不宜，因此也避免在當月出殯，避免因此招來更多鬼魂而影響喪家。

文化小知識1：

「嬰兒」原來分別指女孩及男孩？

「嬰兒」在現在指的是剛出生的新生兒，且不分男女一律可稱「嬰兒」。然而在造字之時，「嬰」指的是女孩，「兒」則指的是男孩。《說文解字》中提到，「兒，孺子也。從兒，象小兒頭囟未合。」而在《集韻》裡提到，「兒，古作兒。」其中「孺子」指的是小孩子，「囟」即指嬰兒頭頂骨未密合之處，俗稱「囟門」。至於「嬰」在甲骨文中的形象是一個女子用手抓住玉或貝所製成的項圈，《說文解字》裡的解釋為：「嬰，頸飾也。」因此「嬰」上面的兩個「貝」是相連的兩個項圈，是女孩用來裝飾所用。到了秦朝時期李斯統一文字後更明確了「嬰」及「兒」的區別，在《倉頡篇》中寫道：「男曰兒，女曰嬰。」現在的「嬰兒」一詞則泛指出生的幼兒，而不再特別區分男女孩。

文化小知識2：

「添丁」本來是凶兆的意思？

　　「丁」指成年男子，「添丁」指的就是家裡增添了一個男孩，這個由來與唐朝詩人盧仝有關。盧仝生活極其貧窮，隱居山中，後來得了個兒子，就給這個孩子取名為「添丁」，表示為國家增加一個可以服役的壯丁。但雖然盧仝一生未當官，卻仍然捲入朝廷的政治鬥爭，被抓而行刑時，盧仝頭髮全無，在後腦上被人釘上釘子。因為生兒取其名「添丁」，死的時候又被釘上釘子，且「丁」為「釘」的古字，人們認為「添丁」的名字就是盧仝受到刑罰的凶兆。後來這個典故流傳下來，「添丁」則成了生兒子的代名詞。

文化小知識3：

「送肉粽」送的不是真的「肉粽」？

　　「送肉粽」又稱「送煞」、「喫麵線」，這是臺灣特有的民間喪葬習俗，多半在彰化縣西北沿海一帶舉行，包括彰化市、鹿港、和美、伸港等鄉鎮都有這樣的習俗。「送肉粽」是一種喪葬習俗，彰化沿海一帶的居民認為選擇上吊自縊的死者怨氣最重，且死後煞氣仍留在吊具上，因此需要挑選適當的時辰由法師送走冤魂避免亡者找替身。而之所以將這樣的喪葬習俗稱為「送肉粽」，最初是因為鹿港人為了尊重上吊自縊死者不以「吊死鬼」來蔑稱，因而聯想到上吊者懸吊於壁上的樣子與製作肉粽時以細繩綁粽相似，故以「肉粽」比喻上吊，除煞的儀式就稱為「送肉粽」。一般而言，當有人上吊自縊後，喪家會請法師或道長切斷上吊者使用的繩子、樓梯或樹枝等亡者接觸過的物品，送出宅後沿路須不停燃放鞭炮以示驅邪止煞，最後送至出海口或溪口火化，目的是希望藉此將亡靈送出海，避免怨氣留下影響生人。進行「送肉粽」儀式時多半在送煞當晚九點至十一點舉行，現在若舉行「送肉粽」儀式時多會提早告知沿路會經過的店家及民宅，儀式進行時各家緊閉門窗並貼上符令，並避免外出。而民間相信若與送肉粽隊伍相遇會有煞氣，因此若以直接相遇，則須跟著隊伍走完全程，以表送亡者一程，回家前再到廟宇求取香火護身。

文化小知識4：

「抽屜」本來是棺材的一種？

　　「抽屜」最初寫作「抽替」，「抽」是抽進抽出之意，「替」原指一種叫「通替棺」的棺材。《南史·后妃列傳》記載，南北朝時宋世祖孝武皇帝劉駿的寵妃殷淑儀死後因過度思念，因此製造了「通替棺」，若是想念殷淑儀時則引替睹屍。殷淑儀的棺材分為裡外兩層，一層為下葬時的正式棺木，一層則是放置屍體的地方。劉駿想念淑儀的時後就將放置屍體的這層拉出來看，而因這層可以拉進拉出，所以謂之「通」，代替正式棺木的則稱為「替」，因此稱作「通替棺」。宋朝時以廣用「抽替」一詞，即是由「通替棺」的簡稱「通替」而來，後來人們認為「通替棺」不吉利，「通替」也不易了解，因此使用更為形象且易懂的「抽屜」。

考古題

1. 嬰兒初生的第一項禮儀是向親友報喜，生男孩叫弄璋之喜，生女孩叫弄瓦之喜，「璋」與「瓦」分別指以下哪兩項物品？（2019年）

(A) 武器與廚刀　　　　　　　(B) 文房四寶與佩巾

(C) 弓箭與手環　　　　　　　(D) 玉器與紡織用的紡磚

答案：(D)

解釋：「璋」是一種上等的玉器，古人在生下男孩後會將「璋」小孩兒玩，期望男孩兒未來像玉一樣具有良好的品德跟人格，因此生男被稱作「弄璋」。與「瓦」則是指紡具，是屬於紡織用的紡磚，古代若生下的是女孩兒，就讓她玩紡車上的零件紡具，期望女孩兒未來能織布及做家務。「弄璋」及「弄瓦」是出自《詩經·小雅·斯干》：「乃生男子，載寢之床，載衣之裳，載弄之璋。」意思是若生的是男孩兒則讓他睡在床上，穿上好看的衣服，讓他拿著玉璋玩。而生女兒則是「乃生女子，載寢之地，載衣之裼，載弄之瓦。」意思是生的若是女兒就讓他睡

在地上，穿著小褓衣（古代加在皮球外面的長衣），並讓她玩紡具（即「瓦」）。從上等的玉器及紡器上的零件可以看出古代「重男輕女」的觀念及風氣。

2. 小華出生一個月了，家人比較不會為小華做什麼習俗活動？（2019年）

(A) 掛口酥餅
(B) 打金鎖片
(C) 請吃雞酒油飯
(D) 穿繡卍字的衣服

答案：(A)

解釋：傳統上在訂婚禮時口酥餅是女方回贈男方之禮，男方收到後再分送給親朋好友，一般回贈16、26或36盒。另一說則是口酥餅為嬰兒滿四個月收涎時所使用的餅乾。而嬰兒出生滿月或百天之時長輩會打金鎖片贈與嬰兒，又稱「長命鎖」，藉此期望嬰兒平安長壽。長命鎖正面多刻有「長命富貴」等的祝福語，背面則刻有籠或麒麟等吉祥動物的圖像。至於請吃雞酒油飯是因為在台灣早期的農業社會中以米飯為主食，將米飯製成加入豬肉、蝦米、香菇的油飯能使內容看起來較為豐富，而雞酒是因為雞多是家中飼養的牲畜，取得容易，因此可以製作成雞酒贈送親朋好友，或可製作麻油雞酒給產婦補身。而「卍」讀音同「萬」，是佛教及印度教等宗教中表示吉祥好運的標誌，而當新生兒滿月時，傳統上長輩會在送給嬰兒的衣服上繡上紅色的「卍」字，藉此祈求嬰兒能受到佛祖保佑平安成長。

3. 小周與女友相戀多年，近日決定訂婚。他下聘定親後，女家接受了聘禮。根據《儀禮・士昏禮》，請問以下哪一詞語是指訂婚？（2019年）

(A) 納采
(B) 納吉
(C) 納徵
(D) 問名

答案：(B)、(C)

解釋：經108年8月2日教育部2019年對外華語教學能力認證考試筆試
考科評分標準協調會議決議該題答案更正爲B或C均可。

周朝開始規定男女嫁娶時須採「六禮」，即：納采、問名、
納吉、納徵、請期、親迎。「納采」又稱「采擇、合婚、説
媒」，是男子選擇妻子之意。「問名」俗稱爲「合八字」是
男方派人送信給女方，女方若同意婚事後將回信告知其姓名
及生辰八字，方便於之後的「納吉」所用。「納吉」即是
「訂婚」，是婚禮中的關鍵禮儀。「納徵」又稱「納幣、納
成」，是男方正式給女方下聘禮，派人贈送女方各項禮物。
「請期」是選擇一個吉利的日子決定雙方嫁娶的時間。「親
迎」是結婚當天男方到女方家迎娶，並回到男方家中舉行結
婚儀式。題目中「女方接受了聘禮」是屬於「納徵」這項禮
儀。該題在「女家接受聘禮」部分屬於「納徵」，而題末
「請問以下哪一個詞語是指訂婚」則是「納吉」，該題中有
兩個六禮中的部分，因此答案改爲(B)、(C)皆可。

4. 下列何者不是臺灣傳統漢人結婚時常見的禮儀習俗？（2018年）

(A) 潑水 　　　　　　　　(B) 搶婚
(C) 帶路雞 　　　　　　　(D) 丟扇子

答案：(B)

解釋：搶婚也稱爲「搶親、搶妻、綁婚、奪親、截親、奪室」等，始
於原始社會末期，是利用威脅方式強迫他人建立婚姻。現在在
中國西南地區的少數民族中仍保有搶婚的儀式。潑水代表「嫁
出去的女兒，潑出去的水」之意，表示女兒出嫁後即爲夫家
人，應善盡相夫教子之責。帶路雞在古代多用活雞，是女子婚
後歸寧時由娘家準備一隻公雞和一隻母雞，並用九尺的紅緞帶
綁住雞腳讓女方帶回夫家，九尺代表長長久久，帶雞則有「起
家」之意。現在多準備仿真雞玩偶代替，並多半配有小雞或雞

蛋，期望新人早生貴子，且在婚禮當天由陪嫁或伴娘帶進夫家中放置。丟扇子有改掉在娘家的壞脾氣、棄娘家姓改隨夫姓、將福氣留給娘家三種意義。

5. 下列古代婚俗文化，何者的敘述不正確？（2018年）
   (A) 納采是指約好婚期，舉行婚禮
   (B) 請期是指由男方卜得吉日，請女方商定
   (C) 納吉是指正式的訂婚儀式，確定婚姻關係
   (D) 問名是指向女方詢問名字及八字，再占卜雙方八字是否合適

   答案：(A)

   解釋：「納采」又稱「采擇、合婚、說媒」，是六禮中的第一禮。當男子中意某家女子並希望與之成婚，就會聘請媒人到女方家中說媒並送禮，並藉此試探女方意願。若女方同意，則會收下男方的納采之禮。舉行婚禮儀式為「親迎」。

6. 《儀禮・喪服》一向有最精細的人倫量尺之稱，在「喪禮五服」中最重的禮是下列何者？（2018年）
   (A) 緦麻之服　　　　　　(B) 大功之服
   (C) 齊衰之服　　　　　　(D) 斬衰之服

   答案：(D)

   解釋：「五服制度」是傳統的喪服制度，制定服喪期間的服飾、飲食及生活等的制度。除了制定中國的喪服禮儀以外，也影響了日本、韓國等地區。「服制」按照喪期和喪服分為五個等級，包括斬衰、齊衰、大功、小功和緦麻，合稱「五服」。「斬衰」是五服中最重的喪服，用最粗的生麻布製成，不縫邊緣，子為父、士大夫為君、諸侯為天子所服的都是「斬衰之服」。「齊衰」僅次於斬衰，用粗麻布製成，邊緣縫齊，依照喪期和服制又分「齊衰三年」、「齊衰杖期」、「齊衰不杖齊」、「齊衰三月」，祖父母、妻子、已嫁女子之父母過世等所穿之喪服稱

為「齊衰」。「大功」用熟麻布製成，所加人工較為粗略，是堂兄弟、未婚的堂姐妹、已婚的姑姑、姊妹、侄女等過世所穿之喪服。「小功」亦是用熟麻布製成，但所加人工不似大功粗糙，是叔伯祖父母、兄弟之妻喪時所穿。「緦麻」亦稱「纖麻」，用細麻布製成，是五服中最輕的喪服，用在已出嫁的姑母、堂姐妹、表兄弟、岳父母、女婿、外孫等喪時所穿。

7. 宰我問：「三年之喪，期已久矣。君子三年不為禮，禮必壞；三年不為樂，樂必崩。舊穀既沒，新穀既升；鑽燧改火，期可已矣！」《論語・陽貨》據此論，宰我主張守喪以多少時日為宜？（2016年）

(A) 兩年 　　　　　　　　(B) 周年

(C) 半年 　　　　　　　　(D) 三年

答案：(B)

解釋：宰我在該句中的大意是服喪三年禮樂必崩壞，最後一句「期可已矣」的意思即為「期年就已經足夠了」，而「期年」指的就是一周年。

8. 古代結婚，茶是聘禮之一，其用意是？（2016年）

(A) 以備新娘拜見男方親友奉茶之用

(B) 茶樹栽培只能下種，不能移植，取其矢志不移的含意

(C) 茶是開門七件事之一，生活必需品

(D) 茶入口生津甘美，象徵人生回甘的滋味。

答案：(B)

解釋：以茶做聘禮是借用茶樹下種後不能移植來祝福新人感情堅定不移。

9. 華人婚嫁時，有「合八字」的婚俗，以下有關「八字」的敘述，何者有誤？（2015年）

(A)「八字」指人的出生年、月、日、時

(B)因各以天干地支相配，故四項就有八個字，故稱「八字」

(C)相當於《禮記‧士昏禮》「六禮」中的「納吉」

(D)「八字」又稱「年庚」

答案：(C)

解釋：合八字是六禮中的「問名」，「納吉」指訂婚禮。

10.北宋晁補之《雞肋集》：「民間女幼許婚未行，而養諸婿氏者」，指哪種嫁娶文化？（2015年）

(A) 贈婚　　　　　　　　　(B) 收繼婚

(C) 贅婚　　　　　　　　　(D) 養媳

答案：(D)

解釋：「贈婚」是將女子送給他人做妻，有父親送女兒或丈夫送妻子兩種。「收繼婚」又稱「轉房婚、利未婚、夫兄弟婚」等，指的是女性在丈夫死後再嫁給丈夫兄弟叔伯的婚禮，是原始社會的群婚制度之一。「贅婚」即是男子入贅女方的婚禮，又稱「入贅、招贅」。「養媳」即「童養媳」，是傳統婚俗之一，即把未成年的女孩送養或賣給他人撫養，待女孩成年後與該家兒子成婚，結為夫妻。

11.傳統中國親屬制度中，一個男子同時繼承兩家香火的習俗稱為什麼？（2013年）

(A) 兼祧　　　　　　　　　(B) 歸宗

(C) 入贅　　　　　　　　　(D) 過繼

答案：(A)

解釋：「兼祧」是屬於過繼的一種形式，指的是男子雖過繼給他人，但仍不脫離本家，同時兼任兩房的繼承人。過去兼祧者除了正房以外還會另娶平妻（元配以外的正妻），兩個妻子所生之子都是為嫡子，分別繼承兩房香火。「歸宗」指的是出嗣他姓或

流落在外的人回歸本宗。「入贅」是男子如同古代女子出嫁般成為女方家庭成員，視妻子父母為自己的父母，入贅的男子稱為贅夫、贅婿、姑爺等。「過繼」又稱「過嗣、過房」，是傳統宗族觀念中的收養行為，是從宗族或其親屬中收養一個子女，目的在於延續宗祠，使祖先能繼續受到祭祀。

12. 下列何者乃跨文化的共同現象？（2013年）
(A) 齋戒月 　　　　　　　(B) 風水
(C) 八部合音 　　　　　　(D) 喪葬儀式
答案：(D)
解釋：「齋戒月」是回教的傳統習俗，「風水」是中華文化中五術之一，「八部合音」是臺灣布農族的傳統祭典音樂，「喪葬儀式」各地皆有，且依當地民俗和文化而有所不同。

13. 賀人得子曰「弄璋」，賀人生女曰「弄瓦」，原因不包括？（2010年國內版）
(A) 崇尚男尊女卑
(B) 無論男女，期待適才適所，同予恭賀
(C) 「璋」是玉質也是禮器，期待兒子長大後能具如玉一般的品德
(D) 「瓦」是古代紡織時用的陶製紗錠，期望女兒將來能勝任女紅
答案：(A)
解釋：之所以用「瓦」來祝賀他人生女，是因為瓦是古代紡織時所用的陶製沙錠，藉此希望女孩未來的女紅技巧好。

14. 中國人的慶賀詞語很多，下列哪一賀詞用於慶賀生女兒？（2010年國外版-1、2010年國外版-2）
(A) 弄璋之喜 　　　　　　(B) 弄桃之喜
(C) 弄罈之喜 　　　　　　(D) 弄瓦之喜
答案：(D)

解釋：「弄璋之喜」用來慶賀生男孩兒，「弄瓦之喜」則用於慶賀生女孩兒。

15. 華人為預測孩子的志向和未來，會舉行列何種活動？（2010年國外版-1、2010年國外版-2）

(A) 剃髮　　　　　　　　　　(B) 拜乾親

(C) 戴飾物　　　　　　　　　(D) 抓周

答案：(D)

解釋：「抓周」又可寫作「抓週」，亦稱為「拿周、試周、試兒」等，是在小孩滿周歲（一歲）時所舉行儀式，用以預測小孩未來的發展，因此會準備與各種行業相關的代表物品。「剃髮」一般在嬰兒出生的二十四天或滿月時進行。「拜乾親」的原因很多，有的是與父母及其朋友之間的情感關係而認乾親，有的是因迷信或算命而認乾親等，而認乾親的儀式因各地文化不同而有不同的形式。而配戴飾物一般是嬰兒滿月或周歲時家中長輩送戴有吉祥意義的飾品給嬰兒，以祈求平安健康等意。

16. 春節祭祖，清明掃墓，這些習俗表達了何種意義？（2010年國外版-1）

(A) 落其實者思其樹，飲其流者懷其源

(B) 千里孤墳，無處話淒涼

(C) 死別已吞聲，生別長惻惻

(D) 獨在異鄉為異客，每逢佳節倍思親

答案：(A)

解釋：春節祭祖及清明掃墓都有慎終追遠之意。

17. 傳統禮俗中新娘坐上禮車，從車上擲出香扇，取下列何種象徵意義？（2010年國外版-2）

(A) 帶來好運　　　　　　　　(B) 勿忘娘家

(C) 去病除邪　　　　　　　　(D) 與娘家分散

解釋：傳統婚俗中當新娘禮車離開時，新娘會將綁有紅包的扇子從車窗內擲出，再由女方的胸的撿起，除了「傘」與「散」同音代表與娘家分散以外，還有丟棄在娘家的壞脾氣之象徵。

18. 古代的冠禮（男子成年禮）和笄禮（女子成年禮），屬於五禮中的哪一種？（2009年國內版）

(A) 吉禮　　　　　　　　　　(B) 凶禮

(C) 賓禮　　　　　　　　　　(D) 嘉禮

答案：(D)

解釋：中國的禮儀傳統在西周時期已相當完備，《周禮》裡對於禮儀中的禮法、禮義、制度等做了詳細的記載及規定，按照禮儀制度將「禮」分為五類，稱為「五禮」，包括吉禮、兇禮、軍禮、賓禮及嘉禮。「吉禮」是五禮之首，屬於祭祀之禮，指祭祀天地、神明及祖先等的儀式；「凶禮」是與弔唁、哀憫有關的喪葬災變之禮；「軍禮」是與軍事活動有關的禮儀；「賓禮」是古代天子接見諸侯或外來使者覲見時的禮儀；「嘉禮」是五禮之中內容最豐富的一禮，包括婚慶、成年、饗宴飲食、射禮等，其中成年禮又分男子的冠禮及女子的笄禮。冠禮在男子二十歲時舉行，笄禮在女子十五歲時舉行。

19. 下列何者不是中國古代社會衍生出來的家族觀念？（2009年國內版）

(A) 血緣觀念　　　　　　　　(B) 門第觀念

(C) 孝悌觀念　　　　　　　　(D) 法治觀念

答案：(D)

解釋：法治觀念源自西方，指的是以民意授權為基礎來立法，管理社會秩序，與中國的家族觀念無關。

第六章
飲食文化

　　根據歷史記載，從周秦時代就逐漸形成了中國飲食的文化，當時是以穀物蔬菜作爲主食。到了西漢時代，因爲張騫受漢武帝的命令而出使西域，「西域」在漢朝時指的是天山南麓的玉門關、陽關以西的各國。張騫通西域之後，引進了西域的食物，包括西瓜、葡萄、蘿蔔、苜蓿、芝麻等。而我們現在「一日三餐」的概念始於隋唐時期。隋唐開始將飲食分爲早餐、中餐及晚餐，「飯」也是出現在隋唐時期，但跟現今的白飯不同，當時的「飯」是由穀物製作而成的稻米飯跟麥飯等。宋朝時除了飯以外，粥、麵、餅、包子等都是主食，而「吃粥」的目的是貧民爲了節約糧食而將米飯以水煮成粥，另一個目的則是爲了養生延壽。到了明清時期由於受到滿蒙的影響，飲食結構有了改變，也是唐宋之後的另一個飲食高峰期。而清朝出現我們所熟知的「滿漢全席」則是清朝飲食文化的最高水平。

　　所謂的「八大菜系」始於清朝。其實本來只有「四大菜系」，包括清朝初期的魯菜（山東）、蘇菜（江蘇）、粵菜（廣東）、及川菜（四川）。清末時期再加入浙菜（浙江）、閩菜（以閩東及閩南爲代表）、湘菜（湖南）及徽菜（安徽），至此形成所謂的「八大菜系」。

　　「魯菜」屬於北幫菜，其特色是喜用蔥薑，分爲濟南菜、膠東菜及孔府菜。濟南菜口味偏重，代表菜包括糖醋鯉魚、黃蔥燒蹄膀；膠東菜保持食材原有味道，代表菜如蔥燒海參等；孔府菜是以山東曲阜的孔府爲名，用料考究，代表菜如菊花魚翅等。「蘇菜」分爲淮揚菜，擅長製湯；金鈴菜來自南疆，善用蔬菜；蘇錫菜擅長海產；徐海菜口味較重，擅長蔬菜及海產。「粵菜」著重食物與其他菜色配合，其作菜原則是「香料和食物的新鮮程度呈反比」。另外粵人喜愛煲湯，也成了粵菜的特色之一。代表菜色如廣東粥、臘味、糖水及雲吞麵等。「川菜」最爲人所知的就是其口味以麻、辣、鮮、香爲特色，代表菜色有麻婆豆腐、夫妻肺片、宮保雞丁及

水煮魚等。

「浙菜」分杭幫菜、寧波菜、紹興菜及溫州菜。杭州菜以爆、炒、炸等烹調方式為主，代表菜如西湖醋魚及東坡肉等。寧波菜擅長海鮮，代表菜如雪菜大湯黃魚等。紹興菜以蒸、燉方式烹調，代表菜如清蒸桂魚等。溫州菜又稱甌菜，以烹調海鮮為主，代表菜如蒜子魚皮等。其中知名的「紅燒獅子頭」就是屬於江浙菜。「閩菜」起源於福建東南沿海，因此擅長烹煮海鮮，代表菜沙茶麵、菊花鱸魚及佛跳牆等。「湘菜」雖然常用辣椒，但常將辣椒與其他食材混合製成，辣味不及川菜，代表菜如黃燜鱔魚、臘味合蒸、燒辣椒皮蛋及剁椒魚頭等。至於「徽菜」喜以燉、燒、蒸等方式烹調，重視火工，代表菜如黃山燉鴿、紅燒果子狸、醃鮮魚及問政山筍等。

由於中國菜系已有諸多書籍對此詳加說明，因此在本章中暫不再詳述八大菜系，而討論臺灣小吃、文化及酒文化三部分。

第一節　臺灣小吃

1660年代初期在臺灣因為各族的飲食文化不同而分為捕魚及打獵兩種生活方式，主食為山芋、甘藷及旱稻等。在荷蘭人占領臺灣後引進了印尼的豌豆（又稱荷蘭豆）、芒果、甘蔗及番茄等。到了1660年代末至1890年代末時閩南菜及廣東客家菜進入臺灣，成為臺灣菜的代表。1890年代末至1900年代時因受到日本殖民的關係而由日本引入了日式的烹調方式，但當時人民生活困苦，仍以番薯加入少量稻米煮成番薯飯或粥來作為主食。1949年國民政府來臺後，帶入了中國的八大菜系，融合了臺灣當地的飲食，形成新的飲食文化。至今，由於外來人口及經濟交通的發展，臺灣也引進了各國的飲食，使臺灣飲食更具國際性。

臺灣的飲食文化特色可分為宴會菜、家常菜、小吃、點心、飲品及地方特產。其中臺灣小吃遠近馳名，是各國觀光客到訪臺灣必嚐的食物之一。臺灣各地因地理位置及習慣而有地區性不同的小吃，常見的有小籠包、牛肉麵、臭豆腐、豬血糕、蚵仔煎等，部分小吃則源自中國。以小籠

包爲例，最早源自於北宋時期在京城開封的「灌湯包」，宋室南渡後將此一小吃帶到南方，成爲江浙一帶的代表食物，清朝末年始形成現在形式的「小籠饅頭」。後小籠饅頭傳到各地形成不同流派的小籠包，包括上海南翔小籠饅頭、常州蟹黃小籠包及臺灣小籠包等。小籠包在二次大戰後傳入臺灣後又加以改良，加入臺灣的當令食材，現成爲臺灣小吃的代表之一，遠近馳名。牛肉麵則是國民政府來臺之後，非臺灣本省的外省老兵爲謀生而出現的小吃。2005年臺北市政府產業發展局的臺北商業處第一次舉辦的「臺北牛肉麵節」，由於反應熱烈，2006年更名爲「臺北國際牛肉麵節」，邀請美食專家及牛肉麵業者參與，每年選出最受歡迎的牛肉麵。而臭豆腐始於清朝康熙年間，現今在湖南長沙、江蘇南京、浙江紹興及臺灣都有，但作法及味道有所不同。臺灣臭豆腐的做法包括烤、炸及水煮等三種。至於豬血糕（或稱米血糕）是由動物血（雞、鴨、豬、鵝等）、糯米、食鹽製成，在臺灣的南北部吃法不同，北部多沾上花生粉及香菜，南部則多加上醬油、甜辣醬及薑絲等一同食用。

其他常見的臺灣小吃還有刈包、肉圓、擔仔麵等。刈包（或稱「割包」）是以蒸熟的饅頭對半切開後加入豬肉、香菜、花生粉等料，因麵皮形同虎嘴，內夾豬肉的關係也被稱爲「虎咬豬」。肉圓是彰化縣市的代表小吃，相傳彰化北斗的肉圓已有一百多年的歷史。起因是彰化北斗在百年前因爲歷經嚴重的水災，人民無食可吃，因此災民將甘藷搗成粉狀後再加入糖來提味以便充飢。在形狀方面，北斗所製成的肉圓形狀多爲三角形，肉圓被改良後又加入肉類當餡料，形狀也多爲圓形，即爲現在的肉圓。擔仔麵是臺南的傳統小吃，最早源於臺南沿海一代，由攤販挑著擔子沿街叫賣而得名[1]。擔仔麵還有個名字叫「度小月」，因爲在臺灣，清明時期左右及夏天七至九月常有颱風侵襲，漁家出海不易。無法出海就會影響家中生計，因此漁家在無法出海捕魚時以販賣擔仔麵來貼補家用，這些月份稱爲「小月」，以販賣擔仔麵來度過無法捕魚的日子，「度小月」一名由此

---

[1]　「擔仔」是閩南語，意思爲「挑擔」。

產生。而「蚵仔煎」雖以漢字標示，但以閩南語發音，最早源於中國沿海一帶，臺灣早期稱之為「煎食追」，臺灣主要的養蚵地區在臺南安平、嘉義東石及屏東東港，因此也以此三個地方的蚵仔煎較具代表性。

　　除了小吃以外，臺灣各地也有其代表的特產，包括鳳梨酥、牛舌餅、太陽餅、大腸包小腸、芒果冰等。鳳梨酥可算是臺灣最著名的伴手禮之一，相傳在早期的臺灣農業時代，外銷市場中以鳳梨出口為第二，主要材料為麵粉、奶油、糖、蛋、冬瓜醬（或純鳳梨、鳳梨混合冬瓜）製作而成，且「鳳梨」在閩南語中音近「旺來」，有吉祥之意，因此在臺灣部分訂婚禮也會出現鳳梨酥。牛舌餅的名稱由來與其外型有關，因外型呈橢圓長形狀，形似牛舌而得名，以宜蘭和彰化鹿港的最為有名。太陽餅是中臺灣的特產，以臺中太陽餅最為有名，內餡以麥芽糖為主。太陽餅名稱由來的說法很多，其中較廣為人知的是因外觀形似太陽，且店家多在太陽餅中間印製紅色店章而得名。飲品及甜點方面，以珍珠奶茶及芒果冰最具代表性。珍珠奶茶作為臺灣的飲品代表，現今在世界許多國家都可喝得到，是外國觀光客來臺灣必嚐飲品之一。據傳珍珠奶茶由南洋國家傳入臺灣後，在80年代臺灣泡沫紅茶盛行之時加入粉圓（即珍珠），後廣受歡迎，以致現在臺灣各地均可看見手搖店飲料販賣，也推廣至世界各國。而臺灣的芒果種類眾多，產季從四月至九月都有。臺灣夏季炎熱，常吃冰飲以消暑，且臺灣水果以甜味盛名，出現芒果冰之後廣受國人及觀光客喜愛，並曾在2013年被CNN列為是全球最佳甜品之一。

第二節　茶文化

　　相傳茶是由神農氏所發現，古稱「茶」、「茗」或「荈」，是中國人最常飲用的飲品，也是中華文化的重要元素之一。但最早茶是一種藥材，用來治病，到西漢時才由藥品轉為飲品。在唐朝時是將茶葉搗碎後加入蔥薑等調料煎煮成糊狀，因而稱為「喫茶」。宋元時期才將煮茶改為泡茶，品嚐茶原有的清香味。

在這一章中，首先討論茶的種類，再討論茶的影響及其相關的習俗。

一、茶的種類

茶的種類很多，常見的有紅茶、綠茶等。但除了這兩種茶以外，其實還有其他「顏色」的茶，包括青茶、白茶、黃茶和黑茶。而這六種茶主要是根據茶的顏色、製作方法和品質來區分的。從發酵程度來分，綠茶及黃茶屬於不發酵茶、白茶及青茶屬於半發酵茶、紅茶屬於全發酵茶，而黑茶則是後發酵茶。六種茶的特色如下：

㈠紅茶

屬於全發酵的茶，加工時不殺青，而是讓茶葉慢慢萎凋失去部分水分後再揉捻進行發酵，使泡出來的茶色呈現紅色。代表性的紅茶包括安徽祁門的祁門功夫紅茶、浙江杭州西湖的九曲紅茶、雲南紅茶等。

㈡綠茶

屬於不發酵的茶，在高溫殺青之後仍保留原有茶葉的青綠色，再經揉捻之後而製成。綠茶泡出來的茶色湯青而色綠，味道清幽，因而稱為「綠茶」。代表性的綠茶包括西湖龍井茶、洞庭碧螺春、信陽毛尖及黃山毛峰等。

㈢青茶

其特徵是茶葉中心為綠色，周圍為紅色，顏色及味道介於紅茶與綠茶之間，屬於半發酵茶。在臺灣又將青茶稱之為「烏龍茶」。其代表性的青茶包括福建武夷山的大紅袍、臺灣南投的凍頂烏龍茶及高山烏龍茶、臺灣新竹的東方美人茶、文山包種茶及福建安溪的鐵觀音等。

㈣白茶

白茶不發酵也不揉捻，只採用萎凋跟乾燥製作方式而成，保留茶葉上

的白色茸毛。茶葉帶有銀花色澤，主要產地在福建，代表性的白茶以銀針白毫最爲有名，其他還有白牡丹、新工藝白茶、貢眉、壽眉等。

㈤黃茶

屬於微發酵茶，「悶黃」是製作黃茶主要的方法。所謂的「悶黃」（或稱「悶堆」）指的是在殺青之後以紙將茶葉包好後堆積在一起，或堆積之後用濕布蓋住，由低溫開始逐漸加熱而形成黃色的茶葉。黃茶有三大類：黃大茶、黃小茶及黃芽茶。代表性的黃大茶包括安徽霍山黃大茶及廣東的大葉青等；黃小茶包括湖南的溈山毛尖、浙江的平陽黃湯及溫州黃湯等；黃芽茶以湖南洞庭湖的君山銀針（或稱君山銀芽）最爲有名，其他如四川名山的蒙頂黃芽及安徽霍山的霍山黃芽等。

㈥黑茶

屬於後發酵茶，堆積及發酵的時間較長，所以茶葉顏色呈暗褐色。其中「渥堆」是製作黑茶的關鍵步驟。「渥堆」指的是濕度保持在85%左右，長時間的發酵使茶葉中綠葉素被破壞及氧化後形成，因成品之後茶的外觀呈現暗褐色或黑色而稱之爲「黑茶」。代表性的黑茶如湖南黑茶、湖北老青茶、廣西六堡茶、四川邊茶及雲南普洱茶等。其中以雲南普洱最爲有名。

臺灣的茶葉也相當有名。臺灣名茶很多，較爲有名十大名茶包括文山包種茶、臺灣高山茶、東方美人茶、凍頂茶（凍頂烏龍茶）、松柏長青茶、木柵鐵觀音、阿里山珠露茶、龍泉茶、日月潭紅茶、三峽龍井茶：

1. 文山包種茶產於臺北市文山區、新北市新店區及坪林等地。
2. 臺灣高山茶以海拔一千公尺以上所產的烏龍茶爲主，以阿里山茶、玉山茶等爲代表。
3. 茶農俗稱東方美人茶爲「番莊烏龍」，因茶芽以白毫著名，因此又稱「白毫烏龍」，東方美人茶以新竹及苗栗所產的較爲有名。
4. 凍頂烏龍茶原產地在南投鹿谷鄉，屬於半發酵茶，「凍頂」本是地

名，而凍頂烏龍茶的特色味道甘醇，回甘強。

5. 松柏長青茶原名「松柏坑茶」，產地在南投縣名間鄉。

6. 木柵鐵觀音是屬於半發酵的青茶，原產於中國福建安溪縣，但經改良後已與福建安溪的鐵觀音有所區別，主要產地在臺北市木柵（指南國小到貓空一帶）。

7. 阿里山珠露茶產地在阿里山山麓石棹地區，主要品種為烏龍茶及金萱茶。

8. 龍泉茶屬於包種茶，產地在桃園市龍潭區，由於在1982年由時任省主席李登輝先生命名而聲名大噪。

9. 日月潭紅茶以南投縣魚池鄉所製的最為有名，據傳是日治時代所引進的茶種，1987年南投縣長命名為「日月潭紅茶」。

10. 三峽龍井茶以「色翠、香郁、味甘、形美」四個特色著稱，主要產地在新北市三峽區，每年春秋兩次採收。

二、茶的影響

(一)論茶專著

《茶經》是第一本有系統的茶葉專書，由唐朝陸羽所寫，內容總結唐朝以前的種茶及飲茶的經驗總結。《茶經》一書討論了茶之源、茶之具、茶之造、茶之器、茶之煮、茶之飲、茶之事、茶之出、茶之略、茶之圖等十個方面。「茶之源」是茶的起源；「茶之具」是指製茶的工具；「茶之造」是茶的製造方法；「茶之器」是製茶的器具；「茶之煮」是茶的煮法；「茶之飲」是喝茶的方法；「茶之事」是茶的歷史；「茶之出」是茶的產地；「茶之圖」是茶的掛圖。「掛圖」是將前九種與茶有關的內容寫出來掛在座位旁邊，以便隨時查看。由於陸羽對茶的貢獻極大，因而被稱為「茶聖」。在陸羽之後，開始出現許多論茶專著，包括宋朝蔡襄的《茶錄》、宋徽宗趙佶的《大觀茶論》等。

北宋蔡襄所著的書法碑帖《茶錄》是宋朝重要的茶學專著，是繼陸羽的《茶經》之後較具影響力的論茶專著，分為上下兩篇。上篇討論

「茶」，包括茶的品質和煮茶方式，分為色、香、味、藏茶、炙茶、碾茶、羅茶（篩茶）、侯茶（侯湯）、熁盞[2]、點茶十種。下篇討論「器」，即為茶器，分為茶焙、茶籠、砧椎、茶鈴、茶碾、茶羅、茶盞、茶匙、湯瓶九種。而宋徽宗趙佶的《大觀茶論》是首部由帝王寫成的論茶專著，內容描述宋朝的茶業生產過程、茶具和宋朝的「鬥茶」[3]藝術，全書共二十篇，為宋朝茶道留下參考文獻。另外明太祖朱元璋第十七子朱權著有《茶譜》一書，提出不以茶葉壓製成茶餅並加入香料的方式，而是直接飲用茶的原始香味，是明朝飲散茶的開端。《茶譜》分為十六章，包括品茶、收茶、點茶、薰香茶法、茶爐、茶灶、茶磨、茶碾、茶羅、茶架、茶匙、茶筅、茶甌、茶瓶、煎湯法、品水。

(二)茶與文學

　　茶成為飲品之後，「品茗賦詩」成了文人雅士的興趣，並出現了許多與茶有關的文學作品。目前最早與茶有關的文學作品是西晉時期杜育所寫的《荈賦》，是一本專門歌吟茶事的詩賦類作品，也是早期中國茶文化的文學基礎，內容包含茶樹種植到茶葉飲用的過程。而《荈賦》中所讚美的茶，是河南信陽市產的靈山茶。之後與茶有關的文學代表包括中唐時期白居易寫了六十多首與茶有關的詩歌、柳宗元的《為武中丞謝賜新茶表》、劉禹錫的《代武中丞謝新茶表》、北宋蘇東坡的《葉嘉傳》、北宋范仲淹的《鬥茶歌》描述北宋時期茶文化的盛行情況，以及明朝張岱的《閔老子茶》等。

(三)茶與書法

　　以「茶」為題而作的書法作品稱為「茶帖」。歷代著名的茶帖包括唐朝懷素的《苦筍帖》；宋朝蘇東坡的《啜茶帖》、《季常帖》（又稱《一

2　「熁」音「ㄒㄧㄝˊ」（xié），「熁盞」是指用火微烤茶碗。

3　「鬥茶」即唐代所謂的「茗戰」，是以比賽形式來品評茶質優劣的習俗。鬥茶後優勝的茶會進獻給皇帝飲用。

夜帖》）、《新歲展慶帖》；宋朝蔡襄的《精茶帖》（又稱《暑熱帖》、《致公謹帖》）、《天際烏雲帖》；宋朝米芾的《笤溪帖》（又稱「笤溪詩帖」）、《道林帖》；宋朝趙令疇《賜茶帖》以及清朝金農《玉川子嗜茶帖》等。另外明朝書畫家及文學家徐渭所作的《煎茶七類》僅不到三百字，現留下草書及行書版本各一。《煎茶七類》包含人品、品泉、烹點、嘗茶、茶宜、茶侶、茶勛。

(四)茶與繪畫

在中國畫中，「茶」也是常見的題材，稱之為「茶畫」，唐朝時有許多以「茶」為主題的畫作。如唐朝閻立本的《蕭翼賺蘭亭圖》、唐朝周昉的《調琴啜茗圖》、晉朝顧愷之的《列女傳‧仁智圖卷》、北宋徽宗的《文會圖》、元朝趙元的《陸羽品茶圖》、元朝趙孟頫的《鬥茶圖》、明朝文徵明的《惠山茶會圖》等。其中明朝文徵明所畫的《惠山茶惠圖》描繪的是文徵明和幾位詩友在有「天下第二泉」之稱的無錫惠山泉品茗的情況。歷代茶畫內容多以描繪採茶、煮茶、品茶、茶具、奉茶、以茶會友等。

三、茶與禮俗

(一)祭祀

過去茶除了本為藥品以外，也是中國傳統祭祀中常見的祭品之一。南齊世祖武皇帝遺詔中提到「以茶祭天」，是後世帝王以茶祭祀的先河。唐朝宰相兼詩人張嘉貞等文人以擺置茶宴來祭祀泰山。清朝時期帝王在農曆正月初九（玉皇大帝聖誕）、七月七日（七夕節）、八月十五（中秋節）及十二月二十三日（灶君日）等節日會在紫禁城的養心殿裡擺茶祭神。民間也流行在中秋節時期以茶祭拜越娘娘。飲茶文化普及之後，茶也成為民間祭祀的常用祭品。以茶祭祀，可以祭天、地、神、佛、祖先及鬼魂，而祭祀鬼魂的習俗也與喪葬文化連結起來。以茶作祭有三種方式：茶水、乾茶、以茶壺象徵茶葉為祭。

(二)茶與婚俗

在傳統的中式婚禮有「三茶六禮」的習俗。所謂的「三茶」指的是訂婚時的「下茶」、結婚時的「定茶」及同房時的「合茶」。訂婚禮時會以茶作爲訂婚禮，因此「茶禮」又稱「茶銀」，以茶樹種植之後不能移植來表示新人婚後的情感堅貞。女方接受聘禮稱爲「受茶」，表示同意與男方結爲連理，因此有「一家不吃兩家茶」的俗諺語。

(三)茶與習俗

1. 奉茶

「奉茶」除了與婚俗有關，在中國舊社會中，若晚輩向長輩奉上一杯茶表示對長輩的尊敬，若是長輩爲晚輩沖茶倒茶則是關懷的表現，而若犯了錯誤也會以奉茶方式表示對對方的歉意。

2. 敬茶

在傳統的中式訂婚禮上，新人以茶作爲禮物，是因爲茶樹種植後不能移植，象徵情感堅貞。而訂婚禮上時新娘向配偶的父母及長輩敬茶，並以正式的親屬稱謂來稱呼對方，表示確立彼此之間的姻親關係。男方家人喝完茶後多半在茶杯中或茶杯下擺置給新娘的紅包，象徵好運。若男方拒絕喝茶則表示不同意婚事。

3. 送客

在清朝的官場上，有時爲客人送上茶並不是眞正請客人喝茶，而是代表「端茶送客」之意。當時下屬拜見上司時，上司都以茶表示對客人的禮遇，下屬多不會眞的端茶飲用，除非是在上司舉杯稱「請茶」且先飲用時，下屬才能端茶品飲。但多半時候是等正式談完，上司覺得話題已結束，又不好明著請走客人，因此會端起茶杯做出喝茶的動作，表示請客人離開，此時客人會識趣地告辭。由此而演變成端茶送客的暗示。

4. 致謝

當別人爲自己倒茶時，受茶者常以彎曲手指輕敲桌面來表示對倒茶者的感謝。而這個習俗傳說與清朝乾隆帝有關。相傳乾隆在一次微服出巡時

華人社會與文化

向隨從倒了一杯茶，隨從本想磕頭謝皇恩，但如此就會洩漏了皇帝的身分，因此他以彎曲手指的方式向皇帝表示感謝與尊敬。

第三節　酒文化

一、酒的來源

中國古代的酒又稱「醴」，是用果物製成，所以甜度高、酒精濃度低，因此才有了「千杯不醉」的說法。但對於第一個造酒的人物則有狄儀跟杜康兩種說法，後世將杜康視為「酒神」，製酒業也將杜康視為祖師爺，甚至在文學作品中「杜康」二字成了「酒」的代名詞，可見杜康對酒的貢獻之大。

對於酒的出現，根據考古學家在山東遺址中發現了酒杯、酒器等物品，因而推測出酒的出現在遠古的新石器晚期就已出現。而認為狄儀是造酒者與先秦三代有關。狄儀是夏禹的屬下，造出的酒味道甘甜，相傳是用糯米發酵製成。熟語所謂「酒池肉林」，其實指的是商紂王嗜酒，也證明了古代社會中上層社會中「酒」是主要的飲品之一。

二、酒的發展及種類

周朝的時候，設立了管理酒的官職，稱為「酒正」，此時對於「酒」已有了一定的要求及規模。到了漢朝時期，釀酒的技術更上一層樓，甚至注意到造酒的泉水甘美會影響酒的口感。東漢張騫通西域後將葡萄引入中原，因而出現了以葡萄製酒的「葡萄酒」。但因中原並不產葡萄，所以葡萄酒並未被廣泛飲用。直至唐朝時期，葡萄酒的製作漸多，長安城內處處可見酒店，連一般老百姓都常飲酒，因而此時也出現了許多與酒相關的文學作品或詩詞，其中最有名的當屬有「酒仙」之稱的李白。

到了宋朝時還有了蒸餾酒的技術，酒的種類也漸多，包括以大米和白麴製作的「白酒」、以糯米或稻米等穀物製成的「黃酒」等。白酒以大米、薯類、玉米或高粱等所製成，又稱「白乾」或「燒酒」，顏色清澈，酒精濃度高，是華人常用的蒸餾酒。白酒起源於元朝，盛行於明朝，代表

白酒包括茅臺酒、五糧液、臺灣高粱酒等。黃酒屬於糧食酒，以紹興酒爲代表，其中又以糯米所釀的黃酒最佳，酒色偏黃。除了飲用酒以外，中國的酒類還結合了中醫理論而發展出「藥酒」，加入人參、枸杞等中藥材，並按身體所需選擇適當的藥酒來飲用，以強身補力。

宋朝時期還實行酒的專賣制度，由國家統一管理。酒的蒸餾技術雖然始於宋朝，但至元明兩代的蒸餾技術更爲成熟，以蒸餾技術製造出味道更爲甘醇的燒酒。而宋朝時製酒由國家統一管理，但到了明清時代開始有了私營的釀酒坊。

三、酒與文學

酒成了一般百姓的日常飲品之後，對於文人雅士來說正是創作的來源之一。魏晉南北朝時因社會動盪不安，哲學上出現了清談與玄學，生活也變得放縱和腐化。許多人因對現實社會的不滿而以醉態來忘卻世間的的煩惱，在魏晉南北朝出現的「竹林七賢」主張老莊思想，並常聚眾喝酒作詩。其中劉伶自稱「天生劉伶，以酒爲名。」並著有《酒德頌》。阮籍在《晉書》、《世說新語》中都描述了其放蕩不羈的怪異行爲。《晉書》中描述阮籍：「嗜酒能嘯，善彈琴，當其得意，忽忘形骸。時人多謂之癡。」阮籍的《詠懷詩二十八首》爲其代表作，用詩歌表達內心的感動。另一位與阮籍齊名的的竹林七賢爲嵇康，其文學作品甚多，與酒有關的代表作如《酒會詩》七首、《酒賦》等。

唐朝時，唐人好酒，其中最爲人所知的是詩仙李白。李白好酒，寫了許多與酒有關的詩歌，最有名的如《將進酒》及《月下獨酌》等。另外在白居易的詩作中，與酒有關的就高達九百多首，著名的詩歌包含《醉歌行》、《勸酒歌》等。晉朝時則以陶淵明爲代表。陶淵明雖被稱爲「田園詩人」，但「酒」卻是他人生中不可或缺的飲品。陶淵明嗜酒，常借酒澆愁、解酒助樂，與酒有關的代表作爲《飲酒詩》等。

「東坡肉」是蘇東坡發明嗎？

　　蘇軾是中國北宋時期著名的文學家，但除了為人所熟知的文學天分以外，其實蘇軾也是美食家，對於菜餚的製作有一定的研究，尤其擅長烹煮紅燒肉。蘇軾被貶到黃州東坡後自號「東坡居士」，常燒製紅燒肉與朋友飲酒享用。由於蘇軾所作的紅燒肉不同於一般做法，且深受大家歡迎，「東坡肉」遠近馳名而成了一道名菜。除了「東坡肉」以外，蘇軾還擅長「金蟬戲豬」、「醉青蝦」、及「五關雞」，此四道菜合稱為「東坡四珍」。

「苦酒」原來指的是「醋」？

　　「苦酒」現在是用來比喻生活痛苦或辛酸的感受。古人將味道分為酸、甘、苦、鹹、辛五種，但酒一般只有酸、辛（辣）及甘（甜）三種味道，而無鹹味及苦味的酒，那麼為什麼有「苦酒」的稱呼呢？東漢學者劉熙在《釋名‧釋飲食》中提到，「苦酒：淳毒甚者，酢〔且〕苦也。」其中「毒」指的就是「苦」，「酢」指的是「酸」，由此可知「苦酒」的味道重在「酢」（酸味），「毒」（苦味）只是用來輔助增加酸味用的。因此「苦酒」的本意是指酒味發酸的劣質酒。因苦酒是發酸的劣質酒，因此後人又將「苦酒」作為「醋」的別稱。在《晉書‧張華傳》裡提到，「陸機嘗餉華鮓，於時賓客滿座，華發器，便曰：「此龍肉也。」眾未之信。華曰：「試以苦酒濯之，必有異。」其中指的「苦酒」便是醋。

「雅量」本來指的是「酒量很好」？

　　「雅量」現在的意思是指寬宏大量的氣度。根據《說文解字》，「雅，楚烏也。」意即楚國的烏鴉，因此「雅」是「鴉」的異體字，後來成為借字，有「文雅」之意，借字反而成為常用義。「雅量」一詞中的

「雅」屬於借字，本是一種酒器的名稱，「雅量」則是指一個人的酒量很好。後來「雅」字被借用於文雅、高雅之意，因此「雅量」從善飲之意變成了氣度之大的意思。

考古題

1. 很多外國人對於臺灣人見面打招呼喜歡問：「食飽未（吃飽沒）？」覺得很奇怪。這問候語可能不包含下面哪一種文化內涵？（2019年）

(A) 早期移民的生活艱辛，謀食不易，因而問候人家「食飽未」，其實是祝福對方能夠三餐溫飽，平安無事之意。

(B) 臺灣人認為溫馨熱鬧的家庭聚餐是生活幸福和諧的表徵，所以問候對方「食飽未」，是為了要「祝福一家和好與大家幸福」。

(C) 早期宗族社會裡，存在著廣義的家族情誼，在路上碰到認識的面孔，因而問候人家「食飽未」意思是說：你吃過了麼？若是還沒，到我家裡去吃吧。

(D) 早期臺灣移民社會，生活艱辛，謀食不易，加上戰爭戰亂頻仍，老百姓不能安心吃飯，所以「食飽未」的意涵，其實是政府確認老百姓糧食是否充實無虞。

答案：(D)

解釋：過去以農立國，加上過去戰爭頻仍，人民時常缺少糧食因而挨餓或因此而餓死，因此以「食飽未」（呷飽未）作為問候語，有期望三餐溫飽、生活無虞等意思，但與政府確認人民糧食是否無虞無關。

2. 辦桌是臺灣很具特色的飲食文化，關於辦桌的敘述，下列敘述何者正確？（2019年）

(A) 普通喪事菜數是奇數，喜事菜數是偶數。

(B) 臺南北門，總鋪師的人口總數高居全國之冠，有食神之鄉美稱。

(C) 菜色及上菜方式固定不變，保存了中國傳統宴席的內涵及特色。

(D) 辦桌又稱為流水席，主要在大都市最熱鬧的地方盛行，用來表現主人的尊貴與闊氣。

答案：(A)

解釋：(B)總舖師的原鄉在高雄內門，約有150多組總舖師。高雄內門的地理條件為山多田少且缺水，從事農耕較為不易，因此當地居民多尋求農作以外的行業謀生。而內門的宋江陣一直以來都相當興盛，有「藝陣之鄉」的稱呼，民俗藝陣陣頭約有五十多個，居全臺之冠，其中宋江陣就有約二十個陣頭，每年在陣頭練團時間團長多會安排大鍋菜色供表演成員食用。後來菜色越來越豐富，加上婚喪喜慶的外燴需求，漸形成「辦桌」的文化，也成為高雄內門區多數人的共有職業，其歷史已有約半個世紀之長。因此，高雄市政府在每年宋江陣活動舉行之時也同時辦理「總舖師辦桌宴」。2019年的「總舖師辦桌宴」在4月4日及5日兩天於內門舉行，由高雄市觀光局主辦，邀請四位總舖師机振良（阿良師）、吳義雄（阿机師）、薛金丁（阿丁師）、黃川維（阿川師）共同舉行辦桌宴。

(C)辦桌文化與婚喪喜慶有關，因此菜色及上菜順序也有所不同。以婚宴為例，一般在訂婚宴上會在宴客即將結束之時才上魚這道料理，一則是提醒男方親友應提早離席，二以魚放在喜宴菜之後以「魚尾」強有有力之意涵來表示「越來越興旺」。婚禮的宴客菜則多有「湯圓」，象徵圓滿，這道料理也可能出現在喬遷宴客上。再者壽宴中的主要菜色之一為麵線，有添壽之意，因此辦桌的菜色及上菜方式會因宴客的形式而有所不同。

(D)臺灣的辦桌文化由來已久，因此在各大小城市及鄉村皆有辦桌文化，而桌數的多寡也可顯示主人的人脈關係。

3. 華人地區的茶生產與飲茶有長久的歷史，不同的地區也有不同的飲茶習慣，請問以下有關茶的敘述何者正確？（2019年）

(A) 藏族習慣喝高山茶。

(B) 蒙古人習慣喝加奶或鹽的鹹奶茶。

(C) 大陸潮州人習慣喝花茶。

(D) 貴州與廣西的苗族和侗族習慣喝鐵觀音。

答案：(B)

解釋：藏族喝的茶分為酥油茶、清茶及甜茶，其中又以酥油茶最受歡迎，酥油茶是加入牛奶及鹽巴，使味道偏鹹。潮州人喜喝「功夫茶」，融合了茶藝及民俗，因此「功夫茶」是一種泡茶技巧而非茶葉的名稱，但功夫茶使用的則多為烏龍茶。貴州苗族多習慣喝綠茶，包括都勻毛尖、綠寶石綠茶、明前脆片、明前毛尖等，另外亦喝「遵義紅」，屬於紅茶的一種。廣西侗族一般喝打油茶、豆茶或十五茶等，打油茶是侗族的日常飲品，也是待客的最高禮儀。豆茶又稱「喜茶」，象徵吉祥如意，十五茶則是男女戀愛確認對方情意的茶。

4. 大華進了一家餐廳，點了：烤乳豬、鮑參翅肚、冬瓜盅、炸子雞等菜色，大概可知道他是進了：（2019年）

(A) 粵菜館　　　　　　　　(B) 湘菜館

(C) 淮菜館　　　　　　　　(D) 川菜館

答案：(A)

解釋：所謂的「八大菜系」最初只有「四大菜系」，包括清朝初期的魯菜（山東）、蘇菜（江蘇）、粵菜（廣東）、及川菜（四川）。清末時期再加入浙菜（浙江）、閩菜（以閩東及閩南為代表）、湘菜（湖南）及徽菜（安徽），形成所謂的「八大菜系」。「粵菜」著重食物與其他菜色配合，且亦喜愛煲湯，代表菜色如廣東粥、臘味、烤乳豬（燒乳豬）及雲吞麵等。「湘

華人社會與文化

菜」常將辣椒與其他食材混合製成，代表菜如黃燜鱔魚、臘味
合蒸、燒辣椒皮蛋及剁椒魚頭等。「蘇菜」分爲淮揚菜、金陵
菜來、蘇錫菜、徐海菜。其中淮揚菜（淮菜）重視選料新鮮、
刀工精細、口味清淡等，代表菜色有叫化子雞、糖醋鱖魚、鹹
水鴨等。「川菜」以麻、辣、鮮、香爲特色，代表菜色有麻婆
豆腐、夫妻肺片、宮保雞丁及水煮魚等。

5. 臺灣茶葉種類繁多，品質廣爲世界各國肯定。下列關於臺灣「東方
   美人茶」的敘述何者錯誤？（2018年）
   (A) 最大產地在阿里山　　　(B) 原名是番莊烏龍茶
   (C) 名稱是英國女皇所贈　　(D) 特色是與自然環境共生
   答案：(A)
   解釋：東方美人茶最大產地在新竹及苗栗一帶，阿里山產珠露茶及高
   　　　山茶。

6. 下列有關中國酒文化的敘述何者錯誤？（2018年）
   (A) 造酒或發明酒的人主要有儀狄與杜康兩說，後世多將杜康尊爲酒
   　　神
   (B) 紹興習俗小孩滿月時，擇酒數罈，泥封罈口，埋於地下，名狀元
   　　紅、女兒紅
   (C) 黃酒沒有經過蒸餾，酒精含量低於10%，因色澤呈黃色而得名，
   　　只能用於烹調
   (D) 高粱酒，屬中國燒酒中的一種，乃是經蒸餾製造而成
   答案：(C)
   解釋：黃酒是釀造的米酒，以稻米等爲原料釀製而成，屬於糧食酒，
   　　　且無經過蒸餾，酒精含量低於20%，因色澤呈黃色而得名。黃
   　　　酒原產中國浙江、湖北及江蘇等地，代表酒是紹興酒，而經過
   　　　長時間熟成的黃酒則稱爲「老酒」。

張岱《閔老子茶》中某段敘述閔汶水煮茶過程：「汶水喜，自起當爐。茶旋煮，速如風雨。導至一室，明窗淨几，荊溪壺、成、宣窯磁甌十餘種，皆精絕。燈下視茶色，與磁甌無別，而香氣逼人，余叫絕。」上述引文沒有：（2017年）

(A) 品茶環境　　　　　　　(B) 茶點
(C) 擇器　　　　　　　　　(D) 茶香

答案：(B)

解釋：「導至一室，明窗淨几」指的是品茶環境。「荊溪壺、成、宣窯磁甌十餘種，皆精絕」指的是擇器。「燈下視茶色，與磁甌無別，而香氣逼人，余叫絕」則是指茶香。該段引文沒有明確指出茶點。

8. 我國飲食文化充分體現了傳統思想，如農民曆記載食物「相生相剋」的組合，便是依據哪一方面的理論而來？（2016年）

(A) 陰陽五行　　　　　　　(B) 中庸之道
(C) 以變為常　　　　　　　(D) 以柔克剛

答案：(A)

解釋：中醫理論強調「陰陽五行」、「相生相剋」。所謂「五行」就是金、木、水、火、土。「五行相生」指的是「木生火、火生土、土生金、金生木、木生水」，而「五行相剋」則是「木克土、土克水、水克火、火克金、金克木」。

9. 古代結婚，茶是聘禮之一，其用意是：（2016年）

(A) 以備新娘拜見男方親友奉茶之用
(B) 茶樹栽培只能下種，不能移植，取其矢志不移的含意
(C) 茶是開門七件事之一，生活必需品
(D) 茶入口生津甘美，象徵人生回甘的滋味

答案：(B)

解釋：明朝陳耀文所著《天中記》中寫道：「凡種茶樹必下子，移植

則不復生，故俗聘婦必以茶爲禮，義固有所取也。」

10. 飲茶文化是中華文化中重要的一環，下列有關飲茶文化的敘述何者
有誤？（2016年）
(A) 茶葉最早被當作是藥品，直到西漢才爲飲品
(B) 臺灣北部種茶以包種爲主
(C) 宋元以後，改爲泡茶，不再加調味料飲用
(D) 陸羽的《茶經》中不僅介紹了茶在中國大陸和臺灣的產地和種
類，也介紹了茶的飲法及煮法

答案：(D)

解釋：《茶經》一書討論了茶之源、茶之具、茶之造、茶之器、茶之
煮、茶之飲、茶之事、茶之出、茶之略、茶之圖等十個方面。
而記錄臺灣茶最早出現在清朝時代，但陸羽《茶經》並未提及
臺灣茶的產地和種類。

11. 傳說杜康造酒是因其將「餘粥棄於桑，鬱積成香，竟有奇味，杜
康嘗而甘美，遂得釀酒之秘」，由此可知古代的酒，多由稻米等
穀類發酵製作而成。下列何種酒的製法，最符合上述的製酒方式？
（2016年）
(A) 白酒 (B) 紅酒
(C) 黃酒 (D) 高梁酒

答案：(C)

解釋：紅酒多指葡萄酒，白酒與高梁酒相同，都是屬於酒精含量高的
蒸餾酒。黃酒是屬於以稻米釀造而成的酒，未經過蒸餾法，酒
精含量低。題目中僅提到「餘粥棄於桑，鬱積成香」，未提及
蒸餾法，故答案爲(C)黃酒。

12. 陰曆每隔二年或三年就多增加一個月，稱爲「閏月」。依民間習
俗，出嫁的女兒逢農曆閏月之年，會準備何物爲父母添壽求平安？
（2016年）

(A) 紹興酒 　　　　　　　　　(B) 月餅

(C) 豬腳麵線 　　　　　　　　(D) 粽子

答案：(C)

解釋：臺灣閩南語中有句俗諺「三年一閏，好壞照輪」，意思是每三年就會遇到一次閏月，有閏月的那一年就會被視為「壞年」，所以有閏年父母會減壽之說。因此衍生出「閏月添壽」習俗，由出嫁的女兒在閏月初一至十五期間買豬腳麵線給父母添壽。之所以是由出嫁女兒負責，是因舊時傳統觀念認為女兒出嫁即是夫家人，應孝順夫家父母，因此為自己父母添壽的行為是「多出來的」，隱含了父母的壽命也會「多出來」。而用「豬腳麵線」為父母添壽，是因為麵線象徵長壽，豬腳象徵強健，因此也有「呷麵線添福壽，呷豬腳增勇健」的閩南俗諺。

13. 新竹地區著名的「九降風」成就了某種重要食材，這項食材是？
（2015年）

(A) 米粉 　　　　　　　　　　(B) 粉圓

(C) 冬粉 　　　　　　　　　　(D) 意麵

答案：(A)

解釋：九降風是指東北季風期間的臺灣氣候現象，時間約為農曆九月，在臺灣冬季較為乾燥的地區會利用九降風來製作需要風乾的食物，如新竹米粉、柿餅及仙草等。

14. 近年來風行各地的飲料「珍珠奶茶」，其中的「珍珠」指的是：
（2014年）

(A) 芋圓 　　　　　　　　　　(B) 粉圓

(C) 肉圓 　　　　　　　　　　(D) 桂圓

答案：(B)

解釋：「粉圓」在珍珠奶茶中又稱「珍珠」。

15. 中國各地都有名菜佳餚，東坡肉為哪個地方的名菜？（2014年）

    (A) 廣州   (B) 蘇州

    (C) 杭州   (D) 徐州

答案：(C)

解釋：杭州菜以爆、炒、炸等烹調方式為主，代表菜如西湖醋魚及東坡肉等。

16. 華人社會在節慶飲食上形成自己的傳統，下列何者並非各地共同傳統？（2013年）

    (A) 元宵節吃湯圓   (B) 端午節吃粽子

    (C) 中秋節吃烤肉   (D) 春節吃年糕

答案：(C)

解釋：中秋節吃烤肉乃臺灣地區所特有。至於對中秋節吃烤肉的起源眾說紛紜，最常見的說法是與某廠商的口烤肉醬廣告有關，但亦有學者經考察認為，中秋節烤肉的習慣與臺灣的新竹市有關。1980年代臺灣新竹市製造烤盤的主要產地，但當時外銷不景氣而改為內銷，而後形成了中秋節烤肉的習慣。

17. 華人地區盛行飲茶文化，各地茶葉種類繁多，以下著名茶葉與其主要產地，何者不正確？（2013年）

    (A) 鹿谷烏龍茶   (B) 杭州龍井

    (C) 黃山碧螺春   (D) 安溪鐵觀音

答案：(C)

解釋：碧螺春產於產於蘇州太湖洞庭山，黃山產毛峰，兩者皆屬綠茶。

18. 中國人有佳節飲酒的習俗，下列何者不正確？（2013年）

    (A) 春節飲屠蘇酒   (B) 端午節飲雄黃酒

    (C) 中秋節飲茱萸酒   (D) 重陽節飲菊花酒

答案：(C)

解釋：中秋節時傳統飲桂花酒，因爲八月是桂花盛開的時候。

19. 關於客家特色飲食，下列選項何者不正確？（2013年）

(A) 梅干扣肉　　　　　　　(B) 擂茶
(C) 椒麻雞　　　　　　　　(D) 薑絲大腸

答案：(C)

解釋：現在在臺灣的泰式餐廳中常可見椒麻雞這道菜，但這道菜並非始於泰國，而是中國雲南的特色菜。在過去因戰亂而逃離雲南的人們將這道菜帶到泰北及緬甸，影響了當地的飲食，因此現多出現在泰式餐廳中。

20. 臺灣著名的客家板條是用哪一種米製造的？（2012年）

(A) 糯米　　　　　　　　　(B) 香米
(C) 在來米　　　　　　　　(D) 蓬萊米

答案：(C)

解釋：粄條是客家美食，是屬於大米（稻米）類的附屬品。粄條使用在來米製成，磨成米漿後在澆灌於平底鍋內鋪放，後再將平底鍋至於蒸籠內蒸熟。而之所以稱爲「粄條」是因爲客家人在製作時常將粄切成條狀後烹煮，故稱「粄條」，或寫作「板條」。而臺灣的稻米分爲三類：粳稻（蓬萊米）、秈稻（在來米）、糯稻（糯米），糯米是糯稻脫殼之後的米粒，顏色不透明，口感軟黏，主要用來製作偏屬黏性的食物，如粽子等。香米形狀細長且黏性低，外型較爲透明，有「糧中珍品」之美譽，營養價值高。在來米形狀亦爲細長且黏性低，較無光澤，多用來製作米粉、板條或菜頭粿等。蓬萊米爲橢圓形，外型短粗且米粒較大，黏性較強，用於製作壽司或煮粥等。

21. 臺灣本地生產的茶葉，下列何者不正確？（2012年）

(A) 烏龍　　　　　　　　　(B) 包種

(C) 大紅袍　　　　　　　　　　(D) 東方美人

答案：(C)

解釋：大紅袍產於福建武夷山。

22. 在華人的飲食中，酒可以用來治病、養生及成禮等，傳說中釀酒的始祖為何人？（2012年）

(A) 杜康　　　　　　　　　　　(B) 嵇康

(C) 阮籍　　　　　　　　　　　(D) 劉伶

答案：(A)

解釋：嵇康是魏晉時期「竹林七賢」之一。阮籍亦為竹林七賢之一，每每飲酒大醉，驅車而遊，每至窮途則大哭。劉伶自稱「天生劉伶，以酒為名」，甚至作《酒德頌》，亦為竹林七賢之一。

23. 臺灣的凍頂茶聞名海內外，所謂「凍頂」是指位於何處的凍頂山？（2011年）

(A) 新竹湖口　　　　　　　　　(B) 臺中霧峰

(C) 彰化員林　　　　　　　　　(D) 南投鹿谷

答案：(D)

解釋：臺灣凍頂茶（凍頂烏龍茶）發源於南投縣鹿谷鄉的凍頂山。凍頂山終年雲霧環繞，雨水充沛，所栽種的茶葉味道清香回甘，因此山上遍佈茶莊及茶園。

24. 華人飲茶習慣由來已久，對茶葉種類的鑑別頗為講究，各種茶葉之產地及特色的說明，下列選項何者正確：（2011年）

(A) 文山包種：產於臺灣北部，茶色金黃，滋味甘醇

(B) 西湖龍井：產於蘇州太湖，呈棕褐色，氣味極濃

(C) 碧螺春：產於湖南洞庭湖，呈淡紅色，入口味由甘轉苦

(D) 大紅袍：產於雲南麗江，色澤碧綠，清淡爽口

答案：(A)

：西湖龍井是綠茶中的聖品，以色綠、香郁、味醇、形美四相
而著名。碧螺春產於蘇州太湖洞庭山，外形捲曲似螺，色澤碧
綠，在農曆清明前採的才稱爲「春」，香氣持久，初苦後甘。
大紅袍是產於福建武夷山，屬烏龍茶的一種，有茶中狀元之
稱，生於層岩之上，形狀似濃眉，色澤醇厚、香氣濃郁。

25. 中國飲酒文化歷史久遠，和「酒」有關的敘述，下列選項何者不正
確？（2011年）

(A) 傳說杜康擅長造酒，後來杜康成爲酒的別名

(B) 魏晉名士身處亂世，不得不明哲保身，也往往借飲酒以澆胸中塊
壘

(C) 從陶淵明種秫來看，魏晉時期所飲的酒偏向紹興酒一類

(D) 金門所造高粱酒，品質精醇、晶亮透明，享譽中外

答案：(C)

解釋：「秫」是黏高粱，可作燒酒，部分地區泛指高粱。因此魏晉時
期所飲用的酒屬於高粱酒。

26. 下列名茶，何者不屬於綠茶？（2010年國內版）

(A) 西湖龍井 　　　　　　　(B) 安溪鐵觀音

(C) 洞庭碧螺春 　　　　　　(D) 信揚毛尖

答案：(B)

解釋：安溪鐵觀音屬於青茶的一種。

27. 「茶」是中華文化的代表之一，華人飲茶風氣起於何時？（2010年
國內版）

(A) 周代 　　　　　　　　　(B) 宋代

(C) 唐代 　　　　　　　　　(D) 魏晉南北朝時代

答案：(D)

解釋：「茶」最初屬於藥用，是藥材的一種，到了西漢時才由藥品轉

為飲品，魏晉南北朝時飲茶已經相當普及，成為人們招待客人和進行社交活動的媒介之一。

28. 下列何者不屬於臺灣小吃？（2010年國內版）
(A) 肉圓
(B) 蚵仔麵線
(C) 白菜滷
(D) 蝦仁肉羹

答案：(C)

解釋：「白菜滷」是由福州傳來，也稱為「滷白菜」，屬於閩式料理中的宴客菜，而非臺灣小吃。

29. 中國地大物博，傳統菜餚各具特色。請指出著名的「紅燒獅子頭」屬於哪一菜系？（2010年國外版-1）
(A) 江浙菜
(B) 川菜
(C) 湘菜
(D) 粵菜

答案：(A)

解釋：浙菜分杭幫菜、寧波菜、紹興菜及溫州菜。杭幫菜以爆、炒、炸等烹調方式為主，代表菜如西湖醋魚及東坡肉等。寧波菜擅長海鮮，代表菜如雪菜大湯黃魚等。紹興菜以蒸、燉方式烹調，代表菜如清蒸桂魚等。溫州菜又稱「甌菜」，以烹調海鮮為主，代表菜如蒜子魚皮等。其中知名的「紅燒獅子頭」就是屬於江浙菜。

30. 下列哪一種茶需要經過半發酵？（2010年國外版-1）
(A) 綠茶
(B) 紅茶
(C) 烏龍茶
(D) 花茶

答案：(C)

解釋：從發酵程度來分，綠茶及黃茶屬於不發酵茶、白茶及青茶屬於半發酵茶、紅茶屬於全發酵茶，而黑茶則是後發酵茶。烏龍茶屬於青茶的一種，因此是半發酵茶。

31. 下列哪一種茶需要加入花朵製作？（2010年國外版-2）

    (A) 包種茶   (B) 烏龍茶

    (C) 茉莉花茶   (D) 東方美人茶

答案：(C)

解釋：茉莉花茶又稱茉莉香片或香片，以茶業及茉莉花製成，其發源
        地是中國福建省福州市，屬於花茶類和再加工茶，因此兼具花
        味及茶味兩種香味。

32. 中國地大物博，傳統菜餚各具特色。請問著名的「宮保雞丁」屬於
哪一菜系？（2010年國外版-2）

    (A) 川菜   (B) 江浙菜

    (C) 魯菜   (D) 粵菜

答案：(A)

解釋：川菜以麻辣、椒麻味道為主，是四川區的特色菜，代表菜餚
        包括魚香肉絲及宮保雞丁等。江浙菜又稱吳越菜，是江蘇及浙
        江一帶的特色菜，代表菜餚包括西湖醋魚、松鼠鱖魚、龍井蝦
        仁等。魯菜又分濟南菜、膠東菜及孔府菜，代表菜餚有糖醋鯉
        魚、蔥燒海參等。粵菜是廣東地區的特色菜，又稱廣東菜或廣
        府菜，代表菜餚有脆皮乳豬、雲吞麵等。

33. 華人愛喝茶，許多茶葉產地遠近馳名，下列組合中何者有誤？
（2009年國內版）

    (A) 雲南普洱茶   (B) 西湖龍井茶

    (C) 木柵凍頂茶   (D) 安溪鐵觀音

答案：(C)

解釋：木柵產鐵觀音，凍頂茶（凍頂烏龍茶）原產地在南投縣鹿谷
        鄉。

34. 中國是茶的起源地，世界多種語言中茶字由中文茶音譯而來，請問
至何時茶成為中原地區一般人民的飲料？（2009年國外版）

(A) 漢　　　　　　　　　　(B) 唐

(C) 宋　　　　　　　　　　(D) 明

答案：(B)

解釋：茶到了唐朝時是將茶葉搗碎後加入蔥薑等調料煎煮成糊狀，因而稱為「喫茶」，此時也興起了茶館。

35. 茶文化是中華飲食文化中重要的一部分，下列有關茶的敘述何者正確：（2009年國外版）

(A) 宋代產生第一部茶葉專著《茶經》

(B) 唐人飲茶有鬥茶的風尚

(C) 明代盛行淪飲法，改變飲茶的方式

(D) 清初福建居民，移居海外，因而使紅茶大量外銷

答案：(C)

解釋：《茶經》是唐朝陸羽所作。鬥茶又稱「茗戰」，是唐朝時一種品評茶業品質優劣的比賽形式。紅茶外銷主要與閩商通過海路與歐洲商船進行貿易後，由歐洲商船將紅茶運往歐洲。

36. 中國地大物博，傳統菜餚各具特色。請指出著名的「無錫排骨」是屬於哪一菜系？（2009年國外版）

(A) 江浙菜　　　　　　　　(B) 川菜

(C) 湘菜　　　　　　　　　(D) 粵菜

答案：(A)

解釋：無錫排骨與惠山泥人、清水油麵同為無錫的三大名產，也是無錫本幫菜的代表菜餚。無錫菜屬於江浙菜（吳越菜），「江」指江蘇南部，包括蘇州、上海及吳錫一帶；「浙」指浙西，包括杭州、湖州及嘉興一帶。

37. 中國飲茶之風約始於漢代，至何時茶館成為庶民文化？（2008年國內版、2008年國外版）

(A) 唐　　　　　　　　　　　　(B) 宋
(C) 元　　　　　　　　　　　　(D) 明

答案：(B)

解釋：「茶館」源於唐朝，但興盛於宋朝。宋朝時茶館又稱「茶坊」、「茶樓」、「茶肆」等，是喝茶及娛樂的場所。

第七章

節慶與歲俗

第一節　二十四節氣

一、二十四節氣

　　二十四節氣的產生與中國採用的農曆有關。農曆是世界上最古老的曆法制度，以月亮繞地球一周的時間爲一個月，時間約爲29天12小時44分03秒，大月30天，小月29天，一年爲354天或355天。但因爲一年繞行太陽的總時間比陽曆少了11天，因此在農曆中就加上「閏月」的辦法，亦即三年加一個閏月、五年加兩個閏月、十九年加七個閏月。有閏月的月份一年就有了383天或384天，因此總加起來，十九年的年平均長度就和陽曆差不多。農曆便於農業生產，因此至今仍採用。

　　在農業生產的過程中，農民意識到太陽和月亮的運行規律，因此農曆除了可表示月亮的陰晴圓缺、季節的變化以外，另一個就是將一年分成二十四等份，並給每個等份取名，這就是常見的「二十四節氣」。

　　二十四節氣的概念產生於戰國時代，之所以命名爲「二十四節氣」，其實就是地球在繞行太陽時的二十四個位置。地球繞太陽一周是三百六十度，每十五度是一個節氣，兩個節氣就相隔十五天。而每個月有兩個節氣，因此一年就有了二十四個節氣。二十四節氣之所以對農業生產有極重要的意義，原因就在於二十四節氣表明氣候的變化和農事的季節。二十四個節氣按照順序分別爲：

　　春天：立春、雨水、驚蟄、春分、清明、穀雨

　　夏天：立夏、小滿、芒種、夏至、小暑、大暑

　　秋天：立秋、處暑、白露、秋分、寒露、霜降

　　冬天：立冬、小雪、大雪、冬至、小寒、大寒

二十四節氣名稱的由來表示季節的變化、氣溫變化、降水降雪情況、農作物的生長情況等。「立」表示開始，「分」是一分為二，有「分開」的意思，也表示極限和轉折點。「立春、立夏、立秋、立冬」及「春分、夏至、秋分、冬至」八個節氣代表了四季的交替，其他節氣則表示相關的季節及氣候的特徵，如「雨水」表示開始下雨等。

二十四節氣對應於陽曆的時間如下表：

表7-1　二十四節氣表

季節	農曆	節氣名稱	陽曆時間	代表涵義
春	正月	立春	2月4、5日	春天開始，天氣變暖
		雨水	2月18、19日	開始降雨
	二月	驚蟄	3月5、6日	冬眠動物開始活動
		春分	3月20、21日	春季中間，晝夜平分
	三月	清明	4月4、5日	天氣清和明朗
		穀雨	4月20、21日	降雨增多，有利穀物生長
夏	四月	立夏	5月5、6日	夏季開始，溫度提高
		小滿	5月21、22日	穀作物逐漸飽滿
	五月	芒種	6月5、6日	芒作物成熟
		夏至	6月21、22日	夏天來臨，白天最長
	六月	小暑	7月7、8日	天氣開始變熱
		大暑	7月22、23日	最熱的時候
秋	七月	立秋	8月7、8日	秋季開始，氣溫下降
		處暑	8月23、24日	炎熱即將結束
	八月	白露	9月7、8日	夜晚漸涼，出現露水
		秋分	9月23、24日	秋季中間，晝夜平分
	九月	寒露	10月7、8日	氣溫降低，露水較涼
		霜降	10月22、23日	開始降霜
冬	十月	立冬	11月7、8日	冬天開始
		小雪	11月22、23日	開始降雪

季節	農曆	節氣名稱	陽曆時間	代表涵義
	十一月	大雪	12月7、8日	雪量較大
		冬至	12月21日	白天最短，黑夜最長
	十二月 （臘月）	小寒	1月5、6日	氣候寒冷
		大寒	1月20、21日	最冷的時候

二、二十四節氣的傳統含義

(一)立春

「立春」是二十四個節氣中的第一個，表示春天的開始，天氣變暖。「立春」又稱「打春」，代表萬物復甦、植物開始萌芽，生氣蓬勃。與立春有關的農諺包括：「立春一年端，種地早盤算」、「一年之計在於春」、「立春雨水到，早起晚睡覺」、「想要莊稼好，一年四季早」等。

(二)雨水

「雨水」從字面上就可以知道代表降雨時節到了，雨量增加了，是農作物生長的開始。相關的農諺包括「好雨知時節，當春乃發生。隨風潛入夜，潤物細無聲」、「七九八九雨水節，種田老漢不能歇」、「春雨貴如油」等。

(三)驚蟄

「驚蟄」指的是春天來臨，冬眠蟄伏的動物也甦醒了，從字面上的解釋就是「驚醒了冬眠的昆蟲及動物」。驚蟄時天氣更暖，雨水更多，正是農忙的時候。相關的農諺如「春雷響，萬物長」、「節到驚蟄，春水滿地」、「驚蟄至，雷聲起」等。

(四)春分

「春分」是春天節氣的正中間，表示春天過了一半。春分時太陽直射赤道，南北半球的日照時間一樣，晝夜均分，因此古代又稱「日夜分」、

「日中」、「升分」或「中春之月」。春分開始白天漸長，夜晚漸短。春分時節也容易下雨，因此有了「春分有雨病人稀，五穀稻作處處宜」的俗諺語，提醒人們別因氣候變化而生病，而穀物也因雨水而生長得更好。相關的農諺如「春分有雨家家忙，先種麥子後插秧」、「春風南風，先雨後旱」、「春分栽不妥，再栽難成活」等。

(五)清明

「清明」時北方風沙減少，南方則霧氣消退，且此時植物盛開，一切都呈現景明氣清、清爽明媚的景像，故稱「清明」。「清明」時還有個傳統重要的節日「清明節」，與春節、端午及中秋並列為華人的四大節日。相關的農諺如「植樹造林，莫過清明」、「清明要明，穀物要雨」、「清明濃霧，一日天晴」等。另外與清明節有關的詩詞也很多，其中著名的如杜牧所寫的「清明時節雨紛紛，路上行人欲斷魂。借問酒家何處有，牧童遙指杏花村」。

(六)穀雨

「穀雨」是春天的最後一個節氣，意味雨量增加，氣溫繼續上升。而農作物的耕作最需要適當的氣溫和充足的雨量，因此「雨生百谷」就說明了氣候對農作物的影響性。相關的農諺如「穀雨有雨棉花肥」、「苞米下種穀雨天」、「穀雨下秧，大致無妨」等。

(七)立夏

「立夏」是夏天的第一個節氣，從立夏開始氣溫明顯升高，天氣變得炎熱，雷雨也增多。「立」是「開始」之意，「夏」則有「大」的意思，表示春天播種的農作物有所成長了。周朝時相當重視立夏，因此帝王會親自率領文武百官到京城外「迎夏」，並舉行「迎夏儀式」。相關的農諺如「立下三日正鋤田」、「苗要好，除蟲早」、「季節到立夏，先種黍子後種麻」等。

(八)小滿

　　「小滿」意謂著夏天的農作物開始飽滿，但還未完全成熟。相關的農諺如「小滿麥漸黃，夏至稻花香」、「小滿十日滿地黃」、「麥到小滿日夜黃」等。

(九)芒種

　　「芒種」從字面上解釋即是芒作物成熟的時候，故須忙著收割。同時也是農民一年最忙的時候，又稱「三夏」，即「夏收、夏種、夏管」。芒種也是農作物種植時間的分界點，因為從芒種開始，雨量減少，天氣轉為乾熱。相關的農諺有「芒種火燒天，夏至雨綿綿」、「芒種忙，麥上揚」、「夏季農活忙，做好收、種、管」等。

(十)夏至

　　「夏至」這天北半球的白晝時間最長，夜晚最短，但並不是最炎熱的時候，只代表了夏天的到來。此時第一期的農作已成熟，開始第二期的稻子播種。與夏至有關的農諺如「夏至不熱，多至不冷」、「過了芒種不種稻，過了夏至不栽田」、「夏至雨點值千金」等。

(十一)小暑

　　「小暑」的「暑」指「炎熱」，但並非最炎熱的時候。小暑到來，表示梅雨季節即將結束，進入伏旱期。相關的農諺如「小暑過，一日熱三分」、「小暑南風，大暑旱」、「乾打雷，不下雨」等。

(十二)大暑

　　「大暑」是夏季最後一個節氣，也是一年中最炎熱的時期。大暑時期的農作物生長最快，但也是自然災害最頻繁的時候，例如北方發生洪澇，南方卻出現乾旱。與大暑相關的農諺如「大暑熱不透，大熱在秋後」、「小暑不見日頭，大暑曬開石頭」、「大暑不暑，五穀不起」等。

(圭)立秋

「立秋」是秋季的開始。立秋之後，下一次雨天氣就會涼快一點，因而有「一場秋雨一場寒，十場秋雨要穿棉」的說法。此時農民須在立秋前後插秧，以確保穀物豐收。雖然立秋代表著秋天的到來，但天氣依然較為炎熱。與立秋有關的農諺如「立秋之日涼風至」、「立了秋，掛鋤頭」、「雷打秋，冬半收」等。

(齒)處暑

「處暑」的「處」表示結束、終結，意思是炎熱的夏天至此已經結束，正式進入秋高氣爽的秋天。在中國沿岸一帶，處暑正是颱風最頻繁的時候，因此農民最怕因颱風帶來過多的雨量而影響農作物的收成。相關的農諺如「處暑穀漸黃，大風要提防」、「處暑十日忙割穀」、「處暑雨，粒粒皆是米」。

(盍)白露

「白露」表示氣溫開始降低，天氣開始轉涼。之所以稱為「白露」，是因為天氣轉涼的清晨時分，葉子或地上容易出現露珠，而秋天在五行中屬金，金色白，所以稱「白露」。白露代表天氣的轉換，所以許多俗諺語也提醒了人們要注意身體，避免著涼，因此許多跟白露有關的俗諺語多描述天氣的變化，如「處暑十八盆，白露勿露身」、「白露秋分夜，一夜冷一夜」、「白露風，寒露雨」等。

(共)秋分

「秋分」是秋季的中間點，秋分時全球晝夜等長，但秋分過後北半球的黑夜逐漸增長，白晝漸短，氣溫也漸低。秋分還有「三候」的特徵：雷始收聲、蟄蟲坏戶及水始涸。「雷始收聲」表示秋分後天氣漸冷，不再打雷；「蟄蟲坏戶」表示小蟲回到土裡準備過冬；「水始涸」表示水氣漸少，空氣也變得乾燥。相關的農諺如「白露早，寒露遲，秋分種麥正當

時」、「秋分稻見黃，大風要提防」、「秋分鐮刀響，寒露割高粱」等。

(七)寒露

「寒露」與白露相比是指氣溫更低、露水更涼，有的地方甚至已經結霜，更有寒冷的感覺。相關的農諺有「寒露時節人人忙，種麥、摘花、打豆湯」、「寒露前後看早麥」、「菊花開，麥出來」等。

(八)霜降

「霜降」是秋天最後一個節氣，而「霜」是溫度低至零度以下才會形成，因此「霜降」就是「降霜」的意思，表示天氣要轉至冬季。相關的農諺如「霜降前後始降霜，有的地方播麥忙」、「霜降前降霜，挑米如挑糠；霜降後降霜，稻穀打滿倉」、「寒露種菜，霜降種麥」等。

(九)立冬

「立冬」是冬天的第一個節氣，表示冬季的到來及開始。立冬的「冬」除了表示冬天以外，其實也隱含了萬物收藏的意思，指的是將秋季所收割的農作物加以儲藏，準備過冬。相關的農諺如「立冬種豌豆，一斗還一斗」、「今冬麥蓋三層被，明年枕著饅頭睡」、「立冬落雨會爛冬，吃得柴盡米糧空」等。

(十)小雪

「小雪」正值農曆十月下旬，雪小且地上多無積雪，故稱「小雪」。與小雪有關的俗諺語多描述小雪時的天氣情況，如「小寒不寒，清明泥潭」等，相關的農諺如「小雪雖冷窩能開，家有樹苗儘管栽」、「到了小雪節，果樹快剪截」等。

(三)大雪

「大雪」，顧名思義，就是雪量極大的時候，多數地區氣溫在零度以

第七章　節慶與歲俗

169

下，也是降水日數最少的節氣。相關的農諺如「今年麥子雪裡睡，明年枕著饅頭睡」、「今冬大雪飄，來年收成好」、「大雪三白，有益菜麥」等。

㈢冬至

　　「冬至」又稱「冬節」、「賀冬」、「長至節」、「亞歲」等，是白天最短、夜晚最長的時候。冬至有祭祖的習俗，習慣上吃湯圓。沿海地區部分人民將湯圓製成紅色及白色，表示陰陽交替，每個地區也會食用不同的冬至代表食物。而冬至也是進補的最佳時期，因此有「冬至進補，春天打虎」。與冬至有關的俗諺語如「一年雨水看冬至」、「冬至有霜，臘雪有望」等。

㈢小寒

　　「小寒」表示開始進入一年之中最冷的時候，是表示氣溫變化的節氣，如俗諺語「小寒大寒寒得透，來年春天天暖和」。與小寒有關的農諺如「臘月三場白，來年收小麥」、「臘月三白，適宜麥菜」等。

㈢大寒

　　「大寒」是二十四節氣最後一個節氣，是一年中最冷的時候，低溫、風大、地上積雪高。與大寒有關的農諺如「大寒見三白，農人衣食足」、「大寒豬屯濕，三月谷芽爛」等。

第二節　天干地支

　　「天干」和「地支」合稱「干支」，是古代用來記錄年、月、日、時的方法，包含十個天干和十二個地支。十個天干包括甲、乙、丙、丁、戊、己、庚、辛、壬、癸。十二個地支是子、丑、寅、卯、辰、巳、午、未、申、酉、戌、亥。天干和地支的計年以「甲子」的配對為首，天干在

前，地支在後，經一定組合方式配成六十對，六十爲一個週期，不斷循環往復，一個週期即爲六十年。根據考古發現，遠在商朝時就已開始用干支計日。六十的天干地支如下表7-2：

表7-2　天干地支表

1	2	3	4	5	6	7	8	9	10	11	12
甲子	乙丑	丙寅	丁卯	戊辰	己巳	庚午	辛未	壬申	癸酉	甲戌	乙亥
13	14	15	16	17	18	19	20	21	22	23	24
丙子	丁丑	戊寅	己卯	庚辰	辛巳	壬午	癸未	甲申	乙酉	丙戌	丁亥
25	26	27	28	29	30	31	32	33	34	35	36
戊子	己丑	庚寅	辛卯	壬辰	癸巳	甲午	乙未	丙申	丁酉	戊戌	己亥
37	38	39	40	41	42	43	44	45	46	47	48
庚子	辛丑	壬寅	癸卯	甲辰	乙巳	丙午	丁未	戊申	己酉	庚戌	辛亥
49	50	51	52	53	54	55	56	57	58	59	60
壬子	癸丑	甲寅	乙卯	丙辰	丁巳	戊午	己未	庚申	辛酉	壬戌	癸亥

以本書出版年份西元2019年爲例，屬於「己亥年」。但要如何算出某年是什麼年呢？其算法有兩種，一種是以民國年計算，一種是以西元年算。

天干表爲：

表7-3　天干表

甲	乙	丙	丁	戊	己	庚	辛	壬	癸
3	4	5	6	7	8	9	0	1	2

要找出民國年的天干就看民國年的尾數，若爲民國71年，尾數是1，則爲「壬」，舉凡尾數是1的都是「壬」，如21、31、41、51……等，民國108年，尾數是8，因此爲「己」。

而民國的「地支」爲：

表7-4　地支表

子	丑	寅	卯	辰	巳	午	未	申	酉	戌	亥
1	2	3	4	5	6	7	8	9	10	11	12

　　要找出民國年的地支就是以民國年減掉12的倍數後剩下的餘數。如民國71年減掉12的倍數後所得的餘數為11（12的5倍為60，71 − 60 = 11），對應地支表11為「戌」，民國71年尾數是「1」，對應天干表為「壬」，故該年為「壬戌年」。

　　再以民國108年為例，民國108年減掉12的倍數後所得出的餘數是0，即為整除，也就是108為12的倍數，則地支對應為「亥」，天干對應為「己」，因此民國108年就是「己亥年」。而因60年為一循環，因此找出某民國年的天干地支年後，減60年或加60年都與該年相同，如民國108年為己亥年，減60年為民國48年，加60年為民國168年，都是己亥年。

　　再者，若以西元年來找天干地支，則可用以下的公式得出：

　　（西元年-1911）÷ 10 = X⋯⋯餘數 = 天干

　　（西元年-1911）÷ 12 = Y⋯⋯餘數 = 地支

　　如西元2019年的天干算法為：2019 − 1911 = 108→108 ÷ 10 = 10.8

　　其中「8」就是餘數，對照上頁的天干表，「8」為「己」。

　　西元2019年的地支算法為：2019 − 1911 = 108→108 ÷ 12 = 9，整除，餘數為零，對照上頁的地支表，整除即代表為12，故地支為「亥」。因此透過上述兩個公式得出西元2019年的天干地支為「己亥年」。

　　地支除了搭配天干得出天干地支年以外，中國傳統曆法又與十二生肖做結合，以十二生肖代表地支，如下表7-5：

表7-5　生肖搭配地支表

子	丑	寅	卯	辰	巳	午	未	申	酉	戌	亥
鼠	牛	虎	兔	龍	蛇	馬	羊	猴	雞	狗	豬

因此可以根據地支找出生肖，或由生肖找出地支。再者，地支又可與時間搭配。中國古代把一天分成十二個時辰，每個時辰以地支來表示，如下表7-6：

表7-6　時辰表

子	丑	寅	卯	辰	巳	午	未	申	酉	戌	亥
23	01	03	05	07	09	11	13	15	17	19	21
｜	｜	｜	｜	｜	｜	｜	｜	｜	｜	｜	｜
01	03	05	07	09	11	13	15	17	19	21	23

第三節　重要節慶與飲食

　　中國以農立國，重視農事，並遵循農曆的節氣來耕作及採收。此外，中華文化中許多重要的歲時節慶也以農曆為主，進行慶祝活動，流傳至今，仍深深影響華人的生活。本節按照農曆，從正月開始介紹重要的歲時節慶、相關活動及其飲食文化。

一、正月

㈠除夕夜及春節

　　農曆正月初一可以說是中華文化中最重要的節慶。古時將農曆正月初一稱為「三元」，包括「歲之元、時之元、月之元」，民國後將之正式更名為「春節」，並沿用至今。雖然農曆正月初一始為春節，但嚴格來說從農曆十二月底開始就為了正月初一的春節做準備。農曆十二月二十九日或三十日稱為「除夕」、「除夕夜」等，當天晚上全家人須團聚在一起祭祖、貼春聯、吃年夜飯、守歲及燃放炮竹等，迎接新年的到來。傳統習俗裡，除夕當天晚上不能睡覺，稱為「守歲」，到了午夜十二點一過，正月初一正式來臨後燃放炮竹慶祝。正月初一又稱「雞日」，這與女媧造人的民間故事有關。傳說中認為人是由女媧所創造而成，但女媧直到第七天才創造了人，第一天是創造了雞，因此也有正月初一不殺雞的習俗。當天常見的活動還包括給紅包（壓歲錢）、拜年、貼春聯、舞龍舞獅等。

除夕夜當天的傳統習俗是全家人聚在一起吃年夜飯，年夜飯所準備的菜色因地而異，但有幾道菜是較爲常見的，包括魚、年糕、餃子、長年菜等。這些菜都取自其諧音來代表吉祥，如魚表「年年有餘」、年糕表「步步高升」或「年年高」等，而餃子是北方人除夕夜時常吃的年菜，通常在子時（晚上十一點至凌晨一點）時食用，表示「更歲交子」。

(二)元宵節

從除夕開始一直到元宵節都可算是春節，元宵節結束也表示春節的結束。元宵節時間在正月十五，又稱「上元節」。在過去的農業社會裡在元宵節當天晚上還有未婚女子「偷菜」的習俗，而去別人家中的菜圃偷取大蔥或蔬菜，則以此預示未來的夫婿，因此有「偷著蔥，嫁好尪；偷得菜，嫁好婿」[1]的閩南俗諺。而因元宵節的活動包含提燈籠及賞花燈，因此也叫做「燈節」。關於元宵節點燈的習俗來源有二，一爲佛教在正月十五號這天有燃燈禮佛的習慣，二在道教中這天則是天官大帝的誕辰，須燃燈慶祝。元宵節點燈習俗本只在宮廷中，東漢末年元宵節初步正式形成，隋唐初年則完全形成，且民間士族庶民皆可張燈慶祝，元宵節成爲具遊樂性質的民間節日。除了觀燈以外，元宵節當天還有猜燈謎、吃元宵及放煙花等慶祝活動，賞燈的活動也隨著時間的遷移而日漸擴大，如臺灣每一年元宵節舉行大型燈會來慶祝。

總的來說，從正月初一至十五都是春節，除了初一及十五以外，初二至初十也各有其特定活動，中國南北方的年俗雖有部分差異，但大致上大同小異。正月初二到十五的年俗分述如下。

1. 初二－狗日／作客／回娘家：正月初二是出嫁女子回娘家拜年的時間，又稱「回門」。回娘家要帶伴手禮，禮金和禮物應爲雙數，傳統習俗上一定在中午吃飯，午飯之後傍晚之前即須返家，避免招來不幸。另外在二月初二的這一天爲首次祭拜土地公的日子，稱爲「頭

---

1 另一說是「偷挽蔥，嫁好尪；偷挽菜，嫁好婿」，意思相同。

華人社會與文化

牙」。

2. 初三—豬日／赤狗日：赤狗日這天容易與人發生口角，諸事不宜，應驅邪避凶，閩南俗諺語中說「初一早，初二早，初三睡到飽」，認為這天應補充睡眠。另外傳統中華文化中認為這一天是「老鼠娶親」的日子，因此當天應早早入睡，以免打擾老鼠娶親。

3. 初四—羊日／接神日：初四下午應準備牲禮及水果等供品，並燃炮將十二月二十三或二十四日送走的灶神迎回家中，繼續享受香火，記錄一家在一年中的福禍善惡等作為。之所以多半在下午舉行迎神儀式，也可從俗諺語「送神早，迎神晚」中看出，送神時間應較早，而迎神時則應較晚。

4. 初五—牛日／迎財神／開市（開工）：正月初五為「牛日」，一般稱為「財神日」，須迎財神以求來年的財運旺盛。多數的公司行號也會選在這一天開市（或稱「開工」），須準備供品祭祀，並燃竹祈求開工大吉。

5. 初六—馬日／挹肥：正月初六是馬日，傳統習俗中這一天應清掃從開正（正月初一）開始累積的糞便，但隨著生活習慣的改變，現代人多已無此習俗。

6. 初七—人日：漢朝時在這一天會食用以七種蔬菜混煮而成的「七草羹」，以驅邪去病。現僅在中國東南方部分地區仍保有這一個習俗，傳統習慣吃「七菜羹」或「七菜粥」，希望能為家中帶來好運。

7. 初八—穀日／順星節：傳說正月初八是穀物的生日，因此這一天不食用穀物做成的食物，並對寫有穀物名稱的牌位膜拜，祈求來年稻穀豐收。另外這一天也是祭拜星君（或稱「順星」）的日子，希望能得到星君的保佑。

8. 初九—天日／拜天公／天公生：「天公」即是「玉皇大帝」，正月初九是玉皇大帝的誕辰之日，人們會舉行儀式及慶典來祝賀。祭拜天公的儀式相當隆重，一般供桌準備「頂桌」及「下桌」，有的則準備「前後桌」。頂桌供奉玉皇大帝，供品以清素齋品為主，下桌供奉玉

皇大帝的部屬，供品以葷食爲主。祭祀時間一般是在初九子時開始至清晨七點。

9. 初十—地日 / 石頭日：傳說正月初十是石頭神的生日，因此這一天不能搬動石器，避免傷到莊稼。

二、農曆三月

(一)上巳節

上巳節在農曆三月三號，是軒轅黃帝及玄天上帝的誕辰。除了當天是驅邪之日，有「祓除畔浴」的除凶傳統習俗以外，同時也是出外踏青的好時間。另外也有掃墓的習慣，後與清明節合併。

(二)清明節

清明是二十四節氣之一，表示天清氣明，是農曆三月的第一個節氣，本來只是農作節日，後來和寒食節及上巳節合併爲清明節，增加文化色彩，成爲中華文化中的重要節慶之一。清明節多落在陽曆四月四號或五號，後統一制定陽曆四月五號爲清明節。現在常見清明節時期須祭祖掃墓，其源由與寒食節有關。寒食節的傳統活動包括祭祖、掃墓、禁火、吃寒食。

清明節的傳統食物因地而異，在客家文化中吃艾粄、閩臺吃潤餅、閩東吃芥菜飯、四川吃歡喜團、江南吃青團、廈門吃薄餅等，另外中國南北方還有吃饊子[2]及雞蛋的習俗。

三、農曆五月—端午節

農曆五月中最重要的節日就是五號的端午節，又稱「端日節」、「端陽節」、「五月節」、「菖蒲節」等。現在常見端午節來源與戰國時期愛國詩人屈原投江自盡有關，但實則最早是驅逐瘟神的日子。過去人們認爲農曆五月是疫病傳染的高峰期，因此將農曆五月稱爲「惡月」，而農曆五

2　音讀「ㄙㄢˇ」（sǎn），是一種油炸食物，細如麵條，南北有所差異。

月五號又是最惡之日，稱爲「惡日」，須要避邪。端午節當天最重要的兩個活動便是包粽子及划龍舟，其他如掛香包、懸菖蒲或艾草、喝雄黃酒等習俗仍與趨疫有關。

划龍舟的由來一般傳說與屈原有關，當時人們爲了尋找投江溺斃的屈原屍體，以划船的方式來尋找。但最早划龍舟是一種祭神驅邪活動，因古代認爲船隻能送走瘟疫，故送走的速度越快越好，便衍生出龍舟競賽的活動。現在划龍舟在臺灣及港澳地區更形成一種競賽活動，稱爲「賽龍舟」、「龍舟競賽」。至於端午節的傳統食物爲粽子，關於粽子的由來相傳與吳越地區的圖騰崇拜有關，後來演變爲與祭祀屈原相關。春秋時期的粽子以竹筒包製而成，後將竹筒改成粽葉。粽子的種類很多，除了南北的差異以外，各地的粽子形狀及口味也有所不同。一般而言，北方多爲長形粽，南方多爲錐形粽，傳到越南後則爲方形粽。

四、農曆七月

㈠七夕

又稱「七巧節」、「乞巧節」、「七姊誕」等，相傳是牛郎織女會面之日，也是乞求願望的日子。在七夕這天傳統的習俗是婦女在月下進行穿針比賽，並擺置供桌和供果。民間認爲織女是「七星娘娘」，農曆七月七號則是七星娘娘的生日，閩南及臺灣地區則稱之爲「七娘媽」，是負責保護婦女及小孩的神祇。現在的七夕則有「中國情人節」之稱。

㈡鬼門開

在臺灣及部分閩南地區將農曆七月稱之爲「鬼月」，諸事不宜，而佛教則稱農曆七月爲「感恩月」。在臺灣，農曆七月一號爲「鬼門開」，是閻羅王統管的地府開門之日，陰間的鬼魂可到陽間遊樂。

㈢中元節

「中元節」本是慶祝農作豐收的日子，佛教將之「盂蘭盆會」，但道

教將之設爲地官大帝生辰之日，閩南及臺灣地區以道教爲主，因此這一天是整個農曆七月中的重要祭祀活動。中元節當天須擺放供品及舉辦法會來普渡亡靈，後行成中元法會，須舉行規模不一的普渡儀式。普度規模按照大小約可分爲輪普、公普、私普及家普等。

㈣鬼門關

農曆七月二十九或三十俗稱「鬼門關」或「謝燈腳」，也是地藏王菩薩的誕辰。這一天要將地府之門關起，所以在人間的鬼魂須回到地府。臺灣如宜蘭頭城及屏東恆春皆有搶孤的習俗活動。

五、農曆八月 — 中秋節

農曆八月十五號是中秋節，與春節、清明節及端午節合稱爲中國四大傳統節日。之所以稱爲「中秋」，是因爲農曆八月爲秋天的第二個月，古時稱爲「仲秋」，民間則改稱爲「中秋」。中秋節當天亦是月圓之日，象徵團圓，所以也是全家團聚的日子。傳統的中秋活動除了賞月以外，還有吃月餅及柚子的習俗。

月餅的由來相傳與反元統治有關。元朝末年，漢人相約起義反蒙，在餅內藏有反蒙「八月十五殺韃子」的紙條，藉此傳播訊息。另外一說則是古代月餅是用來祭祀，北宋時月餅在宮廷內較爲流行，稱爲「宮餅」，後來傳到民間稱爲「小餅」或「月團」，到了明代則廣泛出現在民間。傳統的月餅爲圓形，現在亦有方形，口味則因地區不同而有所差異，如廣式月餅、京式月餅、潮式月餅及蘇式月餅等。至於吃柚子一與秋天是盛產柚子的時節有關，二是「柚」與「佑」同音，表吉祥之意。除了柚子之外，中秋節當天在山東即墨吃麥箭[3]、陝西吃西瓜及團圓膜[4]、江南地區吃南瓜、

3　麥箭是一種用白麵製成的煎餅，內餡包肉或素餡，捲成筒狀蒸熟後食用。
4　團圓膜是一種三到五層的大圓餅，每層都雕上花紋。

南京吃鴨子[5]、江浙一帶吃藕盒子[6]、廣東吃田螺等。

六、重陽節

農曆九月初九為重陽節，因「九」為陽數，故稱「重陽」，又稱「九九」、「重九」，現在還有「敬老節」的稱呼，在戰國時期即已形成。傳統習俗在重陽節當天要登高，因此亦稱為「登高節」。西漢時期在重陽當天已有配戴茱萸及飲菊花酒的習俗，在港澳一帶亦是祭祖的日子。除了配戴茱萸、賞菊、喝菊花酒外，重陽節當天的代表食物為重陽糕，因重陽當天習慣登高，「糕」與「高」同音，表吉祥，故吃重陽糕。現在的活動則多為與敬老有關。

七、農曆十月－下元節

農曆十月十五是下元節，又稱「水官節」、「下元水官節」、「消災日」、「謝平安日」等，是道教中慶祝三天大地的水官大地禹[7]的誕辰的日子。下元節是水官大帝視察民情，向天庭奏請，為人民解厄之日。在臺灣從農曆十月十四日子時開始會祭拜「三界公[8]」，宮廟中亦有祭祀活動。代表食物包括豆腐芋子包、米果等。

八、農曆十一月－冬至

冬至是二十四節氣之一，白天最短、黑夜最長，冬至過後白晝時間漸長，因此在古代中國也被視為是吉日，應有慶賀活動。冬至又稱「冬節」、「賀冬」、「喜冬」、「一陽節」、「夜長至」、「日短至」、「長至節」、「短至節」等，一般在陽曆十二月二十一日至二十三日左右。古代中國對冬至的重視不亞於春節，甚至有「冬至大如年」的俗諺，

5　蒙古人統治時期，漢人稱蒙古人為「韃子」，取其諧音為「鴨子」。

6　藕盒子象徵團圓，一般是將蓮藕切半，中間夾肉等餡製作而成。

7　道教中的三官大帝分別為天官大帝堯、地官大帝舜、水官大帝禹。一般而言天官賜福、地官赦罪、水官解厄，三位的誕辰之日分別為農曆的正月十五上元節（元宵節）、七月十五中元節及十月十五下元節。

8　即掌管天、地、水三界之神，地位僅次於玉皇大帝。

顯現多至對人們的重要性。周朝時在冬至當天已有祭典活動，到了漢朝開始成爲節日，唐宋最盛，沿用至今。

　　多至亦是團圓日，中國北方在當天有吃餃子和餛飩的習俗，因北方人認爲多至不吃餃子會凍掉耳朵，不利農事。另一種說法則與張仲景有關，相傳東漢名醫張仲景任太守時看到不少人的耳朵被凍傷，因此將驅寒藥材和羊肉一塊熬煮，再用麵糰包製成耳朵的形狀，煮熟後分給人民以治療凍傷的耳朵，稱爲「祛寒嬌耳湯」，後人學其形狀包製餃子，或稱「扁食」。而吃餛飩則因多至是新舊交替的日子，宇宙呈現渾沌狀態，因此吃餛飩表示破陰釋陽、開闢世界之意。而南方則吃湯圓，或稱「團子」、「團圓子」，用湯圓的圓形表示年終團聚，製成紅色及白色湯圓則表示陰陽交替，吃了湯圓後象徵長了一歲。在臺灣，多至的湯圓被稱爲「冬至圓」，古代習慣吃冬至圓一匙兩顆，已婚者最後一匙爲偶數，未婚者最後一匙爲基數。

九、農曆十二月

(一)臘八節

　　農曆十二月八號爲「臘八節」。佛教中相傳當天是釋迦牟尼佛在菩提樹下成道的日子，所以又稱「佛成道節」。

　　農曆十二月又稱「臘月」，也有「臘冬」、「殘冬」、「冬素」、「歲尾」、「冰月」、「餘月」、「嚴月」等稱呼。將農曆十二月訂爲「臘月」是從秦朝開始，一直沿用至今。「臘」這個字有幾種含意，一爲與「獵」音近，二爲「蠟」，三爲「臘肉」之意。一年四季中，春天播種，夏天耕耘，秋天收穫，到了冬天就開始狩獵，並將所狩獵的禽獸用來祭祖，因而農曆十二月與「獵」有關。而第二種含意「臘」與「蠟」同音，是因爲到了年尾人們需要祭祀祖先和神明，因而稱農曆十二月爲「蠟祭」。周朝時「臘」專祭祖先，而「蠟」是祭祀神明，到了秦漢時代才統稱「臘」。第三種含意「臘肉」亦與打獵有關，人民將吃不完的肉類以醃製等方式製成臘肉就可長時間儲存，以度過寒冬。

臘月還有個吃臘八粥的習俗，源自佛教。佛教中認爲農曆十二月初八是佛祖釋迦牟尼佛成道的日子，因此當天要施粥，而粥的作法是將各種原料混合熬煮而成再分送給人們，因而將這種粥稱爲「臘八粥」或稱「佛粥」。

㈡尾牙

農曆十二月十六號爲「尾牙」，又稱「做牙」、「牙祭」，須祭拜土地公。傳統習俗中每個月有兩次的土地公祭祀活動，農曆二月二號爲開始「做牙」，稱爲「頭牙」，直至農曆十二月十六日爲最後一次「做牙」，故當天稱爲「尾牙」。直至今日除了祭拜土地公以外，也是老闆宴請員工一年辛勞的日子。

㈢灶神日

農曆十二月二十三或二十四號是送走灶神的日子，稱爲「灶神日」、「送神日」、「祭灶節」、「掃塵日」或「清囤」等，灶神在這一天要回到天庭向玉皇大帝稟告一家人在這一年當中的所作所爲，以作爲來年運勢好壞的參考。因此人們在這一天誠心燃香、準備甜食等供品送走灶神，期望灶神能將好話傳達上天，爲家裡的來年帶來好運。送走灶神之後，便可以打掃神龕，等待新年來臨，直到正月初四迎神日時再將灶神迎回家中。

文化小知識：

「犧牲」本來指的是祭品？

「犧牲」一詞現當動詞，表示為正義之事而獻出生命，但在古代「犧牲」是名詞，指的是祭祀用的祭品。「犧」本義是用作祭品一種牲畜，毛色需純一，如「犧羊」指的是純色的羊；「牲」本義是祭祀用的全牛。因此「犧牲」合稱就是祭祀時所用的純色毛且身體完整的牲畜。《周禮》中的「六牲」指的是牛、馬、羊、豬（豕）、犬、雞。因為是祭祀的用品，因此要恭敬地獻上「犧牲」，有莊嚴之意，後來衍伸出為正義之事捨身的意涵。

1. 下列哪一項不是元宵節的活動？（2019年）
   (A) 迎花燈
   (B) 猜燈謎
   (C) 聽香
   (D) 接財神

   答案：(D)

   解釋：接財神是農曆正月初五的活動，因為民間相傳正月初五是財神的誕辰，因此當天須燃放鞭炮來迎接財神，同時也是許多商家開市的日子。而「聽香」是臺灣的傳統習俗，指在元宵節或中秋夜時向神明焚香祈禱，說明欲知之事後請求神明指點方向，用聽到的第一句話來判斷事情的吉凶，因此稱為「聽香」。

2. 「三伏貼」是大家耳熟能詳的中醫溫灸療法，通常使用在一年之中最炎熱的時候，24節氣中何者為天氣炎熱的最高峰？（2017年）
   (A) 夏至
   (B) 小暑
   (C) 大暑
   (D) 處暑

   答案：(C)

   解釋：請參考本章表7-1「二十四節氣表」。

3. 下列關於二十四節氣的敘述何者正確？（2017年）
   (A) 驚蟄表示天氣轉暖，春雷震響，萬物甦醒開始活動
   (B) 芒種表示小麥等有芒作物成熟，應是夏至過後了
   (C) 小暑是氣候變涼的象徵，表示暑天終止
   (D) 立冬是冬天裡最寒冷的一天，北半球白晝最短，黑夜最長

   答案：(A)

   解釋：芒種是在夏至之前，小暑表示天氣開始變得炎熱，立冬是冬天的開始，大寒才是最寒冷的一天。

4. 關於尾牙的描述，以下何者為非？（2017年）
   (A) 指在農曆十二月十六日這天

(B) 商家、公司行號老闆宴請員工，以犒賞員工一年來的辛勞

(C) 以往尾牙宴上雞頭若朝向某員工，表示此人在年後將會被辭退

(D) 按傳統習俗，家人團聚吃潤餅

答案：(D)

解釋：吃潤餅是「清明節」的傳統習俗。

5. 陽曆的8月7日或8日，約為二十四節氣中的哪一個節氣？（2016年）

(A) 小暑　　　　　　　　　　(B) 大暑

(C) 立秋　　　　　　　　　　(D) 處暑

答案：(C)

解釋：請參考本章表7-1「二十四節氣表」。

6. 《三國演義》第41回：「從巳至未，手下兵卒皆以[9]折盡。」文中的「從巳至未」，可能是幾點到幾點？（2016年）

(A) 從上午7點到下午1點　　(B) 從上午9點到下午3點

(C) 從上午11點到下午5點　(D) 從下午1點到晚上7點

答案：(B)

解釋：十二時辰順序見表7-6時辰表。巳時是早上九點到十一點，未時是下午一點到三點，所以「從巳至未」是「巳、午、未」三個時辰，時間是上午九點到下午三點。

7. 陰曆每隔二年或三年就多增加一個月，稱為「閏月」。依民間習俗，出嫁的女兒逢農曆閏月之年，會準備何物為父母添壽求平安？（2016年）

(A) 紹興酒　　　　　　　　　(B) 月餅

(C) 豬腳麵線　　　　　　　　(D) 粽子

答案：(C)

解釋：「閏月」是曆法置閏的方式。所謂的「置閏」指的是在曆法中

9　按：此處應為「已」而非「以」。

（如陰陽曆）插入閏日、閏周、閏月等，使曆法能跟隨季節或月相。而閏月特指每逢閏年的時候所增加的一個月，增加的這一個月是為了調協農曆和陽曆之間長短的不同，因此每兩年到三年會置一閏，使農曆與陽曆的長度能相同。世界上的曆法有三種：

一、「陽曆」主要以地球繞太陽運轉一圈的時間作為一年，即「回歸年」，有365.2422天，一年又分成十二個月，與月亮的運行無關，從陽曆可知四季變化，但無法得知月亮的盈缺。

二、「陰曆」以月球繞地球運轉一圈的時間為一個月，即「朔望月」，有29.5306天，十二個月就是一年，不考慮太陽的運轉規律，因此無法得知四季變化，只能反應月亮的變化，現已少用。

三、「陰陽曆」（陰陽合曆）就是一般所說的「農曆」，以月球平均繞地球一圈的時間為一個月，再加上設有閏月，能使一年的平均天數與地球平均繞太陽一圈的時間相同，亦即以陰曆的「月」為月，以陽曆的「年」為年，如中國的漢曆跟藏曆等。因此漢曆是陰陽曆而非陰曆，從陰陽曆可以了解地球在軌道上運行位置，置用於指導農業活動，其中二十四節氣就是從陰陽曆發展出來的，並沿用至今。

而出嫁的女兒在閏月要帶豬腳麵線回娘家孝敬父母的習俗，是因為傳統觀念認為女兒出嫁後就是夫家的人，孝順公婆是應該的，但還記得回家孝順自己的父母，那就是「多出來的」，而閏月也是「多出來的」，對父母來說等於是少活了一個月，而有了「父母逢閏月而減壽」說法。因此每逢閏月的時候出嫁的女兒就要買豬腳麵線回娘家，以此祈求為父母

添壽，至於送豬腳麵線的原因也與閩南俗諺「呷麵線添福壽，呷豬腳增勇健」有關。

8. 以下各種與春節相關的事物，何者敘述有誤？（2015年）

(A) 臺灣過年要吃芥菜、年糕、蘿蔔糕，取其長命百歲、年年高升之意

(B) 過年期間忌打破碗盤器物，如不慎打破，要趕緊說「歲歲（碎碎）平安」

(C) 民間傳說初二晚上是「老鼠娶親」的日子，所以一般人家都早早熄燈睡覺

(D) 正月初五為牛日，俗稱財神日，所以商店、工廠選在大年初五這天作為開市、開工的好日子

答案：(C)

解釋：「老鼠娶親」是正月初三的日子，正月初二是出嫁女子回娘家的日子，也是一年中第一次祭拜土地公的日子（稱為「頭牙」）。

9. 中國傳統民俗信仰與節氣當中有許多饒富趣味的傳說與活動，請問下列相關敘述何者正確？（2015年）

(A) 農曆七月初七是「七夕」，又名乞巧節、七巧節或七姐誕，淵源於漢代董永與七仙女的傳說

(B) 農曆二月初二是「龍頭節」，又稱龍抬頭或春龍節，傳說此日為主管雲雨的龍王抬頭之日，意謂著此後雨水漸多

(C) 杜甫〈麗人行〉：「三月三日天氣新，長安水邊多麗人。」指的是唐代長安上元節的盛況

(D) 農曆十二月初八是「祭灶節」，依照習俗家家戶戶都會烹煮臘八粥

答案：(B)

解釋：(A)是與牛郎織女有關；(C)該句描述的是農曆三月三日上巳節出

外踏青的習俗；(D)十二月初八是「臘八節」，傳統習俗吃臘八粥，而「祭灶節」是在農曆十二月二十三或二十四，是送走灶神的日子，所以又稱「送神日」。

10. 「清明」是華人社會重要的傳統節日之一，下列何者不屬於清明節的文化活動？（2015年）
(A) 掃墓祭祖　　　　　　　　(B) 吃潤餅
(C) 踏青　　　　　　　　　　(D) 登高

答案：(D)

解釋：「登高」是農曆九月九號重陽節的傳統活動。

11. 華人社會在節慶飲食上形成自己的傳統，下列何者並非各地共同傳統？
（2013年）
(A) 元宵節吃湯圓　　　　　　(B) 端午節吃粽子
(C) 中秋節吃烤肉　　　　　　(D) 春節吃年糕

答案：(C)

解釋：中秋節吃烤肉是臺灣特有且為近代的活動。對於中秋節烤肉的起源一般來說有兩個，一與醬油廣告有關，二與烤爐製造商有關。

12. 二十四節氣是中國傳統區分天候及季節與自然現象的方法，下列選項何者不是二十四節氣中的任何節氣？（2013年）
(A) 大滿　　　　　　　　　　(B) 小暑
(C) 霜降　　　　　　　　　　(D) 清明

答案：(A)

解釋：二十四節氣中有「小滿」，是夏季的第二個節氣，但沒有「大滿」之說。

13. 關於傳統農曆，下列選項何者不正確？（2013年）

(A) 農曆又稱陰曆，依照月亮盈缺計算

(B) 農曆即農民曆

(C) 漁民出海作業須看農曆

(D) 農曆又稱舊曆，係相對於民國建立後政府採行的日曆而言

答案：(A)、(B)、(C)、(D)皆是

解釋：農曆又稱「黃曆」，習慣上稱為「陰曆」，但其實是中國傳統的陰陽合曆，中華民國建立以後改用西曆（陽曆、新曆），農曆則對應稱為「舊曆」。農曆同時考慮了太陽及月亮的運行，兼顧年月的週期，故屬於陰陽曆。

14. 春節為各地華人一年當中最重視的節日，關於春節，下列選項何者正確？（2013年）

(A) 除夕夜又稱小年夜

(B) 在中國大陸北方，春節有包餃子的習俗

(C) 年夜飯是指大年初一的團圓飯

(D) 出嫁的女兒通常大年初三回娘家

答案：(B)

解釋：(A)小年夜又稱小年，各地對於小年夜的時間有所不同，中國大部分地區以祭灶節（農曆十二月二十四日）為小年夜，上海、浙江及臺灣等地區視除夕（農曆十二月三十日）前一天為小年夜。(C)年夜飯是於除夕夜當天晚上全家團聚在一起吃「團圓飯」。(D)出嫁的女兒通常於大年初二回娘家。正月初三是赤狗日，民間相信這天易與人發生口角、諸事不宜，故應驅邪避凶。

15. 關於端午節的傳說及習俗，下列敘述何者不正確？（2012年）

(A) 吃粽子[10]　　　　　　　　　(B) 看花燈

10　按：此處應為「粽子」而非「棕子」，但因呈現原始考題，故仍作「棕子」。

(C) 紀念屈原　　　　　　　　　(D) 除瘴却病

答案：(B)

解釋：「看花燈」是元宵節時的習俗。

16. 古人根據太陽一年內的位置變化而分氣候演變的次序為二十四節氣，下列對「芒種」的解釋，何者正確？（2012年）

(A) 夏至來到，可以開始栽種芒果

(B) 立秋之後，天氣轉涼，芒草花盛開

(C) 芒草花穗開始抽長，適宜收割的時節

(D) 稻子已經吐穗結實，穀粒上長出細芒的時節

答案：(D)

解釋：(A)芒種在夏至之前；(B)芒草花盛開的時候是在五月，立秋則是七月；(C)芒草花的花期時間約為陽曆十月。

17. 中國農業社會稱一年中最熱的時節為「三伏天」，一伏是多少天？（2012年）

(A) 10天　　　　　　　　　　　(B) 15天

(C) 20天　　　　　　　　　　　(D) 30天

答案：(A)

解釋：「三伏」是一年中最炎熱的時間，故有「熱在三伏」之說，時間長達三十至四十天左右，分為初伏、中伏及末伏。三伏開始於約為七月中旬，終於約八月中旬，一般而言，初伏及末伏各十天，中伏依據不同年份而有十天或二十天之分。「伏」表示陰氣受到陽氣的壓迫而藏伏於地下之意。另外在三伏天之時有許多人會使用「三伏貼」，又稱「三伏天灸」，源於清朝的中藥療法，以「冬病夏治」的原理為主。三伏貼是在三伏天時將中藥貼在特定的穴位上以治療冬天可能發作的疾病。三伏貼使用的藥材多屬辛溫特性，如麝香、白芥子、細辛等。

18. 臺灣早期風俗中有「偷挽蔥，嫁好尪；偷挽菜，嫁好婿」的說法，
    這是哪個節慶發展出來的俗語？（2011年）
    (A) 元宵節　　　　　　　　　(B) 七夕
    (C) 中秋節　　　　　　　　　(D) 重陽節
    答案：(A)
    解釋：在臺灣過去的傳統習俗中，未婚女子在元宵節當天晚上到他人
    　　　家中菜圃偷取蔬菜或蔥，藉此預示未來的結婚對象。

19. 在中國傳統節日中，有個盛行於民間的「乞巧」習俗，婦女們會在
    月下拿著五彩線比賽穿針；未婚少女祈求嫁個如意郎君，已婚少婦
    祈求早生貴子，中年婦女則祈求家庭平安。這是中國哪個傳統節
    日？（2011年）
    (A) 寒食　　　　　　　　　　(B) 七夕
    (C) 上巳　　　　　　　　　　(D) 臘八
    答案：(B)
    解釋：「穿針比賽」是傳統七夕時的習俗。寒食節的傳統活動包括
    　　　祭祖、掃墓、禁火、吃寒食。上巳節是驅邪之日，有「祓除畔
    　　　浴」的傳統活動以外，同時也是出外踏青的好時間，另外也
    　　　有掃墓的習慣，後與清明節合併。農曆十二月八號為「臘八
    　　　節」，臘月有吃「臘八粥」的習俗，與佛教有關。

20. 有關歲時節慶文化的敘述，下列何者不正確？（2010年國內版）
    (A) 北方人習慣在除夕夜吃餃子
    (B) 元宵節、端午節與中秋節合稱為中國三大傳統節日
    (C) 農曆九月九日的重陽節，有佩茱萸及飲菊花酒等習俗
    (D) 農曆十二月初八，有熬臘八粥的習俗
    答案：(B)
    解釋：中國三大傳統節日是春節、端午節及中秋節，四大節日則是加
    　　　上清明節。

21. 二十四節氣各有其特定的意義，其中「驚蟄」意指：（2010年國外版-1、2010年國外版-2）

(A) 冬眠的昆蟲甦醒了　　　　(B) 天氣就要冷了

(C) 天清氣朗　　　　　　　　(D) 雨水開始增加

答案：(A)

解釋：天氣變冷是「立冬」，天清氣朗是「清明」，雨水開始增加是「穀雨」。

22. 農曆正月初一，華人通常會盛裝到親友家拜年，彼此互道賀歲，稱為：（2010年國外版-1、2010年國外版-2）

(A) 走春　　　　　　　　　　(B) 賀春

(C) 慶年　　　　　　　　　　(D) 開正

答案：(A)

解釋：「走春」在過去傳統的農業社會中是農曆新年的重要傳統習俗，當時人們在大年初一多會挑選良辰吉時及方位外出，以此討吉利及迎接財神進門。現在的「走春」則多是在正月初一到親朋友好家拜年，或到廟宇祈求好運及平安順利。「賀春」是日語常用詞彙，有祝賀新年之意。「開正」又稱「開春」，是正月初一祭祀神明及祖先的日子。一般無「慶年」的說法。

23. 華人在不同的節令會搭配特殊活動及美食。請問下列配對，何者正確？（2010年國外版-2）

(A) 春節—放鞭炮、潤餅　　　(B) 端午—登高、粽子

(C) 中秋—賞月、月餅　　　　(D) 元宵—提燈籠、臘八粥

答案：(C)

解釋：(A)潤餅是清明節的代表食物；(B)登高是重陽節的活動；(D)吃臘八粥是臘八節（農曆十二月八日）的習俗。

24. 中國古代以天干地支紀時，請問「申時」指的是：（2009年國內版）

(A) 上午五時至七時　　　　　　(B) 上午九時至十一時

(C) 下午三時至五時　　　　　　(D) 下午五時至七時

答案：(C)

解釋：見本章表7-6「時辰表」。

25. 二十四節氣以黃河流域地區的氣候為準，請問春雷響起的節氣應
　　是：（2009年國外版）

(A) 穀雨　　　　　　　　　　　(B) 春分

(C) 清明　　　　　　　　　　　(D) 驚蟄

答案：(D)

解釋：驚蟄是開始響雷、冬眠動物重新活動的時候。

26. 試從以下詩句「去年元夜時，花市燈如晝。月上柳梢頭，人約黃昏
　　後」推敲，此詩在描述哪一個節慶景象？（2009年國外版）

(A) 過年　　　　　　　　　　　(B) 上元節

(C) 除夕夜　　　　　　　　　　(D) 重陽節

答案：(B)

解釋：「去年元夜時，花市燈如晝。月上柳梢頭，人約黃昏後」是宋
　　　　朝歐陽修所寫，描述的是元宵節（上元節）的景象。

27. 下列哪一項描述與端午節習俗無關？（2009年國外版）

(A) 爸爸特別放下手邊工作，趕忙以「午時水」洗了個澡

(B) 王婆婆今年包的「粽子」，餡料真豐富

(C) 阿吉大口吃下「豬腳麵線」

(D) 一大清早，張家大門外牆上就已懸掛著「艾葉菖蒲」

答案：(C)

解釋：吃豬腳麵線一般是在生日或去除霉運時所食用。

28. 「穿針乞巧」與以下那一個歲時節日有關？（2008年國內版）

(A) 上元節　　　　　　　　　　(B) 元宵節

(C) 端午節　　　　　　　　(D) 七夕節

答案：(D)

解釋：「七夕」又稱「七夕節」、「七巧節」、「乞巧節」、「七娘生」等，與牛郎織女的故事有關。「乞巧」的意思是「祈求手巧」，是婦女們向織女祈求提高刺繡的技巧。「穿針乞巧」是在七夕當天進行穿針引線的比賽。

29. 傳統華人在節慶飲食上，有其象徵意義。例如在過年時吃水餃，象徵什麼？（2008年國內版、2008年國外版）

(A) 健康　　　　　　　　　(B) 團圓
(C) 財富　　　　　　　　　(D) 平安

答案：(C)

解釋：過年吃餃子多是中國北方地區的傳統習俗，因北方人認為餃子的形狀與金元寶相似，吃餃子就有了「招財進寶」的意思。

30. 「穿針度人、穿針乞巧」與以下那一個歲時節日有關？（2008年國外版）

(A) 上元節　　　　　　　　(B) 元宵節
(C) 端午節　　　　　　　　(D) 七夕節

答案：(D)

解釋：「七夕」又稱「乞巧節」、「七巧節」、「七娘生」、「七娘誕」等，時間是農曆七月初七，傳統的習俗有乞巧（乞求智巧）、拜織女、祈願、吃巧果，或用五色細線對著月亮迎風穿過黃銅所製的七孔針。

第八章
中國藝術

　　中華文化因歷史悠久，其所發展的藝術與戲劇具有一定的規模性。中國傳統藝術中認爲詩歌、音樂及舞蹈同源，三者相輔相成，音樂及舞蹈也與過去的祭祀活動有關。另外，中國的書法及繪畫也具有相當的成就，是中華文化的代表之一。

第一節　書法

　　漢字歷經甲骨文至楷書而定型，對於「方塊字」的要求包括結構對稱、勻稱平衡等，而對漢字的要求也奠定了書法的基礎。書法以漢字爲書寫對象，是中國特有的一門藝術，也是書法家表現其審美觀的一種方式。書法藝術的形成可從甲骨文開始，但當時多用來記錄或占卜，且多以篆刻方式寫成，屬於工藝藝術。較接近現代的書法藝術是約在魏漢時代所形成。漢朝時盛行隸書，形成漢隸的標準，其中東漢末年蔡邕所寫的《熹平石碑》是漢朝時期的法定書體。漢朝隸書的代表作品還有《張遷碑》、《禮器碑》、《乙瑛碑》、《曹全碑》、《華山碑》、《華山碑》等，作品雖多，但多未署名，現今以蔡邕所寫的《熹平石碑》較爲人所知。蔡邕是東漢末年名士，精通天文、數學、音律及書法，尤以書法最爲擅長。在東漢靈帝熹平四年上奏請求正定六經[1]文字後，經經文書寫於石碑之上再行鐫刻，因而稱爲《熹平石碑》。

　　漢字的字體有兩個涵義，一個是漢字的結構形式，如行書、草書、楷書等；二是書體的流派或風格，如顏體、柳體等。不同的字體有其不同的特點，如篆書左右對稱、線條平實、具象形性等。隸書線條方圓、具抽象性、結構勻稱等。楷書是由隸書演變而來，基本特點相同，差別在於點畫

1　《六經》又稱《六藝》，即《詩》、《書》、《藝》、《禮》、《樂》、《春秋》。

用筆及型態。而草書則有章草及今草的分別，相傳章草是漢元帝時史游所創，並以《急就章》來命名章草。《急就章》是學童識字之書，全文共約1394個字，且無重複字，並以三言、四言或七言的韻文所寫成。章草的特色是雖保留隸書的筆意，但較為狂放奔逸。今草則是字與字之間相互牽連，是對章草的改革，為東漢張芝所創，作品如《冠軍帖》、《秋涼帖》等。行書則介於楷書和今草之間，特色是「起筆如楷，運筆如草」，出現於東漢末年，晉朝以後有許多書法家兼工行書，包括東晉王羲之的《蘭亭序》最為有名，另外還有唐朝顏真卿的《祭姪稿》、北宋蘇軾的《寒食帖》、北宋米芾的《蜀素帖》及《苕溪詩卷》、元朝趙孟頫的《洛神賦》及《前赤壁賦》等。

魏晉時期的書法家代表是鍾繇及王羲之。鍾繇對於書法的貢獻在於使楷書定型化，但其楷書的作品現在相當少，代表作《上尊號碑》現存於河南潁縣，是其隸書的代表作，其字體稱為《鍾體》。王羲之稱為「書聖」，其代表作《蘭亭集序》更被稱為是「天下第一行書」。唐太宗臨死前下旨將《蘭亭序》的真跡予以陪葬，因此現存的《蘭亭序》都是後代書法家所臨摹而成的。王羲之擅長草書和行書，兩者各有特色，行書「清風出袖，名月入懷」，草書則是「飄若浮雲，矯若驚龍」。王羲之與鍾繇並稱為「鍾王」，除此之外，其子王獻之的書法成就亦相當高，以草書和行書聞名，但對楷書及隸書也有一定的研究。王獻之的行書代表作如《東山松帖》等，草書代表作如《中秋帖》等，楷書代表作如《洛神賦十三行》等並與其父王羲之合稱為「二王」。

南北朝時期的書法特色為南朝帖多、北朝碑多。南朝時的書法以行書為主，風格仍受王羲之、王獻之的影響，具婉麗柔美的特色，但多數作品出自於無名的書法家之手。南朝的書法家代表有南朝陳朝僧人智永，為王羲之的後代第七世孫，在書法方面的貢獻是以「永」字為例來總結歷代書法的用筆技巧，即為人們所熟知的「永字八法」，為後代的楷書立下典範。而智永所寫的《真草千字文》更受到後世的推崇，在書法史上被稱為「永禪師」，對唐初書法家虞世南有一定的影響。北朝時碑多，以楷隸為

主，具豪氣雄奇的特色，以魏碑爲代表。魏碑的書法特色是結構嚴密，筆風雄厚，清朝包世臣及康有爲十分推崇。南北朝的書法各有所長，直至隋朝才趨向融合，楷書最爲興盛。

隋朝時的書法風格仍受南北朝的影響，但在楷書方面已漸趨規範，呈現融合南北兩朝書法特色的氣象。其中以追思隋朝董美人生平的隨葬刻石《董美人墓誌》爲代表，世人認爲是上承北魏，下開唐朝的書法代表作。到了唐朝以楷書的發展最爲完整，「唐楷」在中國書法史上與「秦篆」及「漢隸」並列，且唐朝時期碑刻復興，與魏碑並稱楷書兩大體系。雖然以楷書最受到後世推崇，然而唐朝時期草書、行書及隸書的成就也不容小覷。唐朝開始將書法列爲書學，是學校的必修科目，在書法理論及創作上都達到新高峰。唐初的書法四大家爲虞世南、歐陽詢、褚遂良及薛稷，都以楷書見長。虞世南是僧人智永的學生，其書法筆圓而體方，代表作爲《孔子廟堂碑》等。歐陽詢的書法在用筆及結構上都十分嚴謹，唐人推其爲楷書第一，書法界稱其書法爲「歐體」，與其子歐陽通合稱爲「大小歐陽」，代表作爲《九成宮醴泉銘》、《虞恭公碑》等。褚遂良的書法融合虞世南及歐陽詢的特色，用筆注重虛實變化，代表作爲《大唐三藏聖教序碑》、《雁塔聖教序》等。薛稷的書法用筆纖細，開後世瘦體的先河，代表作爲《升仙太子碑》、《信行禪師碑》等。盛唐時的書法名家顏眞卿擅長行書及楷書，在此之前仍以薛稷等人的「瘦體」爲主，而顏眞卿的楷書則以筋骨豐滿、沉著雄渾的書體著稱，世稱「顏體」，對後世影響深遠。其代表作品較多，有《多寶塔感應碑》、《顏家廟碑》、《祭姪文稿》[2]等，與後期的柳公權並稱「顏柳」，世人稱其作品爲「顏筋柳骨」。唐朝時期著名的書法家還有張旭及懷素，兩者合稱爲「顚張醉素」，是唐朝極負盛名的草書大家，開創了草書中的「狂草」。張旭以豪飲而知名，相傳因喜愛在酒後創作，常在醉後呼號狂走，因此又被稱爲「張顚」。其書法

2　《祭姪文稿》筆風勁挺奔放，被稱爲「天下第二行書」。「天下第一行書」則是指東晉書法家王羲之的作品《蘭亭序》。

用筆顛而不亂、狂而不怪，且剛柔並濟、氣韻連貫，故有「草聖」之稱。張旭的草書與李白的詩歌、斐旻的劍舞並稱為「聖唐三絕」，其代表作品有《古詩四帖》、《千字文》、《自言帖》等。另一以狂草出名的書法家為唐朝僧人懷素，唐時稱其為「醉僧」，其筆法體勢連綿、瀟灑不拘，代表作品有《自敘帖》、《苦筍帖》等。唐朝後期的書法大家以柳公權為代表，擅長楷書，吸取歐陽詢及顏真卿的特長，並融合古今各書法家的精華，自成一體，世稱「柳體」，與顏真卿其名，人稱「顏肥柳瘦」。柳公權的書法結構剛勁、用字嚴謹，初學王羲之，後師顏真卿，以瘦勁著稱，代表作品有《玄秘塔碑》、《李晟碑》等。除了著名的書法家輩出以外，唐朝在書法理論上也有一定的成果。唐朝草書家孫過庭的《書譜》不但是一件書法作品，更是一部有系統的書法理論，內容針對書法的藝術淵源、流派、書法名家都做了精闢的評價。歐陽詢的《三十六法》中說明了書法中的字體結構法三十六條。張懷瓘是唐朝著名的書法理論家，著有《書斷》、《書議》、《文字論》、《六體書論》等書，其中《書斷》闡述了漢字書體的演變及書家人名，明確提出品評書法的標準為「以風神骨氣者居上，妍美功用者居下」，內容詳盡，評論公正。

　　唐朝滅亡之後，五代十國的戰亂不斷，受到政治及經濟的影響，五代十國的書法創作少，大體上仍繼承唐朝的風格。直至宋朝，書法創作才有了新的風貌。宋朝時期的四位書法家蘇軾、黃庭堅、米芾及蔡襄成就最高，合稱「宋四家」，皆以行書見長。蘇軾號東坡居士，除了在詩詞及散文等方面有一定的成就以外，書法及繪畫的作品也不少。蘇軾在書法方面擅長行書及楷書，其字豐滿肥潤，曾總結自己的書法特點是「我書意造本無法，點化信手煩推求」，表示其書法是信手捻來，屬於個人的自由創作。代表作品《黃州寒食帖》（《寒食帖》）被稱為「天下第三行書」，其他作品如《天際烏雲帖》、《洞庭春色賦》等。黃庭堅除了擅長行書及草書，在草書方面是當代之最，被視為是繼懷素及張旭之後最重要的草書大家，作品有《松風格師帖》、《砥柱銘》、《寒山子龐居士詩》等。米芾的書法要求「穩不俗、險不怪、老不枯、潤不肥」，在繼承傳統上甚為

用心，自稱其書法爲「集古字」，學習唐朝顏眞卿、柳公權、歐陽詢及褚遂良等名家書法，後又學習晉朝人書法，使其書法能在傳統的基礎上有所創新，代表作品有《蜀素帖》、《苕溪詩卷》、《吳江舟中詩》等。而蔡襄的書法主要學習王羲之、顏眞卿及柳公權，擅長行書、草書及楷書，作品有《離都帖》、《澄心堂帖》、《謝賜御書詩》等。此外，宋徽宗趙佶的楷書繼承了褚遂良、薛稷、柳公權及黃庭堅等人的風格，運筆犀利，字體瘦直挺拔，橫似鶴骨，自成一家，後世稱爲「瘦金體」。而宋朝時對於書法的整理也有一定的貢獻，如《淳化閣帖》收錄了一百多位書法家的作品，是中國書法史上最早的法帖總集，被譽爲「法帖之祖」。

　　到了元朝時期，因實行種族制度，一般漢人受到不平等的歧視對待，因此潛心在書畫等藝術中，出現了少數幾個代表性的書法家，其中以趙孟頫最爲知名。趙孟頫對書法的各字體都有所專精，包括篆書、隸書、楷書、行書及草書都相當擅長，其中又以楷書見長，風格典雅秀麗，被稱爲「趙體」，與顏眞卿的「顏體」、柳公權的「柳體」及歐陽詢的「歐體」齊名，皆是後人的楷書典範。由於趙孟頫主張學習書法應吸取古人的長處，因此元朝文人學士的書法崇尚「復古」，並以晉、唐兩朝的書法家作品爲榜樣，強調書法的基本功，更有書法家專研幾乎絕跡的章草。趙孟頫在中國書法史上貢獻有二，一是以其影響力而振興章草，二是振興小楷。趙孟頫的書法特色也深受東晉王羲之的影響，作品《行書右軍四事》就表現了對王羲之的景仰。其他的代表作品如《洛神賦》、《前赤壁賦》、《玄妙觀重修三門記》等。而趙孟頫在楷書方面的卓越表現，也與唐朝三位書法名家歐陽詢、顏眞卿及柳公權合稱爲「楷書四大家」。

　　元初有三位代表性的書法家，除了趙孟頫以外，還有鮮于樞及鄧文原，三人並稱「元初三大家」。鮮于樞與趙孟頫齊名，並稱「二妙」、「二傑」，但影響力不及趙孟頫。鮮于樞擅長行書及草書，特別擅長草書，筆鋒狂放奔逸，是沿襲古書體的少數書法名家之一，其代表作品如《草書韓愈石鼓歌》、《論草書帖》等。鄧文原擅長楷書、行書，尤其擅長章草，在書法方面提倡復古，其風格類似趙孟頫，用筆連綿矯健、古樸

蒼勁，代表作品有《臨急就章卷》、《芳草帖》、《瞻近漢時二帖跋》等。

　　明朝時期由於八股取士的政策而影響了書寫文章的字體，倡導了所謂的「臺閣體」。臺閣體並非以某位書法名家的書法為範本，而是明朝官方所規定的書法風格，其特色是端莊規範，而寫八股文及練習臺閣體也成為讀書人入仕的主要途徑及必修課程。但由於明朝時過度強調臺閣體，反而限制了書法的創作性，形成千篇一律的制式風氣。因此明初的書法水準不高，代表書法家也少。直到明朝中期，出現了以祝允明、文徵明、唐寅及王寵為代表的「吳中四家」[3]，體現了明朝中期的書法成就。祝、文、唐、王不但是書法家，在繪畫及篆刻上也有一定的成就。祝允明、文徵明及唐寅以詩文知名天下，文徵明及唐寅亦以繪畫見長，而王寵則擅長篆刻。吳中四家與臺閣體的書法迥然不同，祝允明以草書的成就最高，書法方面以狂草最受到世人讚譽，並有「唐伯虎的畫，祝枝山[4]的字」，作品如《古詩十九首》、《草書杜甫詩卷》、《六體書詩賦卷》等。文徵明擅長各種書體，但傳世的作品以行草居多，小楷則師承二王，代表作《千字文》被認為可與王羲之的《聖教序》齊名，其他代表書法作品如《書醉翁亭記》、《書太上常清靜經》等。唐寅字伯虎，是著名的畫家、文學家及書法家。書法方面其書風多元，不同的時期皆有其代表作品。早期的字體方硬工整，如《綠香泉圖》、《對竹圖》等，後受顏真卿及趙孟頫的影響而出現較多的行書類作品，內容多為自撰詩文，晚年的書風則筆勁有力、結構分明。王寵擅長書法、篆刻及山水畫。書法方面初學蔡羽，楷書則師學虞世南及智永，行書師學王獻之，與祝允明和文徵明合稱為「吳門三家」，到了晚年的書法則自成一格，作品如《草書冊頁》、《自書五憶

3　「吳中四家」是以書法來合稱四位書法家，祝、文、唐、王不但是書法家，在詩賦、繪畫及篆刻上也有一定的成就。祝允明、文徵明及唐寅以詩文知名天下，文徵明及唐寅亦以繪畫見長，而王寵則擅長篆刻。另在明朝還有「吳中四才子」（或稱吳門四才子、蘇州四才子、姑蘇四才子、江南四大才子），指的是明朝吳中（今江蘇蘇州）才華傑出的四大人物，分別為唐寅、祝允明、文徵明及徐禎卿。

4　祝允明，字希哲，號枝山，自號枝指生。

華人社會與文化

歌》、《白雀寺詩》等。整體來說，吳中四家的書法爲向趙孟頫、蘇軾、黃庭堅及米芾等人學習，並遵循唐朝書法大家褚遂良、虞世南、歐陽詢及顏眞卿的特色，在取法於王羲之、王獻之及鍾繇後逐漸形成自己獨特的風格。直到明末以後董其昌爲代表。

　　明朝末年的書法家代表有邢侗、董其昌、米萬鐘及張瑞圖，四人並稱「晚明四大書法家」、「明末四大家」或「晚明四大家」。邢侗的書法主要取法王羲之，筆風矯健，代表作品如《來禽館集》、《草書扇面臨王羲之帖》等。董其昌的書法初學顏眞卿，後改學虞世南，並臨摹鍾繇及王羲之的書法，傳世的書法以行書最多，代表作品如用小楷書所寫成的《月賦》等。米萬鐘書法師學米芾，有豪邁之氣，作品如《劉景夢八十壽詩軸》等。張瑞圖擅長行書，其書法俊逸猶勁，個人風格強烈，代表作品《古詩十九首》以行書爲主，夾雜部分草書而寫成。

　　清朝的書法可分爲清朝初期的帖學、中期的帖學及碑學並行、晚期的碑學三個時期。清中期後書法家開始反對帖學，提倡有唐碑及魏碑爲主的碑學，後成爲官訂的標準書體。清初仍以董其昌爲代表，直到碑學興起取代了帖學而改變了清朝的書風。清朝時期的書法家有傅山、石濤、朱耷、鄭燮、金農、包世臣、吳昌碩、何紹基及康有爲等人。其中鄭燮[5]在書法方面擅長各種書體，並創造了「六分半書」[6]的書體，後人又稱之爲「板橋體」。清朝的碑學興起也對後世的書法藝術發展有極大的貢獻。

第二節　繪畫

　　中國畫的特色在於繪畫時注重神似，以寫意爲主，構圖講究立意，表現畫家想呈現的意境，在人物畫、山水畫及花鳥畫等方面均有一定的成果。其中人物畫是中國畫中最早成熟的畫種，以線條爲主要畫法在戰國時

---

[5]　鄭燮，字克柔，號板橋，擅長詩詞、書法及繪畫。其中繪畫方面以畫竹成就最爲突出，並著有《板橋全集》一書。

[6]　書法字介於楷隸之間且隸多於楷的稱爲「八分」，而鄭燮的書法以隸書筆法形體滲入行楷，形成非隸非楷的字體，因此鄭燮謔稱自己的書法爲「六分半書」。

期以大致形成。秦漢時期的繪畫種類很多，包括壁畫、帛畫、畫像石、畫像磚等，該時期最完整的帛畫爲漢朝馬王堆所出土，畫中描繪了墓主生前及死後的生活。到了漢朝時人物畫以壁畫形式爲主，畫像磚的發展在東漢時期達到高峰。漢朝時的畫家以毛延壽最爲有名，擅長人物畫像，其中以替王昭君作畫一事最爲人所熟知。

魏晉南北朝時佛教傳入，影響了中國繪畫的特色，以佛教內容爲主的的宗教畫成爲主流，三國時期的曹不興是畫佛高手，亦擅長畫人物、龍、虎、馬等，與同時期擅長不同技能的吳範等人合稱「東吳八絕」[7]，代表畫作如《玄女授黃帝兵符圖》等。另外有「六朝三傑」之稱的顧愷之、陸探微及張僧繇亦是擅長畫人物的畫家。東晉顧愷之是全才人物，擅長詩賦、書法及繪畫，三者被稱爲「三絕」，指的就是「才絕、畫絕、痴絕」，其畫線條流暢，有如春蠶吐絲，所畫的《女史箴圖》是早期人物畫的代表畫作，內容呈現封建時期女性的德行修養，其他代表作品如《烈女仁智圖》、《洛神賦圖》等。陸探微師承顧愷之，後人稱其人物畫作「秀骨清像」，且因作畫時筆勢連綿不斷，被稱爲「一筆畫」，與顧愷之合稱「顧陸」，作品稱爲「密體」，表示其畫作用筆字跡周密無痕跡，代表作品有《燕太子丹圖》等。張僧繇擅長寫真、釋道人物及佛像，其佛像有「張家樣」稱呼，自成一格，強調形象的立體感，改變了顧愷之及陸探微的消瘦形象，而以豐腴細密的方式作畫，並引入書法中的「點、曳、斫、拂」的方式作畫，豐富了中國繪畫的技法，與唐朝吳道子並稱「疏體」。此外，張僧繇亦擅長畫龍及「凹凸花」的畫法，成語「畫龍點睛」傳說與在金陵安樂寺所畫的四條龍有關，而「凹凸花」則是吸取天竺（今印度）佛像畫中的畫法。所謂的凹凸畫法就是現在的透視法，能使畫面具有立體及逼真之感，是中國本土繪畫中所沒有的。其代表作品有《五星二十八宿神形圖》、《梁武帝像》等。東晉後期的戴逵是畫壇的領袖，擅長佛像畫作，畫風生動寫實。

---

[7] 東吳八絕指的是擅長術數的吳範、擅長占星術的劉惇、擅長九宮一算之術的趙達、擅長書法的皇象、擅長圍棋的嚴武、擅長占夢及解夢的宋壽、擅長占相的鄭嫗以及擅長作畫的曹不興。

在山水畫方面，最初只是人物畫的背景，到了魏晉南北朝時期因社會動亂，人們寄情山水，促使山水畫的發展。一般認為現存最早的獨立成科的山水畫卷軸是展子虔的《游春圖》，描繪貴族遊春的情景，也是金碧山水的前身。因此藝術史家將展子虔、顧愷之、陸探微及張僧繇合稱「唐前四大畫家」。

隋唐時期是中國繪畫在繪畫的種類、技巧等方面都有一定的發展，除了壁畫以外，許多繪畫以長卷的形式呈現。唐朝時期的繪畫絢麗華美，反映了初唐時期的生活富裕氣氛，題材上仍以人物畫為主流，畫面結構嚴謹、分配均勻，用色磅礡。唐朝的閻立本與其父、兄皆擅長繪畫及工藝，師承張僧繇，畫作線條剛勁有力，色彩沉著，代表最品有《古帝王圖》、《職貢圖》等。盛唐畫家吳道子是同期最為傑出的畫家，有「畫聖」之稱，早期師承張僧繇，筆法細膩且稠密，中年時其畫筆勢改為圓潤富立體感，屬於「疏體」。所畫人物的衣摺飄逸，線條流暢，有「吳代當風」之稱，與北朝齊畫家曹仲達的「曹衣出水」[8]齊名，畫作人物的服裝世稱「吳裝」。吳道子的畫作有大量是屬於壁畫，因此傳世的作品鮮少，今《宋紫天王圖》被認為可能為宋朝時的摹本。盛唐時期除了釋道畫像及佛像以外，仕女題材也逐漸成熟，其中以張萱及周昉為代表。張萱擅長繪製貴族仕女及宮廷鞍馬，繪畫題材以宮廷人物活動為主，女性一般較為豐腴且濃妝，豔而不俗，用筆細緻勻稱，其仕女畫在中國的人物畫中佔有一定重要的地位。現今流傳的《虢國夫人遊春圖》及《搗練圖》為宋朝畫家所臨摹。周昉是繼張萱之後另一擅長仕女畫的知名畫家，所畫的仕女「濃麗豐肥」，有「周家樣」之稱。周昉早年效仿張萱，後師顧愷之及陸探微，現存作品有《揮扇仕女圖》、《簪花仕女圖》等。

除了人物畫以外，在魏晉南北朝時期發展的山水畫，到了唐朝時已擺脫作為人物畫的附屬地位而成為獨立的畫種。初唐的山水畫家代表有李

---

8 「吳代當風」與「曹衣出水」是一個相對的概念。「吳代當風」又稱「吳家樣」，是指所畫的人物衣帶宛如隨風飄逸；而「曹衣出水」又稱「曹家樣」，是曹仲達畫人物衣摺紋的畫法，指的是所畫人物的衣摺緊貼在身上，猶如剛從水中出來一般。

思訓、李昭道、王維及王洽。李思訓受魏晉南北朝時期展子虔的影響，以青綠山水及金碧山水知名，喜用鮮明色彩來作山水畫，畫面呈現金碧華麗之感，有「國朝山水第一」之稱，世人稱其為「大李將軍」，代表作品有《江帆樓閣圖》等。其子李昭道繼承家學，亦擅長青綠山水，豐富了其父李思訓的畫法，畫作更顯細緻艷麗，世稱「小李將軍」，父子兩人合稱「大小李將軍」。兩人對青綠及金碧山水的畫作風格有極大的影響，但李昭道後世流傳的作品極少，現存的《春山行旅圖》及《明皇幸蜀圖》相傳是後人的摹本。王維是盛唐時期的田園山水派詩人，號稱「詩佛」，詩書畫皆擅長，受禪宗影響大。在繪畫方面，王維創造了「水墨山水畫派」，不以顏色作畫，而改以墨的濃淡來表現山水的恬淡亦勁，對山水畫的貢獻極大，世稱「南宗畫之祖」[9]，畫作中常「詩中有畫，畫中有詩」，相傳為王維的畫作有《雪溪圖》、《伏生授經圖》等。

另一個在唐朝時期發展為獨立畫種的為花鳥畫。花鳥畫是中國畫中最晚出現的畫種，最早只是工藝品上的動植物形像裝飾品，魏晉時期出現花木圖形，到了唐朝已獨立成科。花鳥畫以花卉、鳥禽、昆蟲等為主要繪畫對象，其畫法有三種：工筆、寫意、兼工帶寫。工筆花鳥畫是用墨的濃淡程度分層作畫，寫意花鳥畫是用簡練手法描繪，介於兩者之間的兼工帶寫花鳥畫偏向形態逼真。唐朝的花鳥畫畫家已能注意鳥類禽獸的體形結構，形式技巧上也較為完善，代表畫家有薛稷（畫鶴）、曹霸及韓幹（畫馬）、韓滉（畫牛）、李泓（畫虎）、奉昭（畫雀）、殷仲容（畫花鳥）、張立（畫竹）等。

五代時期在花鳥畫有徐熙畫花竹及黃荃畫花鳥的兩種風格。徐熙的繪畫風格簡樸，並創造了水墨淡彩的的繪畫方式，只用墨的濃淡來做變化，畫出花卉的枝葉。以徐熙為代表的花鳥畫屬於風格清新，採沒骨法作畫，代表作品有《玉堂富貴圖》、《蓉雀圖》等。另一個代表作家以黃荃為代表，畫風艷麗，屬於全面性的畫家，特別是鳥雀具有新意，代表作是《寫

華人社會與文化

9　中國山水畫派別中的「南北宗」一詞是由明朝畫家董其昌所創，指的是中國山水畫的理論學說，稱李思訓父子二人的青綠山水風格為「北宗」，王維的水墨山水風格為「南宗」。

生珍禽圖》等。徐熙及黃荃兩人當時被評價為「黃家富貴，徐家野逸」。

五代及兩宋是中國畫的輝煌時期。畫院雖在漢元帝時已成立，但規模較小。到了宋朝時期擴大了畫院的編制及組織，設立了「翰林圖畫院」，以科舉方式取士，集中各地的畫院名家，使得宮廷繪畫興盛活躍，形成「院體畫」，風格以工整細膩、寫實逼真為主。北宋的代表畫家有郭熙、韓拙、米芾、米友仁、張擇端等人。郭熙提出山水畫的「三遠」透視法，即「高遠、深遠、平遠」，後來的韓拙在《山水純全集》中補上了「闊遠、迷遠、幽遠」，合稱「六遠」，總結歸納了中國畫中的構圖位置。米芾及米友仁父子在山水畫中以水墨點染作畫，繪畫史上有「米派」之稱。張擇端的知名畫作《清明上河圖》屬於風俗畫，描繪的是北宋京城汴京（今河南省開封市）及汴河兩岸繁華熱鬧的城市社會生活及自然風光，畫中約有八百人，六十多匹牲畜、一百多棵樹木，以及船隻、房屋等，所畫人物形態各異，構圖疏密有致，以長卷形式作圖，被譽為「中國第一神品」，是中國十大傳世名畫[10]之一，現存於北京故宮博物院。

南宋時期的繪畫開始出現「留白」手法，南宋畫家李唐擅長於山水畫，用峻勁的畫筆來描繪山形氣勢，但到了晚年，開始轉向獨特的「大斧劈皴」之法來畫山石，並兼工人物畫。李唐描繪的青綠山水用筆簡練、構圖精細、意境優美，代表作品有《萬壑松風圖》、《胡茄十八拍》等。李唐的畫風也影響了後來的院畫家馬遠及夏圭，在圖畫上有大片留白，被稱為「詩意山水」。馬遠是繪畫世家，其祖父、父親、伯父兄長、兒子都是具有一定名氣的畫家。馬遠擅長山水畫，繼承北派山水畫風，卻又能有所新意，畫作被當時評為「邊角之景」，人稱「馬一角」，作品有《山徑春山圖》、《雙灘水鷺圖》等。夏圭早年專攻人物畫，後以山水畫著稱，取法李唐，以水墨畫山石，所畫山水多為「半邊」或「一角」，有「夏半

---

10 中國十大傳世名畫分別為東晉顧愷之的《洛神賦圖》（摹本）、唐朝閻立本的《步輦圖》、唐朝張萱及周昉的《唐宮仕女圖》、唐潮周滉的《五牛圖》、五代顧閎中的《韓熙載夜宴圖》、北宋王希孟的《千里江山圖》、北宋張擇端的《清明上河圖》、元朝黃公望的《富春山居圖》、明朝仇英的《漢宮春曉圖》及清朝郎世寧的《百駿圖》。

邊」之稱，是北派山水代表之一。夏圭的畫法與馬遠相近，擅長空間留白構圖，因此與馬遠並稱「馬夏」，有「馬一角、夏半邊」之說，現存作品有《江山佳勝》、《西山清遠圖》等。而另一名畫家劉松年擅長畫物及山水、多畫竹林及山水之景，並兼畫人物表情，代表作品有《天女獻花》、《四警山水》等。後世稱李唐、馬遠、夏圭及劉松年四人為「南宋四大家」或「畫院四大家」。

除了山水畫以外，花鳥畫在宋朝時期也有一定的進步。宋朝時期花鳥畫從裝飾性質轉為生動寫實，強調寫實，北宋中期的花鳥畫代表畫家有趙昌的折枝花卉、易元吉的猿猴、崔白的鳧雁等。趙昌擅長繪畫折枝、花果等主題，師承藤昌佑，並學習徐崇嗣的折枝沒骨法，崇尚田園寫實，與黃荃及徐熙的凸面畫法形成對比，作品有《寫生蛺蝶圖》、《蜂花圖卷》等。易元吉初期畫花鳥蟲草，後期專攻畫猿猴，現存作品不多，如《猴貓圖》、《聚猿圖》等。而崔白所畫的蟬、雀、鵝堪稱三絕，形象傳神，一改過去以黃荃畫派為主的花鳥畫風，成為北宋革新畫風的代表，作品有《寒雀圖》、《雙喜圖》等。而文同則擅畫墨竹，其畫竹以墨色深淺表示竹子的遠近，開創墨竹畫法新趨勢，代表作品如《墨竹畫》等。

南宋時期的花鳥代表作家有梁楷及法常。梁楷自號「梁瘋子」，擅長山水人物，早期以減筆方式畫人物畫，後來開創了中國畫水墨寫意的畫法，對後代寫意畫法有很大的影響，代表作品有「潑墨仙人」等。法常俗名李牧溪，擅長龍虎、花鳥及人物畫，亦作潑墨山水畫，與梁楷開水墨寫意先河。另外，宋朝還興起「四君子畫」，畫作以梅、蘭、竹、菊為主要題材，是文人藉畫抒情、表現節操和雅趣的方式之一。

由宋入元的趙孟頫是全才型人物，在詩、書、畫、印等方面皆有很高的造詣。詩風兼具晉朝及唐朝的特色，書法方面擅長行書及楷書，並獨創「趙體」，篆刻以「圓珠文」著稱，繪畫方面則提出書畫用筆相同的理論。趙孟頫畫風清遠，師法王維及董源，開啟寫意為主的文人畫風，前期畫作絢麗，後期改為淡墨畫，代表作品有《鵲華秋色圖》、《秀時疏林圖》等。除了趙孟頫以外，高克恭、李衎、商琦四人並稱「元初四大

家」。高克恭擅長山水畫及墨竹，師法米芾父子、巨然及李成等人，有「國朝名筆第一」之稱，代表作品有《春雲曉靄圖》、《墨竹坡石圖》等。李衎師法文同，擅常墨竹，對竹子的形態及畫法有深入的論述，作品有《雙松圖》、《四季平安圖》等。商琦擅長山水，師法李成及郭熙，傳世作品有《春山圖》卷等。

　　元朝後期人物畫開始式微，且因當時社會輕視漢人，漢人知識分子因此避居山林做山水畫，脫離了宮廷氣氛，使文人畫得以發展。知識分子藉山水畫抒發個人抱負，作畫時強調神韻及筆墨情趣，當時黃公望、吳鎮、倪瓚、王蒙爲代表，被稱爲「元四家」，開啟中國山水畫主流。黃公望被尊稱爲「元四家」之首，除了繪畫以外也擅長書法、音律及詩文。黃公望在繪畫方面以水墨山水最爲出色，創立「淺絳山水」，最知名的代表作品是《富春山居圖》等。吳鎮亦擅長水墨山水畫，師承巨然，筆法強勁雄厚，並在畫作上提詠詩文，明清書畫家受其影響極大，作品有《漁父圖》、《洞庭魚隱》等。倪瓚是元朝南宗山水畫的代表，作品以水墨山水畫爲主，並喜在畫作空白處以楷書題款，成爲其個人特色，並創造屬於平遠畫法的「折帶皴」，代表作品有《六君子圖》、《水竹居圖》等。王蒙是元末明初的畫家，其母是趙孟頫之女，因此自幼受趙孟頫影響而喜愛作畫，後與黃公望及倪瓚往來，創造「牛毛皴畫法」，使其山水畫有一定創新，作品有《夏日山居》、《秋山草堂》等。

　　明朝時期的繪畫分爲兩派，一派是仍以元四家爲主要的學習對象，以文人畫爲主，稱爲「吳派」或「明四家」，包括沈周、文徵明、唐寅及仇英。另一派爲浙派，以山水畫及花鳥畫爲主。沈周是吳派的創始人，擅長水墨寫意山水、人物畫及花鳥畫。畫風師承南宋及元朝各家特色，再發展出自己特色。元明以來，沈周在文人畫方面有承先啟後的作用，兼工各種繪畫，其中以山水畫及花鳥畫最突出，而多數的山水畫內容是與南方山水及園林景物有關。沈周家學淵博，其父及伯父都擅長繪畫，因此早年師承家學，後來繼承宋元各家，吸收各家長處，自成一格，代表作品有《仿董巨山水圖》軸、《廬山高圖》、《煙江疊嶂圖》卷等。文徵明除擅長書法

外，在繪畫方面於晚年時與沈周齊名，繼承沈周而成為吳派領袖。文徵明雖然師承沈周，但仍有其自己的特色，且能水墨、能青綠、能寫意、能工筆，各類畫種無一不工，代表作品有《江南春圖》、《松壑飛泉圖》等。唐寅在繪畫方面以山水畫及文人畫聞名，畫作受元四家影響較少，受宋朝院體畫影響較多，代表畫作有《山路松聲圖》、《王蜀工伎圖》等。仇英擅長臨摹宋人的畫作，作品題材廣泛，尤其擅長仕女圖，流傳至今的畫作不多，且多為後世的摹本，如《金谷園圖》、《漢宮春曉圖》等，其中《漢宮春曉圖》被列為「中國十大傳世名畫」之一。

　　而浙派則是以江浙地區為中心的職業畫派，山水畫方面承自宋朝院體畫畫家馬遠及夏圭等人，並融會北宋郭熙、李唐的山水畫法，構圖層次鮮明，以戴進、藍瑛及吳偉為代表。花鳥畫方面多以具吉祥寓意的禽鳥為題材，以水墨方式刻畫動物的形態，代表畫家為如呂紀，而人物畫題材以釋道人物或平民為主，代表畫家如陳洪綬。吳派畫風多呈現文士的人品，較具士人氣息，而浙派畫家多數為在朝的宮廷畫家或民間的職業畫家，作畫不似吳派是為了怡情養性，而是屬於職業性質的畫派。浙派畫家除了江浙一代以外，也有福建及廣東等各省的畫家，因明朝的宮廷廟宇需大量的畫作作為裝飾，因此浙派畫家頻繁流動於中央與地方之間，其通俗的題材及畫風甚至影響了日本及朝鮮時代的畫家，深受收藏家喜愛。

　　清朝時以文人畫為主流，畫家追求筆墨情趣。清朝初期有「清初四僧」，包括石濤、八大山人、弘仁及石溪。石濤原名朱若極，法號原濟，擅長山水畫，構圖講求變化，意境新奇，作品有《松鶴圖》、《蘭竹圖》等。八大山人俗名為朱耷，是明朝皇家世孫，擅長水墨山水畫及花鳥畫，山水師法董其昌，而花鳥畫的特色是以簡筆隨意作畫，亦擅長書法，代表畫作如《竹石鴛鴦》、《孔雀竹石圖》等。八大山人的畫作對當時的影響較小，但對後世的影響極大，包括清朝中期的「揚州八怪」、後期的「海派」及近代的齊白石、張大千等人皆受其影響至深。弘仁俗名江韜，畫風清淡冷峭，擅長山水及梅花，受倪瓚影響，代表畫作有《松壑清泉圖》、《秋景山水圖》等。髡殘俗姓劉，號石溪，與石濤合稱「二石」，擅長山

水畫，繼承元四家傳統，畫風繁複嚴密，筆法渾厚，亦擅長人物畫及花卉畫，代表畫作有《報恩寺圖》、《層岩疊壑圖》等。

　　清朝初期除了清初四僧以外，還有知名的「江左四王」，或稱「清初四王」，指的是王時敏、王鑑、王翬及王原祁四人。四王畫風相近，屬於文人畫家，提倡南宗繪畫的仿古風格，以山水畫為主，其畫風被稱為「正統畫派」。王時敏擅長山水畫，師承董其昌、黃公望等人，開創山水畫的「婁東派」，代表畫作有《西廬畫跋》、《西田集》等。王鑑擅長山水畫，師法董源、黃公望及王蒙等人，山水畫畫風細目，亦能畫青綠山水，對清朝的繪畫有一定的影響，代表畫作有《秋山圖》、《秋林山色圖》等。王翬之父專攻山水，因此自幼受家庭影響而喜愛繪畫，並臨摹元朝黃公望、王蒙、吳鎮等人的山水畫作，注重寫生，為「虞山派」創始人，代表畫作有《康熙南巡圖》、《千巖萬壑圖》等，其中《康熙南巡圖》是王翬率領約一千名畫工、歷時六年所完成的作品。王原祁是王時敏之孫，自幼即臨摹宋元畫家作品，而山水畫亦師承黃公望，筆墨瀟灑，代表畫作有《雲壑流泉圖》、《夏日旭照圖》等。清初四王雖然畫風相近，但四人又分為「婁東派」及「虞山派」。「婁東派」代表為王時敏及王原祁祖孫二人，畫風崇古保守，大量臨摹古人作品，從中學習古人的畫風並累積作畫工夫，多師法元四家及董其昌等人，又稱太倉派。至於「虞山派」代表則為王翬及王鑑，畫風清麗，多師法黃公望等人。

　　到了清朝中期（乾隆年間）在江蘇揚州一帶出現以賣畫為生的文人畫家，畫風奇特新穎卻不落俗套，這一革新派畫家統稱「揚州八怪」，即「揚州畫派」。揚州八怪的畫家以花卉畫為主，亦兼工山水畫及人物畫，以金農為首。揚州八怪雖為統稱，但根據清末李玉棻的考察，認為其八怪為金農、鄭燮、汪士慎、高翔、李鱓、黃慎、李方膺、羅聘八人。其中金農博學多才，擅長人物畫、山水畫及花鳥畫，尤其擅長墨梅，畫作新奇，筆墨樸實，代表畫作有《冬心先生像》、《冬萼吐華圖》等。另外，清朝中期有許多西洋傳教士來華，將西洋畫的凹凸畫法及透視法等帶入中國，影響了中國繪畫的畫法，其中以來自義大利的郎世寧最為知名。郎世寧到

中國傳教時，因精通建築及繪畫，被聘爲宮廷畫家，以寫實爲主，擅長肖像，尤其擅長畫馬，代表畫作有《百駿圖》、《八駿圖》等，並深受清皇室青睞。郎世寧歷經康熙、雍正、乾隆三朝，約五十餘年，對中西繪畫交流有一定程度的貢獻。

　　清朝晚期上海成爲貿易重鎮，許多文人及畫家聚集於此創作。畫家爲了適應市民的需要而使繪畫題材有所創新，因而被稱爲「海派」，又稱「海上畫派」或「滬派」。此一畫派的畫家多爲平民出身，以賣畫維生創作題材豐富，深受平民階級歡迎，畫風新穎且受西方繪畫影響而使用濃豔色彩作畫，題材廣泛，作品通俗化，代表畫家有吳昌碩、任頤、任熊、任薰、趙之謙及虛谷等人。其中吳昌碩擅長寫意花卉畫，畫作結合書法和金石篆刻，喜用濃豔對比色。晚清的另一畫派爲「嶺南畫派」，創始人爲高劍父、高奇峰及陳樹人三人。嶺南畫派重視創新，屬於中國傳統繪畫中的革新派，受到西方藝術影響而形成。嶺南畫派主張融合中西繪畫長處，強調「折衷中西，融匯古今」，反對摹古，主張師法自然，重視中國畫、西洋畫及日本畫的融合，且注重「光」的表現，畫面豔麗。

　　清末民初的繪畫更受西方影響，代表畫家有齊白石、徐悲鴻及張大千等人。齊白石原學習雕花木工，兼習繪畫，中年開始學習刻印，擅長畫鳥蟲畫，筆鋒有力、構圖創新，色彩濃豔，重視點、線、面的構成，傳世作品多，代表畫作有《酒柿圖》、《河蝦圖》等。徐悲鴻是中國近代美術教育奠基人，主張融合國畫與西洋畫於一體，重視改良傳統中國畫，也是油畫「民族畫」的重要推動者，最擅長畫馬，畫作富有生氣，代表畫作有《奔馬圖》、《戰馬》等。張大千的詩、書、畫與齊白石和溥心畬齊名，而有「南張北齊」、「南張北溥」之稱，擅長山水畫、人物畫及花鳥畫，其畫作以潑墨及潑彩兩種畫法爲主，代表畫作眾多，如《湖畔風景》、《廬山圖》等。張大千在1949年離開中國後旅居世界各地，1969年移居美國舊金山，在美期間是創作的巔峰時期，1977年到臺灣臺北外雙溪定居，1983年逝世於臺北。同年十月，張大千家屬將其故居捐贈給臺北故宮博物院，成立「張大千紀念館」。

文化小知識1：

「書香」的「香」是哪種香味？

古人為了防止蠹蟲破壞書籍而在書中夾上香草，這種香草稱為「芸」或「芸香」，屬於多年草本植物，花葉香氣濃郁，即使乾枯也不會使味道變淡，且更有驅除蠹蟲的功能。將芸香夾在書頁中，翻閱書籍時就能聞到香味，因此有了「書香」的說法。而古代的讀書人以「芸帙、芸編」指稱書籍，用「芸窗、芸館」指稱書齋，用「芸台」指稱國家圖書館，校定書籍的校書郎則稱為「芸香使」，這些名稱都是從「芸香」而來的。

文化小知識2：

「喝墨水」是真的喝下去嗎？

現在常用「喝墨水」來比喻一個人文化水準的高低，文化水準高的人常被稱「喝了一肚子墨水」，但「喝墨水」在古代是真的讓人喝墨水。「喝墨水」一詞在《隋書‧禮儀志》中寫到，北齊規定「書跡濫劣者，飲墨水一升。」一升約為兩斤半，古代秀才考試時多由皇帝親自監考，若字體寫得不好就會被罰當眾喝下兩斤半的墨水，因此須勤練書法。傳說唐太宗李世民的書法寫得不好，因害怕喝墨水而放棄應試當官的念頭，登基後廢除了「喝墨水」的陋習。該詞流傳到現在則成了衡量一個人學問深淺的標準。

考古題

1. 毛筆所用材質不同而有不同的特性，有的含水量多，有的富有彈性，初學寫字應選用：（2019年）
   (A) 羊毫　　　　　　　　(B) 兼毫
   (C) 紫毫　　　　　　　　(D) 狼毫

   答案：(B)

   解釋：(A)羊毫筆是以青羊或煌羊的毛所製成，羊毫筆風柔軟，書寫

時柔弱無骨，但書法家書寫時重視筆力，因此少用羊毫筆。但羊毫筆因吸墨量強，因此適合渾圓厚實的點畫，比狼毫筆持久耐用。(B)兼毫筆是使用兩種以上的毫所製成，多為健毫搭配柔毫，但以健毫為主。兼毫筆裡為健毫，外為柔毫，剛柔適中，方便書寫，因此適合初學者使用。(C)紫毫筆是用野兔項背的毛所製成，因顏色呈現黑紫色而稱為紫毫筆。兔毛所至的紫毫筆較為堅韌，適合書寫強勁有力的方正之字，但因其毫不長，因此不是用於書寫匾額等大字，其中以安徽出產的野兔毛為最佳。(D)狼毫筆在古代是以狼毛製成，但因狼毛較粗，製作成毛筆後不易書寫，因此後來使用黃鼠狼之毛而製成，而狼毫筆中的「狼」其實指的是黃鼠狼。狼毫筆的堅韌度教紫毫筆（兔毫）為差，但較羊毫為佳，以東北產的鼠尾為最。狼毫筆適合毫書寫及作畫，筆力也較為勁挺。

2. 中國書法史上名家輩出，隸、行、楷、草諸體皆有名作。下列哪個作品不是由行書所書寫而成？（2018年）

　(A) 蘇軾《寒食帖》　　　　　　(B) 王羲之《蘭亭集序》

　(C) 顏真卿《祭姪文稿》　　　　(D) 褚遂良《雁塔聖教序》

　答案：(D)

　解釋：《雁塔聖教序》的書體是楷中帶行，並非只有行書。

3. 有關中國繪畫藝術，下列敘述何者不正確？（2017年）

　(A) 王維開後代文人畫的先河，被奉為山水畫南宗之祖

　(B) 吳道子是盛唐最傑出的畫家，有「畫聖」之稱，擅畫人物、山水

　(C) 唐代設立翰林圖畫院，形成嚴密精細、注重法度的「院體畫」，題材多為山水、花鳥

　(D) 宋代興起以梅、蘭、竹、菊為題材的「四君子畫」，是文人借畫抒情，表現自己的節操和雅趣

　答案：(C)

解釋：翰林圖畫院是在宋朝時成立的，當時延攬了西蜀及南唐優秀的宮廷畫家及民間畫藝精湛的畫家，畫風的風格以工整細膩、寫實逼真為主，這派畫風稱為「院體畫」。院體畫的題材以宮廷生活、花鳥、山水及宗教為主，作畫講究法度，並兼備形神。

4. 唐代哪一位書法名家結合篆、隸、行、楷四種筆法，創造方正敦厚、沉著雄渾的新書體？（2017年）

(A) 顏真卿　　　　　　　　(B) 柳公權

(C) 歐陽詢　　　　　　　　(D) 虞世南

答案：(A)

解釋：顏真卿擅長篆書、隸書、行書及楷書四種筆法，字體雄厚敦厚，世稱「顏體」。柳公權擅長楷書，字體勁媚，世稱「柳體」，與顏真卿合稱「顏柳」，人稱「顏肥柳瘦」、「顏筋柳骨」。歐陽詢擅長楷書，用筆結構嚴謹，被推為唐人楷書第一，字體世稱「歐體」。虞世南擅長楷書，字體筆圓而體方，為歷代書法家所推崇。

5. 書法是我國獨步世界的一門藝術，碑帖是學習書法的範本。下列敘述何者有誤？（2016年）

(A) 碑是古人用來記功述事的石刻，立碑的目的是將碑文的內容公諸於世

(B) 帖是把有名的字跡摹刻，用來作學習書法的範本

(C) 唐碑與魏碑，並稱為楷書兩大體系

(D) 清代書法家重視法帖，限制了書藝的創作

答案：(D)

解釋：清代雖然法帖盛行，有許多名家代表，但碑學更為盛興，與唐朝楷書、宋朝行書、明朝草書並稱。

6. 據說周宣王時太史籀著大篆十五篇，是為籀文。現存的哪一項文獻，是籀文的代表作品？（2016年）

(A) 毛公鼎文   (B) 倉頡篇

(C) 石鼓文   (D) 泰山石刻

答案：(C)

解釋：毛公鼎文屬於金文；倉頡篇及泰山石刻都屬於小篆，爲李斯所寫。

7. 某人作畫的圖像中，有「蝙蝠與靈芝、如意、綬帶」，請問其意義指向爲何？（2015年）

(A) 金榜題名   (B) 多子多孫

(C) 壽臻耄耋   (D) 福壽如意

答案：(D)

解釋：在《韓非子》一書中說道：「全壽富貴之爲福。」因此傳統習俗上常用「蝙蝠」來表示吉祥如意且有幸福的寓意。「靈芝」又稱瑞芝或瑞草，傳說吃了靈芝能長生不老或成仙，因此被視爲吉祥之物，例如有些鹿形木雕口銜靈芝表示長壽。「如意」又稱「握君」，起源於古代的「爪仗」（類似現在的不求人抓癢棒），屬於中國傳統的工藝品。如意分三種，一是直柄式的如意，造型簡約，意謂天官如意；二是頂端造型與靈芝相似，爲靈芝如意；三是以玉器、翡翠等寶石做成並鑲在紫檀紅木上的，稱爲三鑲式如意。「綬帶」是古代用來繫官印等物品的絲帶，有長壽幸福的寓意。因此此四種圖像都有「福壽如意」的涵義。而(C)「壽臻耄耋」中的「耄」指八十至九十歲，「耋」是七十到八十歲，該句意思是年齡已經達到七十至九十的高齡了。

8. 中國傳統繪畫的成就有「吳帶當風」、「曹衣出水」之說，以下關於兩個畫法的敘述，正確的是？（2015年）

(A) 「吳帶當風」的「吳」是指吳昌碩

(B) 「曹衣出水」的「曹」是指曹仲達

⒞ 這兩種畫法都是指山水畫法

⒟ 這兩種畫法對顧愷之影響甚深

答案：(B)

解釋：「吳帶當風」指的是唐朝畫家吳道子，吳昌碩是晚清著名的畫家、書法家及篆刻家，繪畫方面擅長花卉寫意，書法方面擅長篆書。「曹衣出水」又稱「曹家樣」，是南北朝北齊畫家曹仲達所創造的衣服摺文畫法。曹仲達尤其擅長人物畫、肖像畫及佛教圖像等。「曹衣出水」及「吳帶當風」是指人物畫中衣服摺紋的兩種不同表現方式。「曹衣出水」的筆法剛勁，衣衫緊貼人物身上，「吳帶當風」筆法圓轉，人物的衣帶隨風飄逸。顧愷之則是東晉時期的畫家，擅長人物畫。

9. 盛唐何人的草書「如走龍蛇，奇險萬狀」，據稱其書法得力於公孫大娘之劍舞，每醉後狂呼奔走，世稱「草聖」？（2014年）

⒜ 懷素　　　　　　　　　⒝ 柳公權

⒞ 張旭　　　　　　　　　⒟ 虞世南

答案：(C)

解釋：懷素是唐朝僧人及書法家，擅長狂草，被稱為「醉僧」，後世評其狂草是繼承張旭風格，兩人並稱「顛張醉素」，代表作品包含《自序帖》、《苦筍帖》等。柳公權是唐朝官員及書法家，也是楷書四大家之一，但亦擅長行書。其字體初學王羲之，後師顏真卿，以瘦筆法著稱，被稱為「柳體」，與顏真卿齊名，合稱「顏柳」，並有「顏筋柳骨」之說。張旭是唐朝書法家，以豪飲而知名，書法方面擅長草書，有「草聖」之稱。虞世南是唐朝文學家、詩人及書法家，以楷書見長，與歐陽詢、褚遂良、薛稷合稱「唐初四大家」。

10. 宋代興起「四君子畫」，下列何者不屬於「四君子畫」中的一種？（2013年）

(A) 梅   (B) 荷

(C) 蘭   (D) 竹

答案：(B)

解釋：宋朝的「四君子畫」以梅、蘭、竹、菊為主要題材，是文人藉畫抒情、表現節操和雅趣的方式之一。北宋的代表畫家有文同及蘇軾，南宋代表畫家則為鄭思肖及楊無咎等人。

11. 關於唐代書法大家柳公權的代表作品，下列何者正確？（2012年）

(A) 玄秘塔帖   (B) 多寶塔感應碑

(C) 九成宮醴泉銘   (D) 大唐三藏聖教序碑

答案：(A)

解釋：《多寶塔感應碑》是顏真卿早期楷書的代表作品，也是顏體書法中的代表帖，寫成時間為唐朝，又稱《多寶塔碑》、《大唐西京千幅寺多寶塔感應碑》。《九成宮醴全銘》是唐朝書法家歐陽詢的楷書代表作之一，被譽為「天下第一銘」。《大唐三藏聖教序》簡稱《聖教序》，由唐太宗所寫。

12. 下列選項何者不是現今所謂的「四大名硯」？（2011年）

(A) 端硯   (B) 紅絲石硯

(C) 歙硯   (D) 洮硯

答案：(B)

解釋：中國四大名硯為廣東端州的端硯、安徽歙縣的歙硯、甘肅洮河的洮硯、河南及山西的澄泥硯。紅絲石硯產於山東青州等地，是傳統名硯，但非四大名硯。

13. 「紙、筆、墨、硯」為中國文房四寶，下列選項何者不正確？（2011年）

(A) 中國造紙術一般從東漢的蔡倫算起

(B) 中國遠在商朝時代便已普遍使用毛筆

(C) 清代時胡開文製墨，至今仍享譽中外

(D) 中國四大名硯之首爲廣東肇慶的「端硯」

答案：(B)

解釋：毛筆出現於商朝，但廣泛使用於戰國時期。

14. 中國畫的藝術成就與獨特風格享譽國際，下列敘述哪一項不正確？
（2010年國內版）

(A) 中國畫注重神似，以寫意爲主

(B) 中國最早成熟的畫種是山水畫

(C) 中國的人物畫重點在表現人物的個性精神

(D) 中國畫在構圖時講究立意，確立畫家所要表現的意境

答案：(B)

解釋：中國最早成熟的畫種是人物畫，繪畫成就最高的則是山水畫。
中國的人物畫力求描繪人物傳神逼眞、形神兼備。

15. 有關書法藝術的敘述，下列何者不正確？（2010年國內版）

(A) 現今傳世的《蘭亭序》並非王羲之的眞跡

(B) 唐代書法家柳公權的楷書極爲知名

(C) 宋代書法四大家是：蘇軾、黃庭堅、歐陽修、王安石

(D) 清末書法家包世臣、吳昌碩、何紹基之書法作品別具特色

答案：(C)

解釋：宋代四大書法家是蘇軾、黃庭堅、米芾及蔡襄。歐陽修是北
宋的政治家及文學家，領導北宋詩文革新運動，並繼承了韓愈
的古文理論。歐陽修與韓愈、柳宗元、蘇軾、蘇洵、蘇轍、王
安石及曾鞏合稱「唐宋八大家」，與韓愈、柳宗元、蘇軾合稱
「千古文章四大家」。王安石是唐宋八大家之一，也是北宋著
名的政治家、改革家、思想家及文學家，對文學及經學都有所
研究，現有《王臨川集》集《臨川集拾遺》等作品存於世，官
拜宰相，主張改革變法，爲「王安石變法」。

16. 下列哪一位書法家不是唐代人？（2010年國外版-1）

(A) 顏眞卿
(B) 歐陽詢
(C) 柳公權
(D) 趙孟頫

答案：(D)

解釋：趙孟頫是宋朝後代、元朝的官員及書法家，與鮮于樞及鄧文原並稱「元初三大家」，擅長楷書及行書，受東晉書法家王羲之的影響甚之，從其作品《行書右軍四事》卷可以看出對王羲之的景仰。

17. 三國時代魏國鍾繇結合眾家之長，他的哪一種書體剛柔兼備，堪稱是絕世之美？（2010年國外版-1、2010年國外版-2）

(A) 草書
(B) 隸書
(C) 楷書
(D) 行書

答案：(C)

解釋：鍾繇對於書法的貢獻在於使楷書定型化，書體剛柔兼備，但其楷書的作品現在相當少，代表作《上尊號碑》現存於河南潁縣，是其隸書的代表作，其字體被稱爲《鍾體》。

18. 佛像畫傳入中國後，人物畫迅速發展。南北朝時被稱爲「三絕」的畫家是：（2009國外版）

(A) 顧愷之
(B) 豐子愷
(C) 陸探微
(D) 王維

答案：(A)

解釋：東晉顧愷之是全才型人物，擅長詩賦、書法及繪畫，三者被稱爲「三絕」，指的就是「才絕、畫絕、痴絕」。豐子愷是清光緒時的散文家、畫家、文學家籍美術家，師從弘一法師（李叔同），以中西融合畫法來創作漫畫及散文而著名。陸探微師承顧愷之，作畫時筆勢連綿不斷，被稱爲「一筆畫」，與顧凱之合稱「顧陸」。王維創造了「水墨山水畫派」，以墨的濃淡來

表現山水的恬淡亦勁，對山水畫的貢獻極大，世稱「南宗畫之祖」。

19. 李斯的〈泰山刻石〉，依漢字發展源流來看，最可能使用哪一種字體寫成？（2009年國內版）

(A) 隸書 　　　　　　　　　　(B) 小篆

(C) 草書 　　　　　　　　　　(D) 金文

答案：(B)

解釋：秦始皇二十六年在李斯的建議下發布「書同文字」的政令，由李斯作《倉頡篇》，趙高作《爰歷篇》，胡毋敬作《博學篇》，一律用小篆書寫。而李斯的小篆不但是秦朝時的官方文字，也是後世篆書臨摹的對象。李斯的書法多是跟隨秦始皇出巡時在各處樓下的刻石作品，見於史料約有泰山、瑯琊臺、嶧山、碣石、會稽、芝罘、東觀刻石七處，其中以《泰山刻石》（又稱《封泰山碑》）最能完整反映李斯的小篆特色。

20. 關於著名的「清明上河圖」，下列敘述何者正確？（2008年國內版）

(A) 完成於明朝時期 　　　　　(B) 以當時首都北京生活為題材

(C) 顯示城市的物質進步 　　　(D) 突顯文人雅士的清談之風

答案：(C)

解釋：目前已知《清明上河圖》最早的版本是北宋畫家張擇端所畫，現藏於北京故宮博物院，以清明時節為題，描繪北宋京城汴梁（今河南省開封市）和汴河兩岸的繁榮樣景象。《清明上河圖》是中國十大傳世名畫之一，屬於現實主義風俗畫卷，透過該畫可以了解北宋都市的商業、建築及民俗等重要歷史文獻資料。

第九章
中國戲曲

第一節　文學與戲曲

　　中國的戲曲藝術與文學有很深的關係。早在周朝周幽王時即已出現「俳優」，是古代對滑稽藝人的稱呼，專以諷刺詼諧的表演為主。到了漢朝時出現中國古典文學的重要文體「賦」，是一種繼承《詩經》的傳統，建立在《楚辭》的基礎上，並兼容其他先秦作品而形成的新文體，成為漢朝的文學代表，一般稱為「漢賦」。漢賦的特點是語句以四六字為主、強調駢偶、音律須和諧、文辭要求藻飾等。賦產生於戰國時期，漢唐時期時達到顛峰，但自宋朝後即開始衰落。魏晉南北朝時期設有管理音樂及歌曲的官署樂府，主要的工作是收集及編製各種樂曲，然後搭配詩詞演唱，這些詩歌就稱為「樂府詩」。雖然樂府詩是以配合音樂為主的，但有許多文人後來僅用樂府體來寫作而不搭配音樂。樂府詩可以說，是中國詩歌史上的里程碑，代表文人詩的開始。

　　到了唐朝時開始流行「詩」。唐朝以前的詩稱為「古體詩」，或稱「古風」，唐朝之後的詩則稱為「近體詩」。古體詩的特點在於對於詩體及韻腳的要求不嚴謹，大多都是字數不等的偶數句，基本體裁是五言及七言古詩，但另有四言、五七雜言、三七雜言、三五七雜言、錯綜雜言等，樂府詩即被歸類為古體詩。「言」指的就是「字」，代表的五言或七言詩有陶淵明的《歸園田居》（五言）、白居易的《琵琶行》（七言）、李白的《將進酒》（雜言）等。相對於古體詩的則稱為「近體詩」，或稱「今體詩」、「格律詩」。近體詩在唐朝時期最為興盛，特點是講求平仄、對仗和押韻，體裁以四言詩、五言詩及七言詩為主。四言詩是中國古代最早產生的詩體，約於西周初到春秋中期，包括《詩經》中的《國風》、《大

雅》及《小雅》等。五言詩則在漢朝興起，取代了四言詩，進入全盛時期。相對於古體詩，五言詩並不講求對仗與平仄，代表的作品有東漢張衡的《同聲歌》等，而東漢佚名的《古詩十九首》更代表了五言詩已達到成熟的階段。而曹丕的《燕歌行》被認爲是第一篇成熟的七言詩，內容表達複雜且完整作者的意思，聲調也較爲舒緩。因此在唐朝時期五言詩和七言詩取代了四言詩，成爲主要的詩體。

除了五言詩及七言詩以外，唐朝時也盛行「傳奇」，稱爲「唐傳奇」，是唐朝時期的文言短篇小說，內容主要描述奇聞軼事。唐傳奇使用散體寫成，句法整齊，多數作品夾雜駢句，作者重視文采，因此語言較爲華麗。唐傳奇又稱「傳奇文」，內容多爲虛構性的文言短篇小說，是繼承六朝時期的神怪小說。唐傳奇開始於初唐及盛唐時期的高宗及武后（武則天）之時，但當時傳奇小說的數量仍少，且仍受六朝影響，現存的作品極少，如王度的《古鏡記》、張鷟的《遊仙窟》等。中唐時期是傳奇的鼎盛時期，作品數量多，名篇輩出，內容豐富，古文大家韓愈及柳宗元也寫了數篇接近傳奇的文章。唐傳奇的內容以歷史小說、警世、仗義豪傑、愛情及諷刺等爲主題而寫，其中又以愛情故事最盛，代表作品有元稹的《會眞記》（又稱《鶯鶯傳》、《崔鶯鶯傳》）、白行簡的《李娃傳》等。而到了晚唐時期，鬼怪主題又開始興起，作品內容與現實生活漸漸疏遠，出現了俠客類型的作品，如杜光庭的《虯髯客傳》、裴鉶《聶隱娘傳》等。唐朝時的傳奇更影響了宋朝之後的文學發展。而除了文學作品以外，唐朝時還設有「梨園」，本是供皇帝遊樂之處，後因唐玄宗（唐明皇）在梨園中教演藝人，擴充教坊，成爲藝人表演的專門場所，《霓裳羽衣曲》、《蘭陵王》等戲曲皆曾在梨園中表演過。因此後世將「梨園」視爲戲班或戲團的別稱，演員稱爲「梨園子弟」，並奉唐玄宗爲始祖。梨園對後來的元雜劇和明清章回小說也有一定的影響。唐朝時除了盛行詩以外，也出現了「詞」，但直到宋朝時期才達到顚峰。中唐時白居易及劉禹錫等人已開始創作詞，但數量不多，直到晚唐的溫庭筠專心從事詞的創作，內容多與閨情有關。晚唐到五代時期的詞更加流行，內容仍以與兒女情感、離別相思

有關，風格溫柔婉轉、含蓄婉約，後人將溫庭筠、韋莊等人的作品收集成冊，編纂了《花間詞》一書。五代時期最高成就的詞人即是南唐後主李煜。李煜前期的詩較爲華麗浪漫，描述宮廷生活，內容仍帶有花間詞的特色，但到了後期因國家戰亂開始描寫家國之恨，題材較爲悲壯，且善用白描手法，內容通俗易懂，與詞藻華麗的花間詞大不相同。

　　詞到了宋朝時最爲盛行。北宋初期的詞仍帶有五代清麗婉約的風格，內容與分離、離愁、相思有關，代表作家如歐陽修、范仲淹及張先等人。北宋初期末到中期的著名詞人柳永是第一個開始大量創作長調（慢詞）的詞人，作品內容描述都市及平民百姓的生活，擅長白描法，且用市井俗語入詞，使詞由雅入俗。而北宋中期蘇軾則屬於豪放派，開創豪放詞風，擴大了詞的題材，「以詩入詞」，描寫景色及懷古等，更使詞脫離音樂，但當時仿效蘇軾風格的詞人卻不多，多數詞人仍以柳永的詞風爲主來創作。到了北宋後期詞又回歸音樂性，強調音律，代表的詞人有周邦彥、秦觀及李清照。周邦彥精通音樂，其詞內容情感豐富、善用典故，使詞的技巧更爲成熟，其詞也影響了南宋的詞人。而著名女詞人李清照的作品善於表達女子的閨閣之情，把婉約派詞風推向高峰。李清照前期作品情感細緻，後因丈夫病死，加上國家衰敗，作品內容轉爲描述悽苦之情。南宋初期因金兵入侵，詞人的作品開始偏向豪放之情，表達悲淒沉悶之感，代表詞人如陸游、辛棄疾、岳飛及張孝祥等人，特別是辛棄疾的詞內容大量使用典故，風格悲壯，充滿了愛情的情操，且「以文爲詞」，結合詩歌與散文的特點，繼承了蘇軾的豪放之風，有「詞中之龍」之稱。南宋中期的詞較講究聲律，注重詞藻，代表詞人有吳文英、史達祖等人。南宋後期因元人入侵而使南宋滅亡，詞人將悲苦之情寄託於作品之中，因此當時的詞內容多表達家國之恨、遺民淒涼之感，充滿了亡國之痛，代表詞人有周密、文天祥、汪元量等人。

　　除了詞以外，宋朝時還有「話本」，指的就是宋朝時的白話小說，是一種屬於「說話」的娛樂形式，由說書人來講唱各種題材的故事，而講唱的稿本即稱爲「話本」。話本雖然原是說書人的稿本，但到了宋朝時期文

言小說開始沒落，取而代之的是使用白話文體創作的作品，因此以白話文為主的話本開始興起，也因流行「說話」藝術，使說唱藝術在宋朝時達到顛峰。宋朝的話本分為三個部分：入話、正文及結尾。「入話」是故事開始前先引一至數首詩詞，再加入一個與內容相關的小故事。「正文」是話本的主要內容，以白話文為主，兼穿插詩詞。「結尾」是故事結束時以詩詞作為結束，主要用來點明主題、評論故事或勸世。說唱藝術的發展也影響了宋朝戲劇。

在北宋時期，部分大城市中有藝人固定的表演場所，稱為「瓦舍」，或稱「瓦子」、「瓦市」。每個瓦舍還可再隔出幾個演出的場所，稱為「勾欄」，或稱「勾闌」、「構欄」，一個瓦舍裡可能有數十座勾欄。戲曲藝術到了宋朝時代形成較為完整的體系。宋朝的雜劇是表演、歌舞及雜劇的統稱，金朝時稱為「院本」。宋雜劇繼承了唐朝的參軍戲，共有五個角色，分別為末泥、引戲、副淨、副末及裝孤。「末泥」負責策畫演出，「引戲」負責首先上場演出引發劇情，「副淨」負責裝瘋賣傻，「副末」負責戲弄調笑，「裝孤」則負責扮演官員。而宋朝的雜劇與戲曲在金朝時有一定的發展，更以雜劇作為主要的戲劇形式。而金雜劇（又稱「金院本」）的發展更為元雜劇奠下了基礎。宋金時代的雜劇有兩種表演方式，一種是以大曲曲調來演唱故事，另一種則是以對話為主表現庶民的生活。宋金雜劇一般分為三段，首先表演一小段為人所熟知的事情作為故事的開頭，稱為「艷段」。接著便是有故事情節的戲劇，或用大曲唱一段故事，稱為「正雜劇」。最後則是附加演出的娛樂節目，稱為「雜扮」。而相對於北方的雜劇[1]，在北宋年間出現於南方的「南戲」則是吸取了雜劇和地方技藝而形成的。南戲體制龐大，從十數場到數十場不等，每一場的長度按照劇情來決定。南戲的第一場戲稱為「副末開場」，是向觀眾介紹故事概要的開場戲，第二場戲始進入正戲，直到故事結束時，所有演員上場唸「收場詩」。南戲有七個角色，分別為生、旦、淨、末、丑、外、貼，生

1　後來逐漸發展為元雜劇。

角及旦角專職演出年輕的男主角，淨角、末角、丑角扮演滑稽、引起衝突等多種角色，外角專扮年老角色，貼角則扮演女配角。

到了元朝，宋詞開始衰落，加上蒙古南下，外族音樂傳入中原使新興的「曲」因應而生，而將宋詞改爲散曲的代表作家包括金朝末年的文學家文好問等人。元曲又稱詞餘（由詞演變而來）、樂府（可用管弦入樂）、餘音等，字數上屬於長短句，字數、句數及平仄對仗是依照曲牌（曲調）[2]來決定。曲若按規定來塡字，其字稱爲「正字」，在正字之外可加「襯字」，有補強語氣及模擬情感的功用，一般放在句首或句中，但不可加於句尾押韻處。襯字多爲方言、虛字、俗語、新字或修詞性的詞語，用韻是一韻到底，類型屬於北方韻，即分「平、上、去」三聲，「入聲」則併入「平、上、去」[3]。

元曲又分兩種，有科白[4]的稱爲「戲曲」，沒有科白的則爲「散曲」，戲曲根據來源分爲北方的「元雜劇」及南方的「明清傳奇」，而散曲按照數量分爲一支的「小令」和兩支以上的「散套」，但雜劇及散曲都有曲文[5]。散曲屬於清曲，各套之間不相連、無科白、以詠唱歌詞爲主，與詩詞的性質相同。而戲曲各套之間相互聯繫、有科白、表演內容近似戲劇。元人稱散曲形式之一的「小令」爲「葉兒」，意思是形式短小如一片葉子般，常用襯字，曲調屬於單支曲，每一曲調皆可獨立、各自爲韻。另一種形式「散套」又稱「大令、套曲、套數」，由幾個相同宮調的曲牌按次序連貫編排，表述同一個中心內容或故事，只唱不演，全套曲牌須一韻到底。第三種形式則爲「過帶曲」，是作者做完一曲後續寫其他曲調而成，至多可到三調，如仍不足就改爲散套，因此以二調相合最爲普遍。散曲有固定的樂調，每個曲調稱爲「曲牌」，要求該曲的字數、句數、韻

2　曲牌只標示曲子的音樂性，與內容無關。

3　詩韻及詞韻都屬於南方韻，也就是廣韻，分「平、上、去、入」四聲，如現在的閩南方言仍保有四聲。

4　「科」即「科泛」，指動作，元明雜劇稱「科」，明清傳奇稱「介」。「白」又稱「道白、賓白」，兩人對話稱「賓」，一人獨白稱「白」。

5　曲文近似於現在的歌詞。

腳、平仄及唱法等。而「宮調」就是調子，不同的宮調有不同的樂曲調式，表現不同樂器的節奏快慢及作者想呈現的情感色彩。散曲前期風格屬於豪放派，以關漢卿、馬致遠及白樸代表，後期風格屬於清麗派，以張可久及喬吉為代表，兩人合稱「散曲雙璧」。關漢卿的散曲內容以描寫男女之間情感的作品最多，另外對女性心理的刻畫描寫也相當細緻，更擅長與離愁別恨的主題，風格豪放，曲詞語言通俗生動，善於寫景，喜用白描法，代表作品有《大德歌》等。馬致遠的散曲作品數量眾多、內容題材豐富，但以嘆世的作品較多，描述心中的矛盾與憤慨之情，代表作品有《夜行船》、《雙調夜行船》、《天淨沙·秋思》、《東籬樂府》（曲集）等。白樸的散曲主要描述引退遁世、高潔清澈及渴望情感，其散曲並無專集，原散見於《太平樂府》、《陽春白雪》等選集中。張可久所做的散曲題材廣泛，喜用典故及詩詞的句法，包括寫景、言情、傷感、弔古、送別、悲嘆等，風格多樣，但以清麗典雅為主，屬清麗派，少用襯字，因而失去了部分散曲的特色。張可久的散曲部分以小令的創作最多，現存小令有八百多首，不做雜劇，因而有「曲壇宗匠」之稱，散曲專集包括《小山樂府》、《北曲聯樂府》等。至於喬吉因出仕不易，因此作品多敘述對現狀的不滿因而寄情山水，代表散曲作品如《喬夢符小令》等。

　　戲曲分為雜劇及傳奇，雜劇亦稱「北曲」，是因其使用北曲，亦即北方的民歌曲調，曲調高亢、歌詞口語，結構上是一韻到底、最多四折[6]、每折不標題目、句首稱為「楔子」，用來補充劇情或交代劇情開端、句末則稱為「題目、正名」，用來總結劇情。雜劇的角色分為「末、旦、淨、雜」四種，「末」指男性角色，男主角稱為「正末」[7]；「旦」是女性角色，女主角稱為「正旦」；「淨」多由男性表演狡詐、勇猛及滑稽等多種角色；「雜」則是不屬於上述三類的「雜角」，多扮演官員、老翁、老婦、小孩兒等角色。雜劇在唱法上是一人獨唱，且限定由正末（男主角）、正

6　編成一幕稱為一折，但《西廂記》則突破四折的規律，共有二十一折。

7　相當於明清傳奇及京劇的「生」。

且（女主角）獨唱。雜劇代表爲關漢卿、馬致遠、白樸及鄭光祖，合稱爲「元曲四大家」（元雜劇四大家），著名的曲目包括關漢卿的《竇娥冤》、王實甫的《西廂記》、白樸的《梧桐雨》、鄭光祖的《倩女離魂》等。關漢卿的雜劇作品多，題材形式多樣化，內容有喜有悲，大多反映現實生活層面，並揭示社會的矛盾，情節上多安排緊湊，主線清晰，人物個性鮮明，語言風格與題材能相互配合，眞實呈現劇中人物的身分及性格，因此有「雜劇之祖」之稱。除了擅長雜劇創作以外，關漢卿亦能做散曲[8]，以描寫男女情感的內容最多，喜用白描手法。馬致遠的《漢宮秋》是根據漢書及後漢書中王昭君被派往匈奴合親的故事爲主軸，再加上虛構情節而寫成，塑造了漢元帝、王昭君、毛延壽等人物的鮮明形象，並表現了愛國主義的思想。另外，馬致遠亦能作散曲，作品數量眾多、內容豐富。白樸擅長作詞曲，著名雜劇《梧桐雨》說的是安祿山與楊貴妃私通，且因與楊國忠不合而造反的故事。另一著名雜劇《牆頭馬上》（全名《裴少俊牆頭馬上》）與關漢卿的《拜月亭》、王實甫的《西廂記》及鄭光祖的《倩女離魂》並稱爲「元朝四大愛情劇」，內容描寫唐朝裴少俊與李千金的愛情故事。鄭光祖擅長雜劇及散曲，代表雜劇《倩女離魂》是取材於唐朝傳奇《離魂記》，劇本塑造了勇於違背封建禮教規範、追求愛情的女性形象。除了關、馬、白、鄭以外，後又加上王實甫與喬吉，合稱「元曲六大家」。王實甫的作品既吸取唐詩宋詞的精美語言藝術，亦吸收民間活潑生動的口頭語言，豐富了元曲的詞彙。王實甫的雜劇代表作品《西廂記》是取材於唐朝元稹的《會眞記》（或名《鶯鶯傳》），後改編爲雜劇，並打破元雜劇由一人獨唱的規定，改由多人演出及對唱，使故事情節更加緊湊，講的是張珙及崔鶯鶯的愛情故事，屬於「六才子之書」[9]之一。《西廂記》對漢語言及漢文化有極大的影響，故事中許多人物都耳熟

---

8 散曲指的是元朝時配上歌詞的流行樂曲，與雜劇合稱「元曲」。散曲唱而不演，只用於清唱，是與雜劇最大的不同之處。

9 「六才子之書」是由明末清初文學批評家金聖嘆所評定。「六才子之書」依序爲莊子的《莊》子書、屈原的《離騷》辭賦（楚辭）、司馬遷的《史記》、杜甫的詩作《杜詩》、施耐庵的小說《水滸傳》及王實甫的戲曲《西廂記》。

能詳，其中「紅娘」更成爲媒人的代名詞。喬吉的散曲創作的成就高於雜劇，現存雜劇作品多與愛情及婚姻有關，如《金錢記》、《兩世姻緣》及《揚州夢》等。

　　到了明清時期開始盛行「傳奇」。「傳奇」一詞最早指的是唐朝時的傳奇小說，宋元時期指的是說唱藝術、南戲及雜劇，明朝開始專指以演唱南曲爲主的長篇戲曲。爲了與元朝雜劇「北曲」區隔，因此傳奇又稱爲「南曲」，使用南方民歌的曲子，曲風婉轉、字數上雜駢句對偶。傳奇的特色是可換韻，不限同一宮調；編成一幕稱「一齣」，可以多到四五十齣，但每齣須標註題目。句首稱「自報家門」，說明該劇的編劇動機，句尾則稱「下場詩」。雜劇的唱法較爲多種，有獨唱、對唱、合唱及輪唱等，角色分爲生（男主角）、旦（女主角）、淨（花臉，個性鮮明）、末（男配角）、丑（詼諧人物）、貼（女配角）六種。明朝首齣傳奇是高明的《琵琶記》，描述書生蔡伯喈在與趙五娘相戀卻被丞相逼迫娶其女爲妻，而趙五娘爲了進京尋夫，一路身揹琵琶一路演唱行乞，最終找到夫婿，圓滿收場。《琵琶記》因結構嚴謹、描寫細膩、極富文采，因此被譽爲是《南戲中興之祖》，與《荊釵記》（朱權）、《劉知遠白兔記》（佚名）、《拜月亭》（施惠）及《殺狗記》（徐仲田）合稱爲「五大傳奇」[10]。另外明末的湯顯祖在傳奇創作上更是佔有舉足輕重的地位。湯顯祖有「東方莎士比亞」之稱，著有《玉茗堂四夢》[11]，包括《牡丹記》（又稱《還魂記》）、《紫釵記》、《南柯記》、《邯鄲記》。《牡丹亭》原名《還魂記》，又稱《杜麗娘慕色還魂記》，是湯顯祖的代表作，描寫大家閨秀杜麗娘與書生柳夢梅的生死之戀。《紫釵記》是湯顯祖以唐朝蔣防的傳奇小說《霍小玉傳》爲藍本而寫成，描述李益在元宵賞燈之時偶遇霍小玉，兩人進而相戀的故事。《南柯記》是改編唐朝傳奇《南柯太

10　另一說「明初四大傳奇」指的是《荊釵記》（朱權）、《劉知遠白兔記》（佚名）、《拜月亭》（施惠）及《殺狗記》（徐仲田）。

11　之所以稱爲《玉茗堂四夢》，是因爲湯顯祖的居處種滿了玉茗花，且因其爲江西臨川人，故亦稱《臨川四夢》。

華人社會與文化

守傳》，描寫唐朝東平遊俠淳于棼夢見自己成爲槐安國南柯郡太守，最後發現只是一場夢，頓悟了萬物皆空、世事無常的道理。《邯鄲記》是在唐朝傳奇《枕中記》的基礎上改編而成的，講述八仙之一的呂洞賓在邯鄲中點化盧生，使其明白功名富貴不過是夢幻一場而已。

　　清朝時仍盛行傳奇，代表的傳奇作家有孔尚任及洪昇，孔尚任與洪昇齊名，有「南洪北孔」之稱。孔尚任在康熙三十八年時完成《桃花扇》一傳奇劇本，引起轟動，因此聲名大噪。《桃花扇》故事內容描述侯方域與李香君的愛情故事，並反映了明末南明滅亡及統治階層腐敗的歷史。該劇絕大部分爲眞實歷史故事，再加入部分虛構的故事情節而成，具有極高的藝術表現力，對後世影響甚大，特別是在話劇部分，2001年臺灣歌仔戲曾以《桃花扇》爲藍本演出《秦淮煙雨》一戲。而洪昇的《長生殿》是取材於唐朝詩人白居易的長詩《長恨歌》、唐朝陳鴻的傳奇《長恨歌傳》以及元朝劇作家白樸的劇作《梧桐雨》而寫成，內容講述唐玄宗與楊貴妃的愛情故事，但在原題材上再演繹出社會及政治方面的內容，以及改造和充實了該愛情故事。《長生殿》全本共五十折，是體制相當大、且涉及眾多的傳奇故事。

第二節　中國傳統戲曲

　　目前較具代表性的中國傳統戲劇包括京劇、江蘇崑曲、河南豫劇、四川川劇、廣東粵劇、上海滬劇、湖北漢劇、唐山評劇、陝西秦腔、浙江越劇、安徽黃梅戲等。其中京劇、豫劇、黃梅劇、粵劇及評劇合稱爲「中國五大劇種」。

一、京劇

　　「京劇」又稱「京戲、平劇、國劇」[12]，以北京爲中心而遍布全國，

12　由於京劇演員時常到上海演出，且表演時帶有北京語音及腔調，因此上海人將之稱為「京劇」。國民黨北伐成功之後將北京改名北平，因此又稱「平劇」。後來京劇迅速發展，近代學者齊如山認為應將京劇視為中國的國粹，故又稱「國劇」。

並於十九世紀時融合了安徽的徽劇、湖北的漢劇、寧夏的秦腔、江蘇的崑曲、山西及山東的梆子及江西的弋陽腔等特色而形成，在清朝宮廷內受到極大的歡迎。京劇的腔調是以西皮[13]和二黃[14]為主，再配以胡琴和鼓鑼來伴奏。京劇的表演形式遵守「四功五法」，「四功」指的是「唱、念、做、打」，是戲曲表演的四項基本功。「唱」指唱功；「做」又稱「做表」，指做功，即為身段動作的表演；「念」指音樂性念白[15]，又分韻白、京白和方言白[16]；「打」指武功，是結合民間武術的舞蹈化武打動作。「五法」指的是「手、眼、身、法、步」，「手」指手勢，「眼」指眼神，「身」指身段，「步」指台步，「法」指以上技術的規定和方法。京劇的伴奏樂器分文及武場，文場主要使用管弦樂器，如月琴、笙、笛、嗩吶、京胡等。武場主要使用打擊樂器，如大鼓、鐃鈸、京鑼、單皮鼓等。

　　另外「臉譜」在戲劇中也表明了人物的特性。臉譜的作用包括表明人物性格、呈現人物特點、褒貶善惡及分辨美醜，且按照顏色可分為紅、白、黑、黃、藍（青）、綠、紫、粉紅（灰）、金、銀十種。

1. 紅：表忠勇愛國、義薄雲天，多為正面角色，如關羽、岳飛、趙匡胤等。

2. 白：表奸詐狠毒、陰險狡詐，如曹操、秦檜、魏忠賢等。

3. 黑：表剛正不阿、魯莽勇猛，如包拯、張飛、項羽等。

4. 黃：表勇猛暴躁、富有心機，如典韋、宇文成都等。

5. 藍（青）：表個性暴躁或草莽英雄，如程咬金、馬武等。

13　「西皮」又稱「襄陽腔、北路」，是中國戲曲的一種唱腔，於明末清初時盛行於武漢一帶。湖北人將唱詞稱為「皮」，陝西傳來的腔調為「西皮」。

14　「二黃」是戲曲的一種聲腔，相傳源自安徽四平腔，曲調平和穩定且婉轉，與「西皮腔」合稱「皮黃」。清朝初年「西皮」是漢腔的主要唱腔，「二黃」是徽調的主要唱腔，到了清朝中期兩者合併，成為京劇的基本唱腔。

15　「念白」也可寫作「唸白」。

16　「韻白」是基於湖廣音及中洲韻的特殊戲劇語音，保留尖團音，主要是扮演典雅穩重的演員所使用。「京白」是經藝術加工後的北京語音，由扮演詼諧的演員所使用。「方言白」包含各地方言，由扮演丑角的演員所使用。

6. 綠：表妖魔鬼怪，如蠍子精。

7. 紫：表莊嚴肅穆、穩重且富有正義感，如荊軻、專諸等。

8. 粉紅（灰）：表年老衰弱，如黃忠、廉頗等。

9. 金：表神秘、高貴、莊嚴的神仙高人，如如來佛等。

10. 銀：表鬼怪，如孫悟空等。

　　而京劇的行當（角色）則有生、旦、淨、丑四種：

(一)生

　　男性角色，多爲男主角，形象正面，個性溫文儒雅，其中又分老生（鬚生）、紅生、小生及武生等。除了紅生和勾臉武生外，一般的生行都是素面，扮相較爲俊美。

1. 老生（鬚生）：中年以上的男性角色，口帶鬍子（髯口），依據身分及性格可再分爲安功老生或唱功老生（扮演帝王級官僚）、靠把老生（扮演武匠）、衰派老生（扮演窮困潦倒之人）。

2. 紅生：是勾紅臉的老生，扮演關羽、趙匡胤等人。

3. 小生：扮演年輕的男性角色，如官生、書生、窮生等。

4. 武生：是劇中的武打角色，又分穿厚底靴的長靠（墩子）武生，以及穿薄底靴的短打（撇子）武生。

(二)旦

　　女性角色，多爲女主角，根據人物的性格、外型、及年齡又分正旦（青衣）、花旦、花衫、武旦、刀馬旦、老旦、彩旦。除了老旦用大嗓外，其餘皆用小嗓。

1. 老旦：扮演年老婦女角色，用大嗓唱念來表現其年老體衰，因此極爲重視唱功。

2. 正旦（青衣）：扮演正面且爲端莊賢淑的年輕女性，多爲劇中的女主角，表演上重視唱腔及水袖功。因這類角色多是苦命女子，身穿青色衣服而有「青衣」之稱，如扮演王寶釧。

3. 花旦：扮演天眞活潑或身分卑微的年輕女子，重視念白和做表，須善
長圓場功、手帕功和扇子功，如扮演《西廂記》裡的紅娘。

4. 花衫：此一行當是京劇旦角大師梅蘭芳所創，綜合了正旦和花旦的特
點，演員必須有好的嗓音、唱功及做表，如《霸王別姬》中的虞姬。

5. 武旦：扮演武功高強的年輕女子，表演以武打動作爲主，角色多爲神
仙或妖怪，因此相當重視演員的功夫，如《八仙過海》的鯉魚仙子。

6. 刀馬旦：扮演武術高強、帶刀騎馬的巾幗英雄，重視唱、念、做並
重，並表現人物的穩重氣質，如《穆柯寨》的穆桂英。

7. 彩旦：即丑旦，包含醜丫頭及丑婆子，扮演滑稽風趣或醜陋的女性角
色，多由丑行扮演，如《拾玉鐲》的劉媒婆。

(三)淨

又稱「花臉」，扮演個性粗獷豪邁、剛烈正直，或是陰險兇殘、魯莽
樸實且形象高大的男性角色，俗稱「花臉」。淨行的表演特色是嗓音宏
亮、身段幅度大，依據性格及身分可分爲正淨、副淨及武淨三種。

1. 正淨：又稱「大花臉」，以唱腔爲主，因此也稱「唱功花臉」，扮演
地位崇高且舉止穩重之人。

2. 副淨：又稱「二花臉」，以身段架勢爲主，又稱「架子花臉」，扮演
勇猛豪爽的人物，有時也扮演陰險性格的人物，如《群英會》裡的曹
操。

3. 武淨：又稱「武二花、摔打花臉」，以武打爲主，故不重視唱念，通
常飾演戰敗的一方，因此需要紮實的摔打跌倒功夫。

(四)丑

扮演幽默詼諧的角色，又稱「小花臉、三花臉」，以其在臉的鼻樑上
塗上白色方塊而得名，扮演容貌醜陋之人，個性滑稽風趣，有時則爲陰險
貪婪，多爲男性扮演，少數爲女性角色。丑角依性別及個性再分文丑、武
丑。

1. 文丑：沒有武功的滑稽角色，可依據性格、年齡及身分再分成帶有官
   職的「袍帶丑」、有學問的「方巾丑」、平民百姓的「茶衣丑」、上
   了年紀的「老丑」以及扮演醜陋的女子「丑婆子」。
2. 武丑：扮演武功高強、動作靈敏的滑稽人物，表演時須邊說邊做，因
   此又稱「開口跳」。

　　至於「末角」僅在元雜劇和明清傳奇中獨立行當，扮演年老的男性配
角，後來與生行合併，即為「老生」。

　　京劇中各個角色透過師徒相傳而有不同的流派和代表劇目，其中較為
知名的是青衣花旦中的王派及梅派。王派由清末民初京劇旦角演員王瑤
卿所創立，打破青衣、花旦及刀馬旦的分別，重視唱、念、做、打並重
的花衫行當，代表曲目有《四郎探母》、《十三妹》、《大登殿》、《雁
門關》等。至於廣為人知的梅派由清末民初傑出且聞名世界的京崑旦行表
演藝術家梅蘭芳所創立。梅派的表演特色是雍容華貴、簡潔大方、中正平
和，梅蘭芳稱其藝術創造過程為「簡、繁、簡」，表示初期樸實、中期豐
富多彩、後期歸於自然。梅蘭芳繼承王瑤卿的花衫行當，擅長演出《貴妃
醉酒》、《奇雙會》等曲目，其他著名代表作品包括《霸王別姬》、《天
女散花》、《穆桂英掛帥》等。梅蘭芳與程硯秋、尚小雲及荀慧生並稱中
國「四大名旦」，其中又以梅蘭芳為首，顯示他在中國京劇旦角中的重要
性。

二、豫劇

　　豫劇起源於河南省，是中國第一大的地方劇種，其唱腔的特色是鏗鏘
有力、抑揚頓挫、咬字清晰，且善於表達人物內心情感。豫劇伴奏使用棗
木梆子拍打，因此又將豫劇稱為「河南梆子」，且曾在臺灣的舞台上與京
劇和歌仔戲呈現三足鼎立的局面。豫劇的特色是剛柔並濟、兼納古今，具
中和之美，其中又以「唱」見長。豫劇的故事節奏緊湊鮮明，曲調詼諧愉
快，適合喜劇類型的演出。而豫劇中的豫西調較為委婉，唱腔悲涼悽苦，
適合演出悲情戲。

豫劇的角色同京劇一般亦分爲「生、旦、淨、丑」。生角稱爲「四生」，指正生、二生、小生和武生。正生又稱紅生、大生及大花臉，二生又稱二紅臉、馬上紅臉，小生又分出娃娃生，武生則稱爲邊生。旦角有「四旦」，分別爲正旦，包括青衣及閨門旦；小旦，又稱花旦；老旦，又稱婆旦；彩旦，包括潑旦及丑旦。後來又加上帥旦及武旦（刀馬旦）。至於淨角和丑角稱爲「四花臉」，包括大花臉，包含白臉；二花臉，又稱武花臉、摔打花臉，後又分出毛臉；三花臉，即爲丑角，以及黑臉四種。

豫劇的表演形式亦爲「四功五法」，是豫劇演員基本功的統稱。基本意涵與京劇相同，唯有「四功」中的「唱」要求咬字清楚、節奏準確，以情帶腔。豫劇的唱腔有五種，一是以開封爲中心的「祥符調」，屬於標準中州正韻。二是祥符調傳入豫東後形成近似山東梆子的唱腔，稱爲「豫東調」，咬字較重，又稱爲「東路梆子」、「下路調」、「高調梆」等。三是「豫西調」，又稱「西府調」，流行於洛陽及鄭州一帶，音韻略帶秦腔，吐字清晰。四是「沙河調」，流行於河北沙河一帶，是祥符調和南陽梆子的結合。五是「高調」，流行於豫、魯、冀三處交界處，但最後高調脫離了豫劇而形成了新的劇種—「大平調」。

三、黃梅劇

黃梅劇起源於皖鄂贛三省交界處，本爲地方性的採茶歌，後來與安徽省其他地方戲劇融合而發展形成。黃梅戲用安徽安寧及懷寧的方言來念唱，唱腔純樸帶抒情之感，且因來自民間，因此雅俗共賞，更以接近人民生活及鄉土方面而感染觀眾。黃梅戲的主要伴奏樂器爲高胡，早期的劇目多爲反映民間生活底層。黃梅戲的行當劃分並不嚴謹，一般有小生、小旦、小丑、正旦、老生及老丑，早期以小生及小旦爲主的「二小戲」，以及以小生、小旦、小丑爲主的「三小戲」來演出。

雖然對於行當的劃分不似京劇及豫劇嚴謹，但黃梅劇的唱腔曲調十分豐富，按照形式、範圍及內涵可分爲反映小戲曲調的「花腔類」，以及反映正本戲曲調的「平詞類」。花腔類大多是由民間歌曲小調演變而來，因

此曲調豐富且輕快，並保有歌舞性質。平詞類的唱腔屬於版腔結構，因此又稱爲「版腔體」唱腔，包括「平詞、八板、火攻、對板、哭板、彩腔、二行、三行、仙腔、陰司腔」等，以來自民間的說唱音樂爲主，節奏分明，多爲由十字句與七字句所組成。平詞類的唱腔常作爲曲目中的主要唱段和唱腔，是黃梅戲的主要腔系。

四、粵劇

又稱「大戲」或「廣東大戲」，流行於廣東及廣西一帶。明朝時期，南戲的弋陽腔在廣東一代開始流行，因此吸收了弋陽腔、安徽的徽劇、湖北的漢劇、湖南的湘劇、湖南的祁劇、廣西的桂劇等特色而形成。因此粵劇所表演的劇目、唱腔、音樂及表演都與上述的戲劇類型大致相同。粵劇的行當原有十種，包括末（老生）、正（正生）、旦（正旦）、淨（花面）、丑（丑角）、外（大花臉反派）、小（小生、小武）、夫（老旦）、貼（二幫花旦）、雜（手下、龍套），合稱爲「十大行當」，每個行當都各自設有專門的訓練。後來被精簡爲「六柱制」，根據角色的性格、年齡、外型、性別分成文武生、小生（第二文武生）、正印花旦、二幫花旦、丑生及武生六個角色，但因爲其中幾個行當的功能相近或相同，因此實際上只有文武生、武生、丑生及花旦四個行當。

粵劇的表演類別分爲唱、念、做、打四種。「唱」是唱功，不同的角色會使用不同的唱腔，一般分爲平喉跟子喉。平喉跟子喉是按照音階來分類的，子喉比平喉的聲調高八度，用假音來扮演女性角色。另外按照聲音特色來分類的還有「大喉」，是使用粗曠的聲音來表演。「做」指做功或稱身段，亦即身體的表演，包括手勢、走位、做手、身段、臺步、水袖、傳統功架等。「念」是念白，即念出臺詞，以說話的方式來呈現故事的情節、人物的情感等。「打」是武打，如舞水袖、玩扇、弄槍、舞刀、揮動旗幟等。在樂器方面，早期粵劇使用的樂器只有月琴、提琴、二弦、三弦和鼓竹鑼鈸，合稱「五架頭」，聲調比較簡單，到清朝解禁樂劇演出之後又加入梆子。現在的粵劇分爲四大類：拉弦樂器、敲擊樂器、吹管樂器及

彈撥樂器，粵劇改革之後，著名粵劇老倌薛覺先[17]引入了西方的樂器，包括小提琴、吉他、木琴等，使粵劇的音樂更具多樣化。

五、評劇

　　評劇本來在中國河北農村流行，後來進入唐山後稱為「唐山落子」。評劇特色是以唱功見長，且念白和唱詞具口語化，咬字清楚，唱詞淺顯易懂，表演內容具民間氣息，反映當代人民的生活，因此廣受人民歡迎。評劇的唱腔在十九世紀開始吸收了京劇及河北梆子的特色，加上受唐山皮影戲音樂的影響而訂名為「平腔梆子」。後來在近代劇作家成兆才的建議下把「平腔梆子」改稱為「評劇、評戲」，此一名稱正式確立，沿用至今。

　　評劇原稱「蹦蹦戲」，後來又分成「對口戲」及「拆出戲」，當時行當分類較不清楚。「對口戲」的行當只有一旦一丑，「拆出戲」又稱「三小戲」，是由「對口戲」演變而來的。「拆出戲」有較為明確的分工，分為小生、小旦、小丑（小花臉）三個行當，其中以小生及小旦戲為主。但隨著拆出戲的劇目增多，內容也漸為豐富，因此也相應產生了老生、老旦及彩旦等行當。自1909年開始改革之後，評劇正式成為一大劇種，角色方面也逐漸形成生、旦、淨、丑四類齊全的行當。另外，因為評劇的發展歷史較短，所以劇目多以反映市民、農民等下層階級的生活為主，而極少有反映帝王將相的政治戲目。

文化小知識1：

「揮霍」本來指的是雜技表演？

　　「揮霍」一詞現在指的是生活富裕而任意浪費財務，但最早卻是形容雜技表演的。根據《西京賦》（東漢張橫所作）中所記載的「跳丸劍之揮霍，走索上而相逢。」描寫的是長安城裡的雜技表演。「丸劍」指的是表

---

17 薛覺先與白玉堂、馬師曾及桂名揚合稱粵劇的「四大天王」，代表了二十世紀上半葉著名且評價最高的演員。

演時的鈴和劍，「揮霍」則指鈴和劍迅速舞動的雜技動作。但後來「揮霍」成了任意浪費財務的貶義詞。

文化小知識2：

「走後門」一詞跟滑稽戲有關？

「走後門」現在指的是利用不正當的手段或關係來達到個人的利益目的，但最早這個慣用語是與北宋年間的一齣滑稽戲有關。宋徽宗時蔡京作為首相後便迫害元佑黨人，元佑黨人是宋哲宗元佑年間反對變法的舊黨，包括司馬光、蘇軾、蘇轍及黃庭堅等人，後來蔡京寫了一百多人的名單稱為奸黨，宋徽宗再親自書寫姓名並刻在石頭上，豎立於端禮門之外，史稱「元佑黨人碑」。南宋名臣洪邁在其小說集《夷堅志》中有則《優伶箴戲》的故事，內容說的是一次宋徽宗與蔡京看戲，戲中描述一個伶人扮演宰相，一個僧人請求宰相讓他能離京出遊，宰相一看僧人的戒牒是元佑三年頒發的，因此立刻銷毀且讓僧人懷俗。另一個道士度碟丟失而要求補發，宰相問了得知這個度碟也是元佑年間頒發的，因此命令道士脫去道服成為平民百姓。而一個士人士在元佑五年時獲得薦舉的，但根據元佑黨人的政策，與元佑黨人有關的子孫一律不許參加高考且永不錄用，因此宰相免去了士人的薦舉而將之趕走。過了一會兒，在宰相家負責管理財務的官員在宰相耳邊小聲說道，「今天國庫發下來的俸錢共有一千貫，但都是元佑年間所鑄造的錢，應如何處置？」宰相想了一下，悄悄對官員說「從後門搬入去」，此時一旁伶人便舉起手中棍棒朝著宰相打，罵宰相原也是只要錢，宋徽宗和其他大臣看了忍不住大笑。在過去的封建社會中多只能利用滑稽戲來表達對朝廷或社會的不滿及諷刺，自此之後，「走後門」就有了以權利來獲取利益的負面詞。

文化小知識3：

「腳色」跟「腳」有關嗎？

　　戲曲的演員現稱為「角色」，但最早是寫作「腳色」，民初之後因為戲曲行當中的名角、角兒等詞開始流行而逐漸將「腳色」寫作「角色」。至於為何稱為「腳色」其實與入仕有關。《資治通鑑》裡記載，「受納賄賂，多者超越等倫，無者注色而已。」其中對於「注色」的解釋，宋元年間的學者胡三省說道，「注色，入仕所歷之色也。宋末參選者具腳色狀，今謂之跟腳。」所謂的「腳色狀」指的就是履歷表，「跟腳」就是底細、來歷，古代想從官就必須詳細報告經歷給官府以利管理。晚清詩人黃遵憲在《番客篇》中說「指問座上客，腳色能具詳。」戲曲演員登上舞台表演時就如同「腳色能具詳」一般，從其妝容扮相就可得知扮演的角色，因此「腳色」就成了戲曲演員的稱謂。

考古題

1. 北宋都城集合藝人演出的場所，叫做？（2018年）

(A) 杏林 　　　　　　　　　　(B) 教坊

(C) 梨園 　　　　　　　　　　(D) 瓦舍

答案：(D)

解釋：北宋藝人演出的場所稱為「瓦舍、瓦子、瓦市」。「杏林」現指醫學界，相傳三國吳人董奉隱居於廬山之中，因為人治病行醫時不收一文錢，但要求病患在重病治癒後須種植杏樹五株，病症輕微者種植杏樹一株，數年後杏樹成長十多萬株，蔚然成林。「教坊」也稱「伎坊」，指的是古代管理宮廷音樂的官署，於唐朝時期設置，專管雅樂以外的樂舞練習、排演及演出，宋、元、明皆沿用設置，直到清朝雍正年間始廢。「梨園」是唐玄宗選取優秀的樂師及藝人學習及練習歌舞戲曲之處。

2. 臺灣諺語：「吃肉吃三層，看戲看亂彈。」本諺語中的「亂彈」是指哪一種傳統戲曲？（2018年）

(A) 北管 　　　　　　　(B) 南管

(C) 布袋戲 　　　　　　(D) 客家採茶戲

答案：(A)

解釋：亂彈戲屬於北管系統。「亂彈」一詞出現於清朝中期，當時將崑曲稱爲「雅部」，其他地方腔調稱爲「花部」，統稱爲「亂彈」。北管中的唱詞和道白基本上都以官話演唱，但丑角爲了增加趣味性而夾雜地方方言（如閩南語），唱詞及吟詩則仍以官話演出。臺灣俗諺「吃肉吃三層，看戲看亂彈。」中用「三層五花肉」與「亂彈」對比，是因爲一般認爲肉以五花肉最爲美味，而戲曲則以亂彈戲最吸引人。亂彈戲在臺灣的廟會或婚喪喜慶中時常使用，是臺灣歷史戲曲中重要的一部分。

3. 下列對中國戲曲的敘述，正確的是？（2017年）

(A) 黃梅戲是地方戲曲 　　(B) 砌末指動作，賓白指對白

(C) 生是女主角，旦是男主角 (D) 越劇又稱河南梆子

答案：(A)

解釋：(B)砌末指的是道具及佈景，「賓」是兩人對話，「白」是一人獨白。「賓白」是戲曲人物的內心獨白和對話，又分韻白及口白兩種。韻白有明顯的旋律和節奏，字音較長，接近官話。口白又稱念白、念白，接近各地日常語言，較爲口語，但比口語更爲誇張。(C)生是男主角，旦是女主角。(D)越劇起源於浙江嵊州，興盛於上海，流行於浙江、上海及江蘇一帶，又稱紹興劇。而豫劇因伴奏時採棗木梆子打拍而又稱爲「河南梆子」，豫劇在臺灣戲曲中曾與歌仔戲及京劇呈現三強鼎立的局面。

4. 有「中國十六世紀的莎士比亞」之稱，其代表作品有《牡丹亭》、《紫釵記》、《南柯記》、《邯鄲記》的作家是？（2017年）

(A) 孔尚任　　　　　　　　(B) 湯顯祖
(C) 洪昇　　　　　　　　　(D) 李漁

答案：(B)

解釋：湯顯祖有著有《玉茗堂四夢》，包括《牡丹記》（又稱《還魂記》）、《紫釵記》、《南柯記》、《邯鄲記》。而之所以稱為《玉茗堂四夢》，是因為湯顯祖的居處種滿了玉茗花，且因其為江西臨川人，故亦稱《臨川四夢》。孔尚任及洪昇是清朝時的傳奇代表作家，兩人齊名，有「南洪北孔」之稱。孔尚任在康熙三十八年時完成傳奇劇本代表作《桃花扇》，洪昇的傳奇代表作《長生殿》是取材於唐朝詩人白居易的長詩《長恨歌》、唐朝陳鴻的傳奇《長恨歌傳》以及元朝劇作家白樸的劇作《梧桐雨》而寫成。而李漁是明末清初的戲曲家、文學家及園林建築師，曾評定四大奇書（指《水滸傳》、《三國演義》、《金瓶梅》、《西遊記》四本中國章回小說），著有《玉搔頭》、《鳳求凰》等戲劇。

5. 相聲段子可當作華語文教材，主要是因為它的內容？（2015年）

(A) 油嘴滑舌，活潑有趣　　(B) 亦莊亦諧，寓教於樂
(C) 尖酸刻薄，挑戰性高　　(D) 南腔北調，模仿得宜

答案：(B)

解釋：相聲出現於清朝道光年間的北京，前身為滿足曲藝「八角鼓」。八角鼓使用滿族的民間樂器，是清朝盛行的藝術，又稱「單弦、單弦牌子曲」，是相聲的前身。相聲古稱「像生」，意思是模仿他人的言行來演出，主要的功夫為「說、學、逗、唱」四功。除了單口相聲外，後來又發展為對口相聲、群口相聲等。相聲在兩岸各有不同的發展。在中國，文革時有許多相聲演員受到打壓，多數相聲表演被禁止，直到文革之後相聲才恢復表演，以姜昆、李文華、常寶華、常貴田為代表。而在臺

灣於1949年中華民國政府退守臺灣之後，部分相聲演員也隨之到了臺灣，當時陳溢安、魏龍豪（魏甦）及吳兆南（吳宗炎）在廣播電台一起主持相聲節目。臺灣最初的相聲聽眾主要是以眷村爲主的外省人，1984年由李國修、李立群及賴聲川共同成立的「表演工作坊」，並於1985年演出由李立群及李國修所主演的「那一夜，我們說相聲」而造成轟動，使相聲在臺灣開始大爲發展。但臺灣的相聲其實還結合了戲劇，1988年由馮翊綱、宋少卿所組成的「相聲瓦舍」開啓了相聲融合舞台劇的創作表演。至於「段子」指的是相聲中的一節或一段表演內容，傳統相聲的劇目如《黃半仙》、《關公戰秦瓊》、《八扇屏》等較爲端莊嚴肅的題材以外，現在相聲則較爲詼諧，如《小偷公司》、《虎口遐想》等，因此適合用於華語教學中，作爲教學材料。

6. 京劇大師梅蘭芳扮演的腳色類型，在中國古典戲劇中稱之爲？
   （2014年）
   (A) 乾旦　　　　　　　　　　(B) 坤生
   (C) 坤旦　　　　　　　　　　(D) 老生

   答案：(A)

   解釋：「京劇四大名旦」指的是梅蘭芳、程硯秋、尚小雲、荀慧生，其中以梅蘭芳爲首，是中國京劇旦角中的重要人物。「乾旦」又稱「男旦」，指的是男性演員在戲劇中扮演旦角，與之相對地由女性演出的旦角即稱爲「坤旦」。「坤生」是女性演員在戲劇中扮演男性角色，而「老生」是扮演中年以上的男性角色。戲劇中男性演員扮演女性角色、女性演員扮演男性角色則合稱「乾旦坤生」，著名的代表演員包括四大名旦及女老生孟小冬等。

7. 古代中國依照樂器製作材質的不同，分成八類，稱爲「八音」，下列選項何者不是「八音」之一？（2013年）
(A) 絲
(B) 匏
(C) 革
(D) 骨

答案：(D)

解釋：「八音」是由八種材質所製成的中國傳統樂器，包括金、石、土、革、絲、木、匏、竹。「金」被認爲是最高雅的聲音，包括編鐘、鐃、鑼、鈸、鉦等，因此又被稱爲「金石之聲」，表示編鐘等清脆明亮的聲音。「石」指磬（玉或石所製的打擊樂器），包括編磬及特磬。「土」指塤（吹奏樂器）、缶（瓦或青銅所製的樂器）、陶笛（吹管樂器）。「革」指鼓、堂鼓、排鼓、八角鼓、手鼓等。「絲」分撥弦、拉弦及擊弦三種，撥弦包括古琴、古箏、琵琶、柳琴、月琴、三弦等；拉弦包括二胡、京胡、椰胡、角胡等；擊弦包括揚琴跟筑等。而現在所謂的「絲竹」屬於「絲」類，是絲音和竹音的合稱。「木」包括木魚、鼓板、拍板、梆子、柷（木製大斗狀樂器）、敔（木製虎狀樂器）等。「匏」包括笙（簧管樂器）、竽（氣鳴樂器）、葫蘆絲、葫蘆笙等。「竹」則包括笛、簫、簽（竹製簧管樂器）、篪（竹製吹管樂器）、嗩吶、口弦等。

8. 關於中國戲曲文化，下列敘述何者不正確？（2012年）
(A) 唐代以說唱形式來敘述佛經故事的作品稱「變文」
(B) 北宋年間集合藝人演出的場所稱「瓦舍」或「瓦子」
(C) 明代湯顯祖著有《牡丹亭（還魂記）》等「臨川四夢」
(D) 清朝末年流行的京劇受到士大夫們欣賞被視爲「雅部」

答案：(D)

解釋：花部及雅部是清朝乾隆時期區分戲曲劇種的兩個名稱。「花部」指崑山腔以外各地的方戲曲，包括京腔、秦腔、梆子腔、

弋陽腔等，因此「花」有「雜」之意，受底層人民歡迎，流行於鄉村小鎮間，内容多爲演出人民的艱苦生活情況。而「雅部」多爲士大夫等上層社會人士所欣賞，使用崑山腔。京劇使用京腔，屬於花部，而崑劇使用崑腔，屬於雅部。

9. 「紅娘」一詞是媒人的意思，其典故出自何處？（2012年）

(A) 白樸的《梧桐雨》　　　　(B) 馬致遠的《漢宮秋》

(C) 王實甫的《西廂記》　　　　(D) 鄭光祖的《倩女離魂》

答案：(C)

解釋：「紅娘」一詞出自於唐朝元稹的傳奇作品《會眞記》（又稱《鶯鶯傳》），後來元朝雜劇家王實甫以此爲基礎改寫爲《西廂記》，故事内容講述崔鶯鶯的婢女撮合崔鶯鶯及書生張珙的故事。在元稹的《會眞記》中侍婢「黃娘」雖有其名，但角色不重要，但在王實甫的《西廂記》中則將紅娘的角色提升到崔鶯鶯之上。也因紅娘撮合了張珙及崔鶯鶯，因此後來被引申爲「媒人」之意。

10. 唐玄宗時，宮廷設有藝人表演的專門場所，稱爲？（2010年國內版）

(A) 瓦舍　　　　(B) 梨園

(C) 勾欄　　　　(D) 教坊

答案：(B)

解釋：唐玄宗李隆基因自幼及喜愛歌舞表演，因此在繼位之後便大力推廣歌舞及戲曲，並選定「梨園」作爲表演的場所，由唐玄宗選取優秀的樂師及藝人在梨園中學習歌舞戲曲，並親自指導培訓藝人。

11. 下列對崑曲的敘述，何者不正確？（2010年國內版）

(A) 崑曲是發源於14、15世紀蘇州崑山的曲唱藝術

(B) 2001年聯合國教科文組織已將崑曲列爲人類口述和非物質世界文

化遺產

(C) 2004年文學家白先勇集結海峽兩岸文化菁英，採用現代的舞台和燈光，推出崑劇青春版《牡丹亭》，造成轟動

(D) 湯顯祖被譽為「中國十六世紀的莎士比亞」，其作品除《牡丹亭》外，還有《拜月亭》、《幽閨記》、《荊釵記》等

答案：(D)

解釋：明末的湯顯祖有「東方莎士比亞」之稱，著有《玉茗堂四夢》，包括《牡丹記》（又稱《還魂記》）、《紫釵記》、《南柯記》、《邯鄲記》。而《拜月亭》是元朝關漢卿的作品。

12. 說唱藝術中的相聲，講究「說」、「學」、「逗」、「唱」，下列何者不正確？（2010年國內版）

(A) 「說」指說笑話、故事、燈謎、酒令

(B) 「學」指口技表演

(C) 「逗」是以對話方式抖包袱招人發笑

(D) 「唱」指單唱大鼓表演

答案：(D)

解釋：說唱藝術本有十大類，後被簡化為四大類，包括鼓曲類、評書類、快板類及相聲類。鼓曲類屬於唱述性表演，以打擊樂器、彈撥樂器為主要伴奏樂器。評書類是只說不唱、連批帶講，語言上使用國語（普通話）及各種方言，帶表演方式基本相同。快板類以朗誦方式說唱，是帶有節拍的誦念敘述性表演，用竹板等打擊樂器作為伴奏。相聲類是一種有輕鬆活潑、風趣詼諧的語言與敘述性的表演。而「說、學、逗、唱」是相聲演員的四大基本功。「說」是說故事及說話的方式，包括笑話及繞口令；「學」包括各種人物的說話方式、各地方言及口技等，或是模仿人物的聲音及動作表情；「逗」是相聲中最重要的特

華人社會與文化

點，指的是製造詼諧逗笑的表演，目的在逗笑觀眾；「唱」是用滑稽的詞語、各種曲調來誇張演出，引人發笑。

13. 在中國傳統戲曲的角色中，有「生、旦、淨、末、丑」之分，其中「淨」常扮演下列何種人物？（2010年國外版-1）
(A) 粗獷武將
(B) 滑稽逗趣
(C) 書生
(D) 雜役

答案：(A)

解釋：「淨行」所扮演的都是男性角色，俗稱「花臉」，所扮演的角色大多是性格偏激、氣質異於常人者，或是粗獷豪邁，或是剛烈正直，或是陰險凶殘，或是魯莽質樸等形象高大的男子。滑稽逗趣或言語風趣的為「丑行」；書生屬於「生行」中的小生；雜役屬於其他。

14. 崑曲已被聯合國教科文組織指定為「人類口述和非物質文化遺產」，其著名劇目《牡丹亭》之作者為？（2010年國外版-1）
(A) 白樸
(B) 關漢卿
(C) 白先勇
(D) 湯顯祖

答案：(D)

解釋：《牡丹亭》原名《還魂記》，又稱《杜麗娘慕色還魂記》，是明朝著名劇作家湯顯祖的作品，內容描寫杜麗娘與柳夢梅的生死戀。湯顯祖的四大名作《牡丹亭》、《紫釵記》、《南柯記》、《邯鄲記》合稱為「玉茗堂四夢」。

16. 中國近代最有名的京劇旦角，曾經出訪日本和美國，並擁有榮譽博士學位的是誰？（2010年國外版-1、2010年國外版-2）
(A) 荀慧生
(B) 尚小雲
(C) 梅蘭芳
(D) 程硯秋

答案：(C)

：梅蘭芳（1894-1961年）是舉世聞名的中國戲曲藝術大師，與程硯秋、尚小雲、荀慧生並稱「四大名旦」，爲名旦之首，是中國京劇旦角中最重要的代表。梅蘭芳曾在1919年首度訪問日本並演出後，引起轟動。1930年到美國演出，獲得美國波拿摩學院及南加州大學所授予的榮譽學士學位。1935年也曾造訪蘇聯。

17. 相聲是一種什麼樣的表演方式？（2010年國外版-1、2010年國外版-2）

(A) 吹拉彈打   (B) 唱唸做打
(C) 說學逗唱   (D) 跳唱吹彈

答案：(C)

解釋：相聲又稱「像生」，原指模擬別人的言語行爲，後成爲中國曲藝表演藝術的一種，主要功夫爲「說、學、逗、唱」四門功課。而「唱、念（唸）、做、打」則是中國戲曲表演的四項基本功。

18. 在中國傳統戲曲的角色中，有「生、旦、淨、末、丑」之分，其中「旦」常扮演下列何種人物？（2010年國外版-2）

(A) 小姐   (B) 武將
(C) 書生   (D) 雜役

答案：(A)

解釋：「生」是淨、丑以外的男性角色，通常是男主角，又分老生、小生、武生。「旦」是女性的角色，通常是女主角，又分老旦、青衣、花旦、花衫、武旦、刀馬旦。「淨」是男性角色，俗稱「花臉」，扮演個性偏激、粗曠、豪邁、陰險、兇殘等角色。「末」主要扮演中老人男性，後與「生」合併，是次要角色。「丑」俗稱「小花臉」，扮演面貌醜陋、滑稽、風趣或險惡、自私等的角色。

19. 有關對音樂的敘述，下列何者不正確？（2009年國內版）

(A) 張騫通西域，把西域的音樂帶回來，琵琶、笳、銅鈸等紛紛傳入中國

(B) 三國時東吳名將周瑜精通音樂，周瑜逝後〈廣陵散〉從此成為絕響

(C) 唐代的〈破陣樂〉和〈霓裳羽衣曲〉都是著名的樂舞

(D) 明代的朱載堉首創「十二平均律」理論，不僅是中國樂律史上的一大突破，也被廣泛地應用在世界各國鍵盤樂器的製作上

答案：(B)

解釋：〈廣陵散〉相傳是東漢末年流行於廣陵（今江蘇揚州）的民間樂曲，用琴、箏、笙、築等樂器演奏。

20. 有關戲劇與說唱藝術的分別，下列何者不正確？（2009年國內版）

(A) 兩宋時期的鼓子詞、諸宮調都屬於說唱文學

(B) 說唱文學屬於講唱體，特色是「說中有唱、唱中有說」，以敘事體為主，通常是一人獨自唱說

(C) 雙簧表演屬於戲劇表演

(D) 戲劇是代言體，由演員「演」故事

答案：(C)

解釋：雙簧相傳是由「相聲」演變而來，約出現於清末時期，是源自北京曲藝的民間藝術，題材自由，表演方式一般由兩人演出，一人在前表演動作及表情，稱為「明相」（又稱「灑頭賣相」），後面一人負責說或唱，稱為「暗相」（又稱「橫豎嗓音」）。兩位演員相互配合，形成前面演員自演自唱的錯覺，因此是屬於說唱表演，而非戲劇表演。

21. 湯顯祖是明代最著名的劇作家，其作品又以「玉茗堂四夢」為代表，下列何者不是「玉茗堂四夢」之一？（2009年國內版）

(A) 《牡丹亭》　　　　　　　(B) 《紫釵記》

(C)《邯鄲記》　　　　　　　　　(D)《桃花扇》

答案：(D)

解釋：「玉茗堂四夢」另一為《南柯記》，而《桃花扇》是清初作家
　　　孔尚任所寫。

22. 宋代的「瓦子」是指何種場所？（2009年國內版）

(A) 飯店　　　　　　　　　　　(B) 藥材行
(C) 表演遊藝處　　　　　　　　(D) 書院

答案：(C)

解釋：北宋時期一些大城市中有藝人固定的表演場所，稱為「瓦
　　　舍」，或稱「瓦子」、「瓦市」。每個瓦子還可再隔出幾個演
　　　出的場所，稱為「勾欄」，或稱「勾闌」、「構欄」，一個瓦
　　　舍裡可能有數十座勾欄。而「書院」是古代教育制度中相對於
　　　「官學」的私人興辦的教育機構，但有時也受到官方管制。中
　　　國最早的官辦書院是唐朝唐玄宗所設立的「麗正脩書院」，到
　　　了宋朝初期時出現了「四大書院」（石鼓書院、金山書院、嶽
　　　麓書院，徂徠書院，該說法出自宋朝范成《驂鸞錄》），南宋
　　　時書院更為盛行，成為理學書院，南宋的亦有四大書院，包括
　　　麗澤書院、象山書院、嶽麓書院、白鹿洞書院（該說法出自清
　　　朝全祖望《鮚埼亭集外編》卷四十五）。元朝時書院制度專講
　　　宋明理學，其中又專講「程朱之學」。明朝初年書院衰落，到
　　　了王陽明的出現才再度興起，可惜後來因書院批評時政，被張
　　　居正等人毀壞書院，而東林書院的事件更是讓魏忠賢盡毀天下
　　　各書院，書院至此大為沒落。清朝雍正年間，正式命令各省興
　　　建書院，書院才又逐漸興起，但清朝時無論官立或私立所辦理
　　　的書院皆須接受朝廷管理，因此講學不似宋元時期自由。清朝
　　　末年庚子新政改革，朝廷命令全國書院改制為新式學堂，至此
　　　書院制度正式瓦解。而根據《臺灣府志》記載，臺灣的四大書
　　　院為海東書院、玉峰書院、白沙書院及明志書院。

23. 京劇伴奏時不可少的主要樂器是：（2009年國外版）

(A) 胡琴   (B) 月琴

(C) 單皮鼓   (D) 大鑼

答案：(A)

解釋：胡琴又稱京胡，是中國傳統的拉弦樂器，至今有兩百多年的歷史，是傳統戲曲京劇的主要伴奏樂器。

24. 戲劇是庶民文化的重要一環，職業戲班由私人家庭戲班轉型而來，俗稱？（2008年國內版、2008年國外版）

(A) 崑園   (B) 京園

(C) 旗園   (D) 梨園

答案：(D)

解釋：唐玄宗李隆基自幼及喜愛歌舞表演，六歲時曾在其祖母女皇武則天的盛宴上即興表演了一段歌舞而受到肯定。唐玄宗繼位之後便大力推廣歌舞及戲曲，並選定「梨園」作為表演的場所。「梨園」本是唐朝帝王在離宮裡種植梨樹的果園，一般用來供帝后及皇親國戚們飲酒作樂之處。後來唐玄宗選取優秀的樂師及藝人在梨園中學習歌舞戲曲，並親自指導培訓藝人，成立戲曲班子。也因第一個戲曲班子是在梨園中所成立的，因此後世稱戲班為「梨園」，演員稱「梨園弟子」，並視唐玄宗李隆基為戲曲祖師。

第十章
中國醫學

第一節　中醫

　　「中醫」是古代中國的傳統醫學，與道教有關，以「陰陽五行」爲理論基礎發展而成，其醫療目的就是恢復人體的陰陽平衡。廣義的中醫泛指中國境內所有的民族醫學和宗教醫學，狹義的中醫則指「漢醫學」。現在所稱的「中醫」一般以狹義的漢醫學爲主。

一、發展

　　相傳中醫起源於三皇五帝時期，由伏羲發明針灸、神農氏嚐百藥而產生，軒轅黃帝更寫下了第一部醫學著作《黃帝祝由科》，後世不斷在其基礎之上增修，形成《黃帝內經》及《黃帝外經》兩大醫學著作。而《神農本草經》也傳說與神農氏關。秦朝時出現法醫，當時稱爲「令使」，另外當時還建立第一個傳染病醫院，並制定隔離制度。兒科出現於南北朝時期，宋朝錢乙是首位著名的兒科專家。醫學院則始於南朝時期。

二、治療法

　　中醫裡的治療方法爲「四診」，包含：「望診、聞診、問診、切診」，合稱「望、聞、問、切」，由春秋戰國時期的齊國名醫扁鵲所創，奠定了中醫臨床診斷跟治療方法。「望診」是醫生觀察病人的身體狀況，「聞診」是聽察病人說話、呼吸等，「問診」是詢問病人的病症及病史，「切診」則是透過把脈察看病人的脈搏。四診相互聯繫及補充，缺一不可。

三、理論體系

　　中醫裡有三大理論體系，包括：天人合一、天人相應及辨證論治。

(一)天人合一

「天人合一」體系中認為，人屬於自然界的一部分，是由氣、陰、陽所組成，當陰陽不平衡時就會出現病症。

(二)天人相應

「天人相應」體系認為，人和自然界是一個統一的整體，人的生命和疾病都與自然界的變化有關。

(三)辨證論治

「辨證論治」體系是將透過四診所收集到的病症進行分析歸納，得出疾病的原因及治療方式，稱為「證」，這樣的方法稱為「八綱辨證」。八綱辨證以陰陽為基礎，包括表證、裡證、寒證、熱證、虛證、實證、陰證及陽證八種。「陽」的症狀為熱、躁、病症向外、病情好轉等；「陰」的症狀為冷、靜、病症向內、病情轉壞等。

四、著名學說

中醫裡有四大著名學說，包括：陰陽學說、五行學說、臟象學說及經絡學說。

(一)陰陽學說

「陰陽學說」認為，「陰」是有形的「體」，「陽」是無形的「用」，陰陽交互作用後要能平衡。此外，人體是一個有機的整體，按照身體部位來分陰陽，上半身、背部、體表、四肢外側、六腑屬陽；下半身、腹部、體內、四肢內側、五臟屬陰。陰陽學說認為人之所以健康，是因為身體的陰陽平衡，當陰陽平衡受到破壞以外就會出現病症，亦即病症是因為陰陽不平衡或不平均所致。

(二)五行學說

中醫裡的「五行學說」在《黃帝內經》裡已提及。「五行學說」認為自然界的各種事物和現象都是由「木、火、土、金、水」五種物質相互作用的結果，宇宙間的事物也是由此五種元素所組成。五行的交互作用包括相生與相剋，其特性為：「木」表示生長，「火」表示溫熱，「土」表示乘載及生化，「金」表示凝固及收斂，「水」表示寒冷及濕潤。五行可以對應大自然中的氣候、季節、方位及人體的五官、五體、臟腑等，如下表：

表10-1　五行對照表

五行	木	火	土	金	水
氣候	風	暑	濕	燥	寒
季節	春	夏	長夏	秋	冬
方位	東	南	中	西	北
五官	目	舌	口	鼻	耳
五體	筋	脈	肉	皮毛	骨
臟	肝	心	脾	肺	腎
腑	膽	小腸	胃	大腸	膀胱

相生及相剋是五行的調節機制，「相生」指的是互相滋長及促進之意，五行相生依序為「木生火，火生土，土生金，金生水，水生木」。「相剋」指的是互相抵制及克制，五行相剋依序為「木剋土，土剋水，水剋火，火剋金，金剋木」。因此五行中每一行都有「生我、我生、剋我、我剋」四個面向，如「水」的生我為金、我生為木、剋我為土、我剋為火。五行就是在相生相剋調節的過程中取得平衡。五行相生及相剋圖如下圖10-1。

中醫裡運用五行學說的部分主要在利用五行的特點來闡述人體五臟六腑間的相互關係。中醫裡根據臟腑的特點將之歸納為五行，以五臟為主，六腑為輔，為臟象學說奠定了基礎。五行對應人體器官圖如下圖10-2。

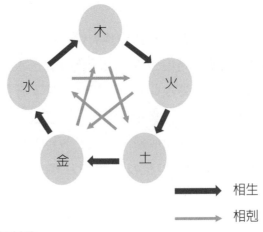

圖10-1　五行相生相剋圖
參考資料重繪，出處：https://kknews.cc/astrology/lex4nqe.html

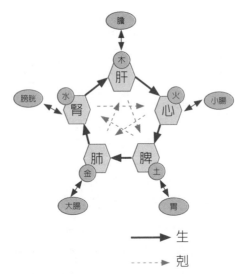

圖10-2　五行對應人體器官圖
參考資料重繪，出處：https://zh.m.wikipedia.org/wiki/%E5%85%AD%E8%85%91

(三)臟象學說

　　「臟象學說」又稱「藏象學說」，以陰陽五行的概念來說明人體的臟腑關係。「藏」是指隱藏在人體內的臟器，「象」指的是臟腑的解剖形態及臟腑的病理表現於外的情況，因此「藏象」（臟象）是指人體的臟腑生

理情況與病理變化反應在外的表象。該學說主要研究人體的臟腑生理功能、病理變化等相互關係。臟象學說是以身體的五臟（肝、心、脾、肺、腎）爲主，六腑（膽、胃、大腸、小腸、膀胱、三焦[1]）爲輔，應用於疾病的診斷及治療。心臟是人體最重要的器官之一，主血脈、維持神經系統功能。肝臟負責調節氣機，並能疏泄全身之氣、血、津液。脾臟主運化、主調血，負責將食物轉化以化生氣血的營養。肺臟主一身之氣及呼吸之氣，同時有通道水道之功能，此功能由肺、脾、腎三器官共同完成。腎主水，故有「水臟」之稱，負責全身水液代謝、維持身體水液平衡及運行。在中醫學裡，「臟腑」除了五臟及六腑以外，還包括「奇恆之腑」（腦、骨、隨、脈、膽、女子胞[2]），三大類合稱爲「臟腑」。臟象學說亦搭配五行學說，一方面將五行歸屬於五臟，另一方面用五行生剋規律說明臟腑之間關係，使其處於平衡狀態，讓臟象學說更爲系統化及理論化。臟腑之間在病理上會互相影響，亦即當某一個臟腑出現病症，也會影響其他臟腑的生理功能，因此該學說認爲應了解臟腑之間的相互關係及功能上的協調。

(四)經絡學說

經絡學說補足了臟腑學說的不足。該學說認爲人體中除了臟腑以外還有許多經絡，其中經絡又分經脈及絡脈，是人體運行氣血的通道。經脈是經絡的主幹，位置較深；絡脈是經脈的分支，彼此之間互相交錯，遍佈人體各處。每一經絡與內在的臟腑相聯繫，通過經絡，人體把內外器官聯繫起來成爲一個整體。人體中的經絡分爲正經十二脈、奇經八脈以及無數的孫絡（最細小的絡脈）。正經十二經脈又稱「十二經脈、十二正脈」，左右對稱地分布在人體兩側。十二經脈是根據臟腑、手足跟陰陽而定名的，

---

1 「三焦」是「上焦、中焦、下焦」的統稱。「上焦」指橫膈膜上方的位置，包括心及肺。「中焦」是橫膈膜以下、肚臍以上的位置，包括脾及胃。「焦」是指肚臍以下，包括肝、腎、大腸、小腸及膀胱。

2 即「子宮」。

臟為陰、腑為陽，包括肺經、心經、心包經、大腸經、小腸經、三焦經、脾經、腎經、肝經、胃經及膀胱經，分布在頭、軀幹跟四肢。奇經八脈與臟腑無直接相關，是當十二經脈氣血充足且滿溢後流入他經，指的是「別道奇行」的經脈。奇經八脈包括督脈、任脈、衝脈、帶脈、陰維脈、陰蹻脈及陽蹻脈。其中任督二脈對於人體的氣血陰陽調和有重要的作用，任脈主要在人體正面，督脈在人體背面。經絡學說認為當某個經絡發生病徵的時候，使用某種恰當的藥物或治療方式即能減輕病症。因此經絡學說就是研究人體經絡的生理功能、病理特徵及與臟腑相關的學說。

經絡學說也是針灸治療的基礎。針灸指的是針法及灸法，以刺激穴位來改善經絡中的氣流。針法主要用在治療急性病症，灸法則是治療慢性病症，針灸時必須根據病症嚴重度來決定施針的深度，由淺到深分成「天、地、人」三層，每一個穴位都可以分為此三層。針法主要是透過插針來清通經絡的阻塞以加強氣血的循環，解決病症，施針的材料在古代使用銀針，現在常用鋼針。而灸法則多為艾灸。灸法是將艾絨[3]及其他藥物揉製成錐狀，放在深穴位上溫薰或燒灼，藉由灸火的熱氣滲入脈絡，以通氣血。

宋朝針灸專家王惟一（或名王惟德）擅長針灸之術，著《銅人腧穴針灸圖經》一書，詳細標註了354個穴位名稱，並按照十二經脈來聯繫，為之後鑄造的兩座銅人模型做了詳細的解釋，並以銅人模型作為針灸教學所用。到了明朝時，針灸技術達到鼎盛，有許多針灸名醫出現，其中以楊繼洲所寫的《針灸大成》較具代表性，書中總結了明朝以前的針灸著作，並加入臨床經驗，是針灸的重要書籍。

五、著名中醫醫學家及醫書

中國歷代有許多著名的中醫學家，以下按照年分來介紹其專長及著作。

3　艾葉搗製而成的絨狀物。

(一)黃帝

　　根據《圖解黃帝內經養生手冊》中所說明的，《黃帝內經》爲第一部冠以中華民族先祖「黃帝」之名所流傳之經典醫學書籍。其著作時代和作者至今尙無確切說法，從書本內容分析來看，書本作者不只一位，也不是在同一時期完成。而《黃帝內經》也被認爲是目前世上現存最早的中醫理論著作，對後世的中醫學有深刻的影響。《黃帝內經》在四庫全書中屬於子部醫家類，大約於戰國到秦漢時期完成，包括《素問》及《靈樞》等部分，共十八卷一百六十二篇。《黃帝內經》影響了其後的中醫學經典書籍，如東漢張仲景的《傷寒雜病論》、唐朝孫思邈的《備急千金要方》等。另外還有《黃帝外經》與其相互補充，例如補充了陰陽五行學說的不足、闡述經絡學說之間的關係，提出「五臟六腑」的說法，兩者形成中醫的理論體系。漢朝時將《黃帝內經》、《黃帝外經》、《扁鵲內經》、《扁鵲外經》、《白氏內經》、《白氏外經》及《旁篇》合稱爲「醫經七家」。

(二)扁鵲

　　扁鵲是春秋戰國時期的名醫。扁鵲本爲姬姓，秦氏，名緩，字越人，但對於扁鵲的本名有眾多的說法。人們之所以稱之爲扁鵲，是因爲其醫術高超，被視爲神醫，因此就借用古代傳說中能解除人病痛的鳥－「扁鵲」來稱呼他。扁鵲最重要的貢獻便是其依據經驗的總結而奠定中醫裡的「四診法」，即望、聞、問、切四種切脈診斷方法，並擅長兒科、婦科、五官科等，是中國古代名醫之首。其代表著作爲《難經》（又稱《皇帝八十一難經》），討論了八十一個問題，包含經絡、脈學、臟腑、腧穴等學問。

(三)華佗

　　華佗是東漢末年人，醫術方面擅長養生之術、針灸及藥物的診療方式，精研《黃帝內經》、《神農百草經》等。華佗以外科及針灸術著稱，後來所發明的「麻沸散」應用在全身外科的麻醉手術中，並進行腹腔麻醉

手術，因此被稱為「外科鼻祖」、「外科聖手」。除了外科及針灸以外，也兼通內科、兒科、婦科等。華佗治病以辯證論治的學說為主，採用多種治療方式來治病。後世稱之為醫神，並以「華陀再世」來稱呼醫術高超的醫師。

㈣張仲景

張仲景是東漢末年著名的醫學家，被稱為「醫聖」，其最大的成就是著有《傷寒雜病論》（或稱《傷寒卒病論》）一書。該書充實《黃帝內經》的內容，結合理論與實踐，是中國第一部理、法、方、藥兼備的中醫著作，收錄三百七十餘種醫方，確立了辯證論治的原則，也奠定了臨床治療的理論及藥物治療的方針，並被視為是中醫內科學的經典。但後來因戰亂而流失，原貌已不復見，直到西晉王叔和將該書重新整理並改編成《雜病論》及《金匱要略》兩本，北宋林億及孫奇再加以校正，形成現傳的醫典。

㈤王叔和

王叔和是西晉人，在晉武帝時擔任太醫令[4]一職。王叔和擅長脈學之理，著有《脈經》一書，總結了漢朝以前的脈學成就，對古代脈學的影響甚大。除了著有《脈經》外，其另一貢獻為整理了漢朝張仲景的《傷寒雜病論》，重新加以編寫，改編為《雜病論》及《金匱要略》。

㈥葛洪

葛洪是東晉時期著名的醫學家，著有《肘後救卒方》，又稱《肘後方》、《肘後備急方》，是中醫學裡方劑學名著，共八卷七十篇，是一本實用的臨床藥方書。而葛洪除了是醫學家以外，更是陰陽家、煉丹術家、

4　中國古代的醫官名，是掌管醫事行政的最高長官。

製藥化學家,是道教的重要人物之一。另一名著《抱朴子》[5]分為內外兩篇,外篇討論社會現象,內篇則記載了煉丹方法,旨在養生延年益壽,是現存歷史上最早的煉丹術書籍。

(七)陶弘景

　　陶弘景是南朝醫學家,同時也是文學家、書法家及道士,精通醫學和天文知識,是道教上清派的代表人物之一,《真誥》一書即是介紹上清派的歷史、傳記和方術等。在醫學方面,校訂及有系統地整理了《神農本草經》,並總結藥學經驗而寫了《本草經集注》,共有七卷。《本草經集注》是校訂《神農本草經》而成,釐清《本草綱目》中三百六十五種藥方,再另增《名醫別錄》三百六十五種,共計七百三十種藥物而寫成有系統性的《本草經集注》,並按照藥物性質分類編寫,總結了前人的用藥經驗。另外陶弘景還補充了東晉葛洪的《肘後救卒方》而寫成了《補闕肘後百一方》一書,內容收錄藥方一百零一首。

(八)孫思邈

　　孫思邈是唐朝著名的醫師及道士,也是中國醫學史上重要的醫學家和藥物學家,被譽為「藥王」。孫思邈重視醫德,強調醫師的醫療道德,且亦擅長針灸學及食療法,並倡導預防疾病及養生強健的道理。專長在於內科、婦科、兒科及外科等,是第一位倡導建立兒科及婦科的醫師。其重要著作有二:《備急千金藥方》及《千金翼方》。《備急千金要方》(簡稱《千金要方》)及《千金翼方》是唐朝孫思邈所著,總結了上古至唐朝的醫療經驗和藥物知識。《備急千金要方》共三十卷,其分類已接近現代的臨床醫學分類法。該書是吸取《黃帝內經》中與臟腑相關的學說,提出以臟腑為中心的雜病分類辨治方法,收集了五千三百首藥方,而《千金翼方》則是對《備急千金要方》的補充。除了醫學以外,孫思邈也精通百家

5　葛洪本人自號亦為「抱朴子」。

跟陰陽之術，現在常用「爐火純青」描述一個人功夫或技術等已達到完美的境界，而該成語其實出自於孫思邈所寫的一首四言詩中，描述煉丹的過程。

(九)王惟一（王惟德）

　　王惟一是宋朝著名的針灸專家，其代表醫書是《銅人腧穴針灸圖經》，是考訂了古醫書中對針灸的紀載，並將針灸穴位的經驗有系統地總結而寫成，紀載了六百五十七個腧穴，並頒行全國。後來爲了方便學習者了解經絡系統及臨證取穴的需要，因此又鑄造了兩座銅人，再銅人上刻上穴名，與體內相通，外面塗上黃蠟，中間注入水銀，若刺中正確的穴位則會溢出液體，若穴位偏差則無法插針，以此作爲針灸教學之用，爲針灸學作出重要貢獻。

(十)錢乙

　　錢乙是唐末宋初著名的兒科先驅，對兒科的病理、治療及方要等方面都有其獨特的見解，並首次把臟腑辯證運用於兒科中，建立兒科五臟辯證體系，提出「肝主風、心主驚、脾主困、肺主喘、腎主虛」的概念。錢乙著有《傷寒指微》及《嬰孺論》，但皆已散佚，而《小兒藥證直訣》是中國現存最早且具系統性的兒科專著，後人尊稱錢乙爲「兒科之聖」。

(士)李時珍

　　李時珍是明朝著名的醫學家及藥學家，其巨著《本草綱目》收集約一千九百種的藥材，醫方一萬一千多帖，被後世稱爲「藥聖」，與扁鵲、華佗、張仲景合稱爲中國四大名醫。清朝趙學敏著有《本草綱目拾遺》，共十卷，內容修訂了《本草綱目》的誤處，名爲《正誤篇》，另外收錄《本草綱目》中爲收錄的藥材七百一十六種，包含多蟲夏草等民間藥材，以及香草等外來藥材。《本草綱目》問世後對後世影響甚大，除了中國以外，也流傳至世界各地，並翻譯成不同文字。

第二節　中藥

　　中藥是中醫用藥，也是中國傳統藥物的總稱。中藥理論包括四氣、五味、歸經、升降浮沉及毒性等。「四氣」又稱「四性」，即寒、熱、溫、涼四種藥性，是藥性理論的重要依據之一。四氣是藥物作用於人體後所發生的反應，其中寒涼及溫熱是相互對立的兩種藥性。一般來說，寒涼藥屬陰，具有清熱、解毒、降火、消暑、利尿等作用，用來治療熱性病症。寒性代表藥材如黃連及大黃等，涼性代表藥材如羅漢果、薏仁及菊花等。而溫熱藥屬陽，具有助陽、祛寒、暖肝、補火、通絡等作用，用來治療寒性病症。溫性代表藥材如黃耆、當歸、紅棗及川芎等，熱性藥材如肉桂等。除了四性以外，還有部分藥材偏屬中性，為平性藥，代表藥材如枸杞、芡實、銀耳及芝麻等，但仍未超出四性的範圍，因此仍以寒熱二性為主。用藥時須掌握四氣的理論，才能對症下藥。

　　「五味」指的是藥物酸、甘、苦、辛、鹹五種味道，具有不同的治療作用：

1. 「酸味」的作用

　　收斂、止汗、止咳、止瀉等病症，能生津開胃、止汗、幫助消化、改善腹瀉等症狀。對應的器官為「肝」，代表藥材為山茱萸、覆盆子、芡實、蓮子等。食用過多易傷齒及筋骨，有糖尿病症者及受風寒感冒病症者宜少用。

2. 「甘味」的作用

　　滋補、緩急止痛、調和脾胃系統。對應的器官為「脾」，代表要材為甘草、熟地、枸杞子等。食用過多易發胖、上腹悶痛，糖尿病患者宜少用。

3. 「苦味」的作用

　　清熱、通泄、瀉火、解毒及降火氣等。對應的器官為「心」，代表藥材如黃連、杏仁及白果等。食用過多易消化不良，有便秘、胃病、體熱者、易口乾舌燥、乾咳者宜少用。

4. 「辛味」的作用

　　發散風寒、行氣、活血及潤養等。對應的器官為「肺」，用於治療氣阻滯的病症，代表藥材如薄荷、肉桂及川芎等。食用過多易耗氣，以致火氣過大及便秘。

5. 「鹹味」的作用

　　瀉下、通便、消腫及散結等。對應的器官為「腎」，代表藥材如草決明及芒硝等。食用過多易造成血壓升高及心血管疾病。

文化小知識1：

「定心丸」真的是一種藥方嗎？

　　現在常用「吃了定心丸」來表示穩定情緒，但「定心丸」本來的確是一種藥物。唐朝醫書《外台秘要》（王燾所著）記載了定心丸的配方，包括人蔘、茯苓、桂心、白朮、防己、乾薑、防風、大黃、茯神、桔梗、白薇、牛膝、遠志、銀屑等，主要的功效是用來治療驚悸、心神不寧等症狀。定心丸的產生與古代戰爭有關。古代打仗時士兵因殺戮的場面而可能產稱焦慮或驚嚇恐懼等心理疾病，為了安定士兵的情緒才配置這種安神的「定心丸」。

文化小知識2：

「蒙汗藥」是一種什麼樣的藥？

　　在一些武俠小說裡常可見到「蒙汗藥」，下藥之人使用蒙汗藥讓人昏睡過去，而蒙汗藥的主要成分是「曼陀羅」，是一種有毒的植物，醫學上最早用作麻醉劑，是從印度傳入中國。而「曼陀羅花」又名風茄兒、洋金花，原產於西亞，是一年生的草本植物，傳入中國後，在宋朝時期已有用曼陀羅花來治療氣喘及胃痛等疾病的記載。

考古題

1. 下列有關中國古代醫藥的敘述何者有誤？（2017年）

(A) 扁鵲最先採用望聞問切四診法

(B) 華佗擅長外科手術，被人譽為「神醫」，發明麻沸散

(C) 李時珍《本草綱目》，被譽為「東方醫藥巨典」

(D) 孫思邈被稱為「醫聖」，著有《傷寒雜病論》是後世中醫的重要經典

答案：(D)

解釋：唐朝孫思邈的醫學著作為《備急千金要方》（簡稱《千金要方》）及《千金翼方》是總結了上古至唐朝的醫療經驗和藥物知識的醫書。《傷寒雜病論》是由東漢張仲景所寫，是中國第一部理法和方藥兼備、理論結合臨床的中醫著作，張仲景更因此被稱為「醫聖」。

2. 中國醫藥學自成體系，有自己的理論、方法和內容，成就卓著。下列敘述何者錯誤？（2016年）

(A) 中國古代在免疫學上最突出的成就就是發明了人痘接種法防治天花

(B) 《新修本草》是修正《本草綱目》的藥典

(C) 《金匱要略》主要是論述內科、外科、婦科等雜症

(D) 針灸是中國醫學獨創性的一種治療方法

答案：(B)

解釋：《新修本草》又稱《唐本草》，是唐朝的官修藥典，書寫體例源自南朝梁陶弘景的《本草經集著》。但《本草綱目》是明朝李時珍所著。

3. 下列題詞，何者不適合用於醫院診所？（2016年）

(A) 扁鵲復生　　　　　　　　(B) 饑溺為懷

(C) 肱傳三折　　　　　　　　(D) 秘傳金匱

答案：(B)

解釋：「溺溺爲懷」指的是具有憐憫他人的慈悲胸懷，用於從事慈善事業或有善行義舉之人的題詞。「扁鵲復生」中的「扁鵲」是春秋戰國時期的名醫，後人以扁鵲作爲良醫的代稱。「肱傳三折」與《左傳・定公十三年》一書有關，書中提到：「三折肱，知爲良醫。」後用來形容對醫療有豐富經驗且依數精深之人，「肱」指的是胳膊。「秘傳金匱」中的「金匱」指的是東漢張仲景所著的《金匱要略》醫書。

4. 下列何者不是經絡穴位？（2016年）
   (A) 環跳　　　　　　　　　(B) 黃耆
   (C) 天池　　　　　　　　　(D) 百會

答案：(B)

解釋：「黃耆」又稱「黃芪」，是一種中藥材。

5. 以下何者爲著名的中國傳統醫典？（2015年）
   (A) 《星命總括》　　　　　(B) 《握奇經》
   (C) 《欽定協紀辨方書》　　(D) 《備急千金要方》

答案：(D)

解釋：《備急千金要方》是由唐朝孫思邈所寫，爲中國醫學史上的著名醫典，其分類已接近現代的臨床醫學分類法。

6. 「四神（臣）湯」爲華人傳統藥膳，請問下列何者不是四神湯的材料？（2015年）
   (A) 芡實　　　　　　　　　(B) 黃耆
   (C) 淮山　　　　　　　　　(D) 茯苓

答案：(B)

解釋：傳統的四神湯（或稱「四臣湯」）是由淮山（山藥）、蓮子、芡實及茯苓所做，有時用薏仁取代茯苓煮食。而「黃耆」是一種中藥材。

7. 自古中醫藥學發展源遠流長，形成博大而完整的醫藥學知識傳統，下列醫家與著作，何者不正確？（2014年）

(A) 張仲景《傷寒雜病論》　　　(B) 華陀《黃帝內經》

(C) 李時珍《本草綱目》　　　　(D) 孫思邈《千金翼方》

答案：(B)

解釋：相傳軒轅黃帝寫下了第一部醫學著作《黃帝祝由科》，後世不斷在其基礎之上增修，形成《黃帝內經》及《黃帝外經》兩大醫學著作。而華佗是精研《黃帝內經》，擅長外科手術，發明麻沸散，被稱為醫神。

8. 針灸所用的穴位，主要是分布在何處？（2013年）

(A) 骨頭　　　　　　　　　　(B) 血路

(C) 經絡　　　　　　　　　　(D) 神經

答案：(C)

解釋：「穴位」學名「腧穴」，是人體經絡的點區部位。

9. 中國傳統醫學最早採用「望聞問切」四診法的是哪一位名醫？（2012年）

(A) 華佗　　　　　　　　　　(B) 扁鵲

(C) 孫思邈　　　　　　　　　(D) 張仲景

答案：(B)

解釋：中醫裡的治療方法為「四診」，包含：「望診、聞診、問診、切診」，合稱「望聞問切」，由春秋戰國時期的齊國名醫扁鵲所創，奠定了中醫臨床診斷跟治療方法。

10. 在中國古代醫學裡，創用麻沸散和精於外科手術，被譽為外科醫學的鼻祖、藥物麻醉的先驅者。這是哪一位古代名醫？（2011年）

(A) 扁鵲　　　　　　　　　　(B) 張仲景

(C) 孫思邈　　　　　　　　　(D) 華陀

答案：(D)

解釋：華佗以外科及針灸術著稱，後來所發明的「麻沸散」應用在全身外科的麻醉手術中，並進行腹腔麻醉手術，因此被稱為「外科鼻祖」、「外科聖手」。

11. 最早使用望、聞、問、切來診斷病情的戰國時期名醫是誰？（2010年國外版-1、2010年國外版-2）

(A) 張仲景　　　　　　　　(B) 扁鵲
(C) 華佗　　　　　　　　　(D) 孫思邈

答案：(B)

解釋：中醫裡的治療方法為「四診」，包含：「望診、聞診、問診、切診」，合稱「望聞問切」，由春秋戰國時期的齊國名醫扁鵲所創，奠定了中醫臨床診斷跟治療方法。張仲景是東漢末年著名的醫學家，被稱為「醫聖」，其最大的成就是著有《傷寒雜病論》（或稱《傷寒卒病論》）一書。華佗是東漢末年人，擅長養生之術、針灸及藥物的診療方式，並以外科及針灸術著稱，後來所發明的「麻沸散」應用在全身外科的麻醉手術中，並進行腹腔麻醉手術，因此被稱為「外科鼻祖」、「外科聖手」。孫思邈是唐代著名的醫師及道士，也是中國醫學史上重要的醫學家和藥物學家，被譽為「藥王」，著有《備急千金藥方》及《千金翼方》。

12. 西漢後期出現的哪一部醫學典籍，奠定了中醫「整體觀念」的基礎理論？（2010年國外版-1）

(A) 《本草綱目》　　　　　　(B) 《黃帝內經》
(C) 《疾病源候論》　　　　　(D) 《千金翼方》

答案：(B)

解釋：《黃帝內經》的基本理論包括陰陽五行、臟象經絡、整體觀念、預防養生、診法治則、運氣學說、病因病機等，陰陽五行

理論重在說明事物之間統一及對立關係。臟象經絡是研究人體的五臟六腑、十二經脈、奇經八脈等功能和相互關係。整體觀念是強調人體與自然界是一個整體，且人體節各和各部分是彼此相關的。養生預防總結養生防病的經驗，是中醫的養生學說。診法治則是中醫治療疾病的基本原則。運氣學說是研究自然界對人體生理的影響。病因病機則說明各種疾病在發病後對人體的影響和變化。《本草綱目》是明代著名的醫學家及藥學家所著，內容集了約一千九百種的藥材，醫方一萬一千多帖，後世稱李時珍為「藥聖」。《疾病源候論》是隋朝太一搏是巢元方等人編著，是中國現存第一本病因學、病理學及症候學的專論醫學典籍。《千金翼方》是唐朝孫思邈所著，是對《備急千金要方》的補充。

13. 下列何者與中醫理論無關？（2009年國內版）

(A) 黃老治術　　　　　　　(B) 陰陽五行

(C) 望聞問切　　　　　　　(D) 虛實寒熱

答案：(A)

解釋：「黃老治術」是戰國時期興起、西漢時盛行的哲學政治思想流派。黃老治術中的「黃」指的是黃帝，「老」指的是道家老子，是西漢時國家的政策方針，強調黃帝時期的清明，以及老子思想中的清靜無為。

14. 明代集醫學大成，著有《本草綱目》一書的人是：（2009年國外版）

(A) 張仲景　　　　　　　　(B) 孫思邈

(C) 李時珍　　　　　　　　(D) 宋應星

答案：(C)

解釋：《本草綱目》為明朝李時珍所著，張仲景著有《傷寒雜並論》（《傷寒卒病論》，孫思邈著有《備急千金藥方》及《千金

翼方》。宋應星則是明朝著名科學家，代表作品是《天工開物》。

15.《本草綱目》是中醫的重要典籍，作者爲何人？（2008年國內版）

    (A) 孫思邈   (B) 華佗

    (C) 李時珍   (D) 扁鵲

答案：(C)

解釋：《本草綱目》是明朝李時珍所寫，內容收集藥材近一千九百種，醫方一萬一千多帖，李時珍被後世稱爲藥聖。

參考資料

刁宗廣（1998）。儒、道思想對中醫理論的影響。安徽大學學報（哲學社會科學版），1，頁61-64。

于文秀（2002）。文化研究思潮導論。北京：人民出版社。

中山時子主編（1992）。中國飲食文化。北京：中國社會出版社。

中村孝志（2001）。荷蘭時代台灣史研究下卷：社會·文化。臺北：稻香出版社。

中國文化中心（2011）。中國文化導讀（第2版）上／下。香港：香港城市大學。

仇德哉（1983）。臺灣之寺廟與神明（三）。南投：臺灣省文獻委員會。

孔炳爽（2010）。《禮記》喪服制度的人文意識。中日韓經學國際研討會論文集，頁501-527。

文崇一、蕭新煌（1988）。中國人：觀念與行為。臺北：巨流圖書股份有限公司。

方立天（2007）。中國佛教與傳統文化。臺北：桂冠圖書股份有限公司。

方麗娜（2017）。華人社會與文化（增訂版）。臺北：正中書局。

方寶璋、方寶川（2010）。閩台文化志。上海：上海人民出版社。

王仁湘（1989）。中國飲食文化。臺北：中華書局。

王仁湘（1993）。飲食與中國文化。北京：人民出版社。

王明德、王子輝（2002）。中國古代飲食。西安：陝西人民出版社。

王玲（1992）。中國茶文化。北京：中國書店。

王健旺（2003）。台灣的土地公。新北：遠足文化。

王逢振（2000）。文化研究。臺北：揚智文化事業股份有限公司。

王貴民（1993）。中國禮俗史。臺北：文津出版社。

王嵩山（2001）。當代臺灣原住民的藝術。臺北：國立藝術教育館。

王嵩山（2010）。臺灣原住民：人族的文化旅程。新北：遠足文化。

王煒民（1997）。中國古代禮俗。北京：商務印書館。

王廣錩主編（2001）。中國佛教文化大觀。北京：北京大學出版社。

王慶憲（1998）。醫學聖典——《黃帝內經》與中國文化。開封：河南大學出版。

王學泰（2006）。中國飲食文化史。桂林：廣西師範大學。

王曉澎、孟子敏（2000）。數字裡的中國文化。北京：團結出版社。

王灝（1998）。臺灣人的生命之禮：成長的喜悅。臺北：臺原出版社。

王灝（1998）。臺灣人的生命之禮：婚嫁的故事。臺北：臺原出版社。

申士垚、傅美琳主編（1999）。中國風俗大辭典。臺北：國家出版社。

石萬壽（2000）。臺灣的媽祖信仰。臺北：臺原出版社。

石韶華（1996）。宋代詠茶詩研究。臺北：文津出版社。

任繼愈（1994）。中國哲學發展史：隋唐。北京：人民出版社。

朱自振、沈漢（1995）。中國茶酒文化史。臺北：文津出版社。

江美玲編著（2017）。臺灣民俗與文化（第三版）。新北：新文京開發出版
　　股份有限公司。

何修仁（2017）。華人社會與文化（二版）。臺北：新學林出版股份有限公
　　司。

何淑貞（2008）。華人社會與文化。臺北：僑務委員會中華函授學校。

何傳坤（1996）。臺灣史前文化三論。新北：稻香出版社。

余秋雨（2007）。中國戲劇史。臺北：天下文化出版。

吳奚貞（2001）。中國的風俗習慣。臺北：正中書局。

吳智和（1990）。明清時代飲茶生活。臺北：博遠出版公司。

呂理政、夏麗芳（1998）。遠古台灣的故事。臺北：南天書局。

呂訴上（1961）。臺灣電影戲劇史。臺北：銀華影業出版部。

呂錘寬（1996）。臺灣傳統音樂。臺北：東華書局。

宋文薰（1980）。史前時期的臺灣。新北：眾文圖書股份有限公司。

宋守雲（2005）。修辭學的多視角研究。北京：中國社會科學出版社。

李壬癸（1999）。臺灣原住民史：語言篇。南投：臺灣省文獻會。

李文環、林怡君（2012）。圖解臺灣民俗【熱鬧逗陣版】。台中：好讀書版
　　社。

李亦園（1992）。文化與行為。臺北：商務印書館。

李光周（1999）。墾丁國家公園的史前文化。臺北：文建會。

李匡悌（2001）。恆春半島的人文史蹟。屏東：墾丁國家公園管理處。

李伯淳（2003）。中華文化與21世紀。北京：中國言實出版社。

李秀娥（2004）。台灣民族節慶。臺北：晨星文化。

李秀娥（2006）。台灣的生命禮俗──漢人篇。臺北：遠足文化。

李宗桂（1989）。中國文化概論。廣州：中山大學出版社。

李建民（2000）。方術‧醫學‧歷史。臺北：南天書局。

李昶、黃鶯鶯、萬飛（2005）。話說中國。吉林：吉林大學出版社。

杜正勝主編（1995）。中國文化史。臺北：三民書局。

每日一冷（2016）。臺灣 沒說你不知道：生活在這塊土地的你可以拿來說嘴的
七十則冷知識。臺北：尖端出版社。

沈文台（1998）。臺灣鄉土傳奇。臺北：常民文化。

沈冬梅（1999）。宋代茶文化。臺北：學海出版社。

沈清松主編（1999）。文化的生活與生活的文化。臺北：立緒文化事業有限
公司。

沈錫倫（2001）。民俗文化中的語言奇趣。臺北：商務印書館。

卓以玉（1984）。以詩畫教中國文化。第一屆世界華語文教學研討會論文集
（教材教法），頁649-654。臺北：世界華語文教育學會。

周婉窈（2009）。臺灣歷史圖說。臺北：聯經出版。

尚秉和（1985）。歷代社會風俗事物考。臺北：商務印書館。

屈麗慧（2009）。城市考古——隨筆與論述。臺中：科博館。

房學嘉（2015）。客家風俗。廣州：暨南大學出版社。

東海大學通識中心編（2000）。臺灣歷史與文化（三）。新北市：稻香出版
社。

林仁川、黃福才（1997）。閩臺文化交融史。福州：福建教育出版社。

林吳素霞（2000）。南管音樂賞析（一）入門篇。彰化：彰化縣文化局。

林谷芳編（2000）。本土音樂的傳唱與賞析。臺北：國立傳統藝術中心備處

林承緯（2018）。臺灣民俗學的建構：行為傳承、信仰行為、文化資產。臺北：

林明裕（1983）。台灣民間禁忌。臺北：環亞出版社。

林美容（2000）。鄉土史鄉村史。臺北：臺原出版社。

林素英（2000）喪服制度的文化意義：以《儀禮・喪服》為討論中心。臺北：文
津出版社。

林國平（1989）。閩台民間信仰源流。臺北：聯經出版公司。

林媽利（2010）。我們流著不同的血液：揭開台灣各族群身世之謎。臺北：前衛
出版社。

林瑋嬪（1991）。火樹銀花耀通宵—鹽水蜂炮儀式分析（碩士論文）。臺北：國
立臺灣大學考古人類研究所。

林道生（2003）。原住民神話與文化賞析。臺北：漢藝色研文化事業有限公
司。

邱坤良（1979）。民間戲曲散記。臺北：時報文化。

邱家文（1987）。臺灣民間風俗與信仰。臺中：臺灣省政府。

金耀基（1992）。中國社會與文化。香港：牛津大學出版社。

侯杰、范麗珠（1994）。中國民眾宗教意識。天津：天津人民出版社。

侯寶林、汪景壽、薛寶琨（1980）。曲藝概論。北京：北京大學出版社。

姚國坤、王存禮、程啟坤（1995）。中國茶文化。臺北：洪葉文化事業有限公司。

姚漢秋（1999）。臺灣婚俗古今談。臺北：臺原出版社。

姜義鎮（1995）。台灣的鄉土神明。臺北：臺原出版社。

姜義鎮（2014）。歲時節俗傳說。新竹：新竹縣竹東鎮樹杞林客家文化協會。

施翠峰（2000）。臺灣原始宗教與神話。臺北：國立歷史博物館。

施翠峰（2004）。臺灣原住民身體裝飾與服飾。臺北：國立歷史博物館。

洪敏麟、洪英聖（1992）。臺灣風俗探源。臺中：臺灣省政府新聞處。

胡世慶（2005）。中國文化通史。臺北：三民書局。

胡台麗（2003）。文化展演與臺灣原住民。臺北：聯經出版。

范行準（1986）。中國醫學史略。北京：中國古籍出版社。

唐炘炘等（2005）。台灣的生命禮俗。臺北：秋雨文化。

唐振常（2002）。中國飲食文化散論。臺北：臺灣商務印書館。

孫顯軍（2011）。大戴禮記詮釋史考論。上海：社會科學文獻出版。

徐弘縉（2019）。搶救國文大作戰。新北：龍騰文化。

徐正光（1991）。徘徊於族群和現實之間：客家社會與文化。臺北：正中書局。

徐吉軍（1991）中國喪葬禮俗。浙江：人民出版社。

徐行言（2004）。中西文化比較。北京：北京大學出版社。

徐海榮主編（1999）。中國飲食史。北京：華夏出版社。

徐賢瑤（1991）。中國古代喫茶史。臺北：博遠出版公司。

殷登國（2000）。飲食男女。臺北：大地出版社。

高拱乾（1993）。臺灣府志。南投：臺灣省文獻會。

張炎憲等編（1996）。臺灣史論文精選（上）。臺北：玉山社。

張建霞　編（2011）。中華民俗常識一本通。北京：中國三峽出版社。

張彥仲等（2003）。台灣的藝陣。臺北：遠足文化。

張珣（2003）。文化媽祖。南港：中央研究院民族研究所。

張維青、高毅清（2002）。中國文化史。山東：山東人民出版社。

華人社會與文化

張樹生（2016）。對中醫五行學說的思考與認知。中醫雜誌，5，頁370-374。

許暉（2012）。這個詞，原來是這個意思！上海，人民出版社。

許暉（2015）。這個詞，竟然是這個意思（Ⅰ）。北京，化學工業出版社。

許暉（2015）。這個詞，竟然是這個意思（Ⅱ）。北京，化學工業出版社。

許暉（2016）。這個詞，竟然是這個意思（Ⅲ）。北京，化學工業出版社。

許嘉璐（2002）。中國古代衣食住行。香港：中華書局。

連橫（1979）。臺灣通史。臺北：眾文圖書股份有限公司。

郭立誠（1979）。中國生育禮俗考。臺北：文史哲出版社。

郭廷以（1974）。臺灣史事概說。臺北：正中書局。

陰法魯等編（1985）。中國古代文化史。北京：北京大學出版社。

陳千武（1997）。謎樣的歷史：臺灣平埔族傳說。臺北：臺原出版社。

陳仕賢（2006）。臺灣的媽祖廟。臺北：遠足文化。

陳正之（1997）。臺灣歲時記。臺中：臺灣省政府。

陳雨嵐（2004）。台灣的原住民。臺北：遠足文化。

陳柏州等（2003）。台灣的地方新節慶。臺北：遠足文化。

陳偉明（1995）。唐宋飲食文化發展史。臺北：學生書局。

陳曼娜（1998）。論中國傳統文化的心理結構。湖北大學學報（哲學社會科學版），6，頁78-85。

陳進成、洪瑩發（2015）。東港迎王平安祭典。新北：遠足文化事業有限公司。

陸揚、王毅（2006）。文化研究導論。上海：復旦大學出版社。

鹿野忠雄（1986）。臺灣考古學民族學概觀。南投：臺灣省文獻會。

勞思光（1998）。中國文化要義新編。香港：中文大學出版社。

彭書淮（2017）。圖解一定要知道的600則國學常識（新版）。臺北：華威國際事業有限公司。

曾子良（主編）（2017）。悲天憫人的雞籠中元祭。基隆市：基隆市文化局。

程裕禎（2011）。中國文化要略。北京：外語教學與研究出版社。

逯耀東（2000）。肚大能容——中國飲食文化散記。臺北：東大圖書公司。

黃丁盛（2003）。台灣的節慶。臺北：遠足文化。

黃士強（1986）。臺灣史前文化簡介。臺北：臺灣博物館。

黃文博（1998）。臺灣民間信仰與儀式。臺北：常民文化。

黃俊傑（2000）。臺灣意識與臺灣文化。臺北：正中書局。

黃柏芸（2006）。台灣的城隍廟。臺北：遠足文化。

黃茗冠（2009）。華人社會與文化講義。臺北：新學林出版股份有限公司。

新學林華語文編委會　編（2019）。華人社會與文化試題本（第2版）。臺北：新學林出版股份有限公司。

董芳苑（2008）。臺灣人的神明。臺北：前衛出版社。

董家遵（1995）。中國古代婚史研究。廣州：廣東人民出版社。

董鑒泓主編（1988）。中國古代城市建設。北京：中國建築工業出版社。

鄒嘉彥、游汝杰（2001）。漢語與華人社會。上海：復旦大學出版社。

廖漢臣（1973）。臺灣的年節。南投：臺灣省文獻會。

廖寶秀（1996）。宋代喫茶法與茶器之研究。臺北：國立故宮博物院。

彰化縣文化局（2015）。媽祖信仰學術研討會論文集。彰化：彰化縣政府文化局。

種方、高中正　編（2016）。中華文化小百科（三）　衣食住行。臺北：華品文創出版有限公司。

臧振華（1999）。台灣考古。臺北：藝術家出版社。

臺灣省政府民政廳編（1991）。喪葬禮儀範本。臺中：臺灣省政府。

臺灣省政府民政廳編（1991）。結婚禮儀範本。臺中：臺灣省政府。

趙宗福、梁家勝　編（2016）。中國人應知的民俗常識（插圖本）。臺北：華品文創出版有限公司。

趙榮光（2006）。中國飲食文化史。上海：上海人民出版社。

遠足文化（2007）。去掛紙，遊桐花。臺北：行政院客家委員會、遠足文化。

遠足文化（2007）。謝平安，看戲去。臺北：行政院客家委員會、遠足文化。

遠足文化（2009）。歡喜客家節。臺北：行政院客家委員會、遠足文化。

劉玟伶（2019）。國文超正典。新北：康熹文化。

劉國平（2008）。華人社會與文化-文化思想篇。臺北：新學林出版股份有限公司。

劉瑞琳（2008）。華人社會與文化。臺北：新學林出版股份有限公司。

劉道超（2004）。擇吉與中國文化。北京：人民出版社。

劉還月（2000）。臺灣人的祀神與祭禮。臺北：常民文化。

廣元（1978）。中國書法概述。臺北：台灣商務印書館。

蔡相煇（1989）。臺灣的祭祀與宗教。臺北：臺原出版社。

蔡曉薇、胡芳芳　編（2016）。中華文化小百科（四）　民俗風情。臺北：華品文創出版有限公司。

蔣成峰　編（2016）。中華文化小百科（二）　文化精華。臺北：華品文創出版有限公司。

蔣芳儀　編（2016）。中華文化小百科（五）　多彩漢語。臺北：華品文創出版有限公司。

鄭劍平（2001）。茶與中國文化。北京：人民出版社。

黎亮、張琳琳（2006）。節令。重慶：重慶出版社。

賴明德、何淑貞、丁原基、林振興（2009）。華人社會與文化。臺北：文鶴出版有限公司。

賴澤涵、傅寶玉主編（2006）。義民信仰與客家文化。臺北：南天書局。

錢穆（1994）。中國文化史導論。臺北：商務印書館。

戴寶村（2007）。簡明臺灣史。南投：臺灣文獻館。

薛克翹（2006）。佛教與中國文化。北京：崑崙出版社。

薛斐　編（2015）。中華文化小百科（一）　華夏歷史。臺北：華品文創出版有限公司。

謝宗榮（1998）。臺灣傳統宗教文化。臺中：晨星出版。

謝宗榮（2006）。台灣的王爺廟。臺北：遠足文化。

謝松齡（1993）。陰陽五行與中醫學。北京：新華出版社。

鍾華操（1988）。臺灣地區神明的由來。南投：國史館臺灣文獻館。

羅偉虹（1994）。中國的民間信仰探討。社會科學，8，頁55-58。

譚家健主編（2010）。中國文化史概要。北京：高等教育出版社。

蘇冰、魏林（1993）。中國婚姻史。臺北：文津出版社。

蘇秀婷（2011）。台灣客家採茶戲之發展及其文本形成研究（博士論文）。臺北，國立政治大學中國文學研究所。

蘇慧霜（2008）。華人社會與文化-社會風俗篇。臺北：新學林出版股份有限公司。

蘇慧霜（2017）。華人社會與文化：禮樂文化十二講。臺北：新學林出版股份有限公司。

顧希佳（2001）。禮儀與中國文化。北京：人民出版社。

Note

Note

Note

Note

國家圖書館出版品預行編目資料

華人社會與文化／陳雅芳著. --二版. --臺北
　市：五南圖書出版股份有限公司, 2024.02
　　面；　公分
　ISBN 978-626-366-992-5 (平裝)

1.中國文化

541.262　　　　　　　　113000427

1XHC 華語系列

華人社會與文化（最新修訂）

作　　　者 — 陳雅芳

發 行 人 — 楊榮川

總 經 理 — 楊士清

總 編 輯 — 楊秀麗

副總編輯 — 黃惠娟

責任編輯 — 魯曉玟

校　　　對 — 卓純如

封面設計 — 姚孝慈

出 版 者 — 五南圖書出版股份有限公司

地　　　址：106台北市大安區和平東路二段339號4樓

電　　　話：(02)2705-5066　　傳　　真：(02)2706-6100

網　　　址：https://www.wunan.com.tw

電子郵件：wunan@wunan.com.tw

劃撥帳號：01068953

戶　　　名：五南圖書出版股份有限公司

法律顧問　林勝安律師

出版日期　2019年11月初版一刷
　　　　　2024年 2 月二版一刷

定　　　價　新臺幣420元

經典永恆・名著常在

五十週年的獻禮——經典名著文庫

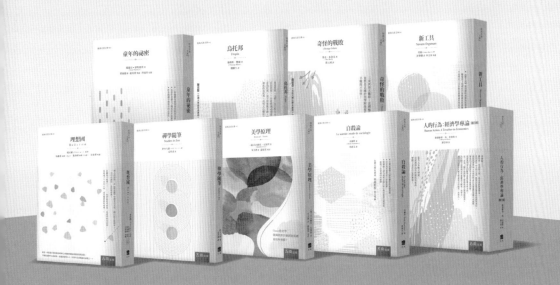

五南，五十年了，半個世紀，人生旅程的一大半，走過來了。
思索著，邁向百年的未來歷程，能為知識界、文化學術界作些什麼？
在速食文化的生態下，有什麼值得讓人雋永品味的？

歷代經典・當今名著，經過時間的洗禮，千錘百鍊，流傳至今，光芒耀人；
不僅使我們能領悟前人的智慧，同時也增深加廣我們思考的深度與視野。
我們決心投入巨資，有計畫的系統梳選，成立「經典名著文庫」，
希望收入古今中外思想性的、充滿睿智與獨見的經典、名著。
這是一項理想性的、永續性的巨大出版工程。
不在意讀者的眾寡，只考慮它的學術價值，力求完整展現先哲思想的軌跡；
為知識界開啟一片智慧之窗，營造一座百花綻放的世界文明公園，
任君遨遊、取菁吸蜜、嘉惠學子！